成吉思汗

A BIOGRAPHY OF GENGHIS KHAN

〔法〕勒内·格鲁塞◎著
谭发瑜◎译

国际文化出版公司
·北京·

图书在版编目（CIP）数据

成吉思汗/[法]勒内.格鲁塞 著；谭发瑜 译.－北京：国际文化出版公司，2011.7

ISBN 978-7-5125-0210-9

I.①成... II.①勒...②谭... III.①成吉思汗(1162~1227) －传记 IV.①K827=47

中国版本图书馆CIP数据核字(2011) 第067907号

成吉思汗

作　者	[法] 勒内 · 格鲁塞
译　者	谭发瑜
责任编辑	韦尔立
统筹监制	葛宏峰　古　雪
策划编辑	廉　勇
市场推广	张　蓉
出版发行	国际文化出版公司
经　销	国文润华文化传媒（北京）有限责任公司
印　刷	阳谷毕升印务有限公司
开　本	710×1000　16开 18.5印张　260千字
版　次	2011年7月第1版 2020年1月第2次印刷
书　号	ISBN 978-7-5125-0210-9
定　价	48.00元

国际文化出版公司
北京朝阳区东土城路乙9号　邮编：100013
总编室：（010）64270995　传真：（010）64271499
销售热线：（010）64271187　64279032
传真：（010）84257656
E-mail：icpc@95777.sina.net
http://www.sinoread.com

目　录
Contents

第一部　祖先

第二部　成吉思汗的一生

目　录

Contents

目　录
Contents

目 录
Contents

Chapter 01

第一部 祖先

上苍指派我来统治所有国家，在此之前，大草原上毫无秩序可言。

——成吉思汗

苍狼和白鹿的后裔[1]

这个故事发生在北亚的一个地形十分复杂的地区。在这个地区，北部是雄伟起伏的山峦，有阿尔泰山、萨彦岭、杭爱山、雅布洛诺夫山脉、兴安岭。这些山峦海拔一般都高达 2000 米，山上大都布满了茂密的森林。这些森林只不过是西伯利亚泰加森林的延伸。同西伯利亚泰加森林一样，在这里，山的北坡上多是高大而耐寒的落叶松，南坡上多是一般的松树。这种亚高山森林一直延伸到海拔 1900 米甚至 2200 米高处。森林以下则是湿润的山坡和幽深的峡谷。在

[1] 据《蒙古秘史》（道润梯步著，内蒙古人民出版社 1979 年重版）载："奉天命而生之孛儿帖赤那，其妻豁埃马兰勒。渡腾汲思而来，营于斡难河源之不儿罕合勒敦，而生者巴塔赤罕也。"蒙文原文孛儿帖赤那旁注为"苍色狼"，豁埃马兰勒旁注为"惨白色的鹿"。明译为："天生一个苍色的狼，与一个惨白色的鹿相配了"云云。译本传记中关于狼与鹿的颇具神话色彩的传说所依据的史料即此。作者引用这个传说不仅仅是为了增强这部传记作品的迷人色彩，而是据此推断蒙古人的祖先曾是森林狩猎人。这也算是作者的一家之言。关于狼和鹿相配生人的问题，学者们为论证这一点进行过许多研究，发表了许多意见，均是蛇足。其实，正如《蒙古秘史》译注者所说，狼和鹿相配是无论如何也不能生人的，这里的狼和鹿，只不过是传说中的两个人名，正如张擒虎不是虎，马文龙不是龙一样，均是人名而已。

关于蒙古的源流，据 14 世纪波斯蒙古王朝（即伊利汗朝）著名历史著作《史集》记载，蒙古人的祖先是遭到灭族之祸的二男二女。他们逃入一个名叫额儿古涅的险谷隘地，在那里繁衍生息，经过许多世代，人口逐渐增加。我国唐朝的文书称他们为"蒙兀室韦"，当时他们居住在今额尔古纳河之东的兴安岭中。室韦人可能是更古老的鲜卑人的后裔。经过几个世纪的争战迁徙，到 9 世纪中叶以后，原来是突厥语族居住的漠北草原，大部分地区都为蒙古语族各部落据有了。被认为是蒙古族先祖的蒙兀室韦大约也是在这时迁徙到了鄂嫩河（即本传记中的斡难河）上游。后来的汉文史籍中，把他们的名称写作"萌古"、"盲骨子"或"蒙古"。11 世纪时，蒙古部开始强大起来。约在 11 世纪初，合不勒汗（成吉思汗的曾祖父）统一蒙古部众，成为漠北很强大的势力。到成吉思汗年轻时，蒙古部发展成许多氏族或部落。直到这个时候，"蒙古"这个名称所指的还只是漠北诸部中的一个部族而已。只有到了成吉思汗征服各部、统一漠北以后，"蒙古"一词才成为漠北蒙古语族乃至一部分突厥语族部落的统称。读者在阅读时应注意"蒙古"一词的含义，同是一个"蒙古"，但前后所指的对象是不同的。——译注

这种山坡上和峡谷里，生长着许多潇洒的雪松。再往下，在河流的两岸，人们可以看到挺拔的杨树、美丽的松树和轻盈的柳树，它们像是沿岸给河水送行，一直送到辽阔的草原中心方才止步。

这个地区的牧场从山麓开始伸展开去，牧草特别丰美。但是，越是往南，由于戈壁地区风色的影响，随着土质的不同，这种亚高山牧场就逐渐演变成了布满百合科植物、苦艾和狗牙根草的草原。在这个草原上，狗牙根草是牲畜最喜欢吃的牧草。春暖时节，一望无际的草原宛如宽广的绿毯，曾引起过无数歌颂英雄业绩的抒情诗人的倾心赞叹。春天过去，夏天来临。6 月时，草原上缀满鲜花，五颜六色的花朵争奇斗艳，一直持续到 7 月中旬。7 月中旬以后，酷热的风掠过草原，一扫满地的碧绿，整个草原顿时一片枯黄。

由此可见，在这里，草原的“微笑”为时并不长。10 月开始，冬天来临，暴风雪肆虐无忌。从 11 月开始，坚冰在地，水竭不流，溪流上下，顿失滔滔。直到 4 月，地气转暖，流冰始漂。在这严寒的冬季，整个蒙古地面只不过是朔风凛冽的西伯利亚地区的一部分。而从 7 月中旬起，酷热的气候又使蒙古地面变成了亚洲撒哈拉的一部分：草原在烈日下颤抖，烈日在空中燃烧；而每天中午时分，则又必遭到暴风雨的突然袭击[1]。所以，蒙古四季气温变化颇大：在库伦，即今蒙古首都乌兰巴托，冬天最低气温为摄氏 − 42.6℃，夏季最高气温则高达摄氏 38.2℃。此外，无论是在春夏还是在秋冬，无论是在山区还是在草原，狂风常常会从天而降，其风力之强劲几乎可以把人从马上掀下来。蒙古人之所以成为古代强悍的种族，就是在这种艰苦的生活条件下，在这种恶劣的气候中，在这片充满风险的土地上千锤百炼出来的。只有具有强健的不易被摧毁的体魄的人，才能在这种气候变化无常的条件下生存下去。这些森林狩猎民族和草原游牧民族（即在森林的边缘地带以狩猎为生的民族和在大草原上以游牧为生的民族）的粗犷形象是：低低的鼻梁，高高的颧骨，肤色深棕，目光犀利，胸廓坚实，虎背熊腰，关节粗大，双腿罗圈（因常年骑马所致）。他们的

[1] 蒙古夏天和冬天的降水量相差极大，夏天降水量占全年降水量的 75%，而冬天降水量仅占全年降水量的 2% 到 3%，甚至更少。——原注

马匹并不高大，而且鬃毛蓬乱，却像他们一样粗暴和耐劳。此等之马，此等之人，天生不惧风暴雨雪的袭击，不畏卷着热沙的狂风的扫荡，天生善于北登林木森森的群山，南越滴水不见的戈壁，天生要驰骋奔突，与草原和森林的动物图腾——鹿和狼竞技争先。

狼和鹿！从那些有趣的铜质徽章和小塑像上，我们常常可以看到许多狼和鹿的形象。从西伯利亚中部的米努辛斯克到古代中国边境的河套鄂尔多斯地区，这种徽章和小塑像突出代表了公元前 7 世纪到中世纪中期北亚人民的艺术特点。蒙古人的传说和突厥人的传说（前者很可能是从后者而来）不正是把狼和鹿看成是他们的共同祖先吗？蒙古人在成为草原游牧民族以前，起初是森林狩猎民族。据说，在北方，有一座林木茂密的名叫额儿古涅 · 昆的山[1]，山上有一个山洞。一天，一只苍狼，更确切地说是一只青色的狼（孛儿帖赤那），从这个山洞里走出来。后来这只狼碰到了一只作为它未来的伴侣的牝鹿（豁埃马兰勒），双双跑到了后来的蒙古国土。据成吉思汗家族的史家说，这只狼和这只鹿从贝加尔湖（腾汲思海）来到斡难河之源——不儿罕山（圣山），即今之肯特山脉，定居下来。这里是圣地。此山脉海拔高达 2800 米，山顶是光秃秃的花冈岩石和片麻岩石，蒙古人的至高无上的神长生天就住在这山顶上。山顶以下是稠密的森林。后来，成吉思汗一生中每当处于转折关头，就来此登上圣山，拜倒在长生天下，求长生天保佑他渡过难关和取得成功[2]。

所以，肯特山似乎可以说是蒙古命运的主宰。此山脉将此地分为两个地区，北面是森林地区（泰加森林的延伸），南面是草原地区（草原地区以南是荒凉的戈壁滩）。至于那只狼和那只鹿在其源头定居下来的斡难河，则是这两个地区之间的过渡性河流。它的上游地区是泰加森林地区，它的下游是草原地区。草原上的河床是黏土和沙土，河水时而枯竭，时而泛滥。河的两岸牧草丰美，最宜放牧。那只苍狼和那只白鹿在上天安排的这个地方相爱，生下一个儿子名叫巴

[1] 额儿古涅 · 昆：额儿古涅山之意，即今我国北疆额尔古纳河流域。——译注

[2] 长生天：古代蒙古人信仰的萨满教认为，天是长生者，应予信赖，故称天为长生天。——译注

塔赤罕。巴塔赤罕就是成吉思汗家族的祖先。

关于巴塔赤罕的后裔，有关史书罗列了一大串人名，显得枯燥而乏味，尽管这些人名有时也反射出奇异的色彩。例如，在名单上有个名叫也客你敦的人，意即“巨眼”，类似于希腊神话中的独眼巨人库克罗普斯[1]。关于也客你敦的情况，史书上毫无记载，因而无从得知。跳过也客你敦以后的几代，我们似乎才找到了一点头绪。脱罗豁勒真伯颜生都蛙锁豁儿和朵奔篾儿干。从朵奔篾儿干起，我们才发现成吉思汗祖先各代相传的情况。

一天，都蛙锁豁儿兄弟二人来到不儿罕山，即上文提到的肯特山。他们猱升登山，上山后往下一看，见山下有一条小溪。这条小溪名叫统格黎克溪，乃鄂尔浑河之支流。此时沿统格黎克溪正走来一群人。都蛙锁豁儿对其弟朵奔篾儿干说：

“兄弟，我见那徙来之百姓中，在一帐舆前座，有一美貌女子。倘若她尚未嫁人，我可去为你说亲。”[2]

都蛙锁豁儿所见不错，那车中确有一女子，名叫阿兰豁阿。阿兰豁阿出身富门，属豁里秃马惕森林狩猎部落人。豁里秃马惕人在贝加尔湖以西以狩猎为生。他的父亲豁里剌儿台同部落里的其他的人不和，一气之下离开家乡，携带貂皮等财物和家眷来到这不儿罕山谋生。恰遇都蛙锁豁儿来提亲，便满口答应，因为他认为，这是他争取得到此地人容纳的天赐良机。就这样，朵奔篾儿干娶了美人阿兰。

[1] 库克罗普斯：希腊神话中的“独眼巨人”。希腊神话中的独眼巨人可分四类。第一类是牧人库克罗普斯，他们是波塞冬和该亚的儿子；第二类是巨人库克罗普斯，他们是乌拉诺斯和该亚的儿子；第三类是铁匠库克罗普斯；第四类是瓦匠库克罗普斯，他们曾参加建造提任斯和密刻那城。——译注

[2] 都蛙锁豁儿一眼独明，能望数里以外，能见人所未见（远处之物），所以他远远地就辨认出车内有一女子，而且女子长得漂亮。——译注

天上来客

狼和鹿的传说是非常有趣的，也值得引起我们的注意。因为，这一传说向我们证实了这样一点，那就是，既然狼是蒙古人的祖先，那么原始蒙古人就必然是生活在森林里的森林狩猎人，至少也是生活在森林与草原交界处的狩猎人。此外还应该指出一点，对于传说中的那个时代的情况，蒙古的古代歌颂英雄业绩的诗人们也只描述过狩猎的情景，从未提及畜牧事。朵奔篾儿干的经历就是如此。他娶阿兰豁阿为妻以后，仍一如既往地从事狩猎。

有一天，朵奔篾儿干正在脱豁察黑山上打猎，忽然发现了兀良哈惕部的一个人。这个人猎获了一只三岁的鹿。他将鹿剖开，割下鹿的肋骨和内脏，正在那里烘烤鹿肉。朵奔篾儿干走上前去，粗声粗气地对他说：

“朋友，给我一块肉！”

听到这种带命令口气的要求，那人无奈，也就只好答应。这些蒙古人在狩猎活动中常常会遇到这种令人不愉快的情况。当碰到这种情况时，草原生活约定俗成的规定要求人们满足来人的要求，特别是当来人比自己装备得更好并比自己强壮有力时更应该如此。是时，那位猎人除了自己留下鹿胸肋和鹿皮以外，把鹿的其余部分都送给了朵奔篾儿干[1]。

朵奔篾儿干就这样拿着如此轻易得到的猎物走了。他正走着，不巧迎面碰到伯牙兀惕部的一个人。这个人饿得像要被风吹倒似的，一手牵着他的儿子，颤巍巍地挪着脚步。可怜的人哀求朵奔篾儿干道：

“请给我猎物，我之此子归汝有之！”

这买卖当然合算。于是，朵奔篾儿干就把一只鹿腿给了这个乞丐，把孩子领回家做了自己的仆人。

朵奔篾儿干用一只鹿腿（一只鹿的四分之一）换来的这个孩子很可能就是

---

[1] 蒙古的猎人打到猎物时，如遇来人提出要求，习惯上要满足对方的要求，将猎物的一部分给对方，即使对方是陌生人也罢。但是唯有猎物的头部和胸肋部是不能给人的。因为据说头部和胸肋部是福物。如果把头部和胸肋部都给了别人，猎人以后就打不到猎物了。——译注

成吉思汗的祖先。这种可能性是不能排除的。朵奔篾儿干家后来发生的足以混淆视听的事件就能说明这一点。朵奔篾儿干同阿兰豁阿生了两个儿子后，就一命呜呼了。然而，在朵奔篾儿干去世以后，阿兰豁阿竟然又生下三个儿子。关于这个问题，蒙古史家作了坦率的记载。据这些史家说，两个年长的儿子，即朵奔篾儿干的两个儿子曾私语道：

“我等之母既丧丈夫，又无亲房兄弟，竟又生下三个儿子。家中大人除那个伯牙兀惕人以外别无男子，此三子非彼莫属也……”[1]

这的确是对这一出人意外的事件颇合情理的解释。然而，兄弟俩的这种大胆的判断却没有考虑到上天的干预。上天要维护本书主人公的父系直系尊亲的正统性，这一点是寡妇阿兰豁阿亲自向他的两个长子披露的。时值金秋，一天，阿兰豁阿烤好了一只刚满一岁的羊羔，然后便把她的两个长子及其三个弟弟叫来，共进家宴。席间，她首次向两个长子披露了她一直守口如瓶的秘密。她说：

“每日夜间，我见一金色人从天窗隙处进来，钻入我被，将我腹屡次摩挲，把他光明透入我腹。末了，那人依日月之隙光如黄犬之伏行而出。我因是怀孕，连生三男。汝二人，吾之二长子，今后务不可再造次言之。以情察之，汝等之三个弟弟乃天之子息！汝等何可比诸黔首之行而言耶？”

就这样，这位非凡的寡妇仅用三两句晦涩难懂的话就作出了预测：这些孩子的子孙，这些神奇地诞生的孩子的后代，有朝一日将成为世界的征服者……

阿兰豁阿说毕，即取出五支箭来，分发给五子每人一支，令其折之。五子不费吹灰之力，应手而断。阿兰豁阿又拿出五支箭，将五箭捆成一束，命五子轮流折之。五子按次折之，无一人能断此箭束。于是阿兰豁阿教诲他们说：

“汝等五子，若自为一，他人必分而折汝等，犹汝等适才分而各折一箭然。

---

[1] 这里说的亲房兄弟，是指男系同族中之同辈人，即兄弟中之非至亲者，犹言从兄弟。在当时的蒙古，夫死后，妻再嫁给其夫之兄或从兄弟，是社会习惯所允许的。如果无这种关系而生孩子，就不合理，就不能允许。所以阿兰豁阿的两个长子责怪其母无此种关系而生子的行为。——译注

设若汝等同一友和，如束之五箭一般，其孰能摧汝五人耶？”[1]

孛端察儿的功劳

非凡的寡妇阿兰豁阿去世以后，她的五个儿子就把她的牲畜（牧民[2]的主要财产）分掉了。更确切地说，是她的四个大儿子分掉了她留下的全部财产。他们欺负她的小儿子孛端察儿蒙合里单纯年幼，不分给他任何财产。

笔者在前文叙述了关于苍狼和白鹿的传说，接着又介绍了天神生子的故事。下面，鄙人要把笔锋从天上转向地面，叙述一下孛端察儿的经历。据蒙古史家说，孛端察儿曾离开家独自到世界上闯荡。下面要叙述的正是这位草原上的劫掠者的悲惨生活经历。

几位兄长在分财产时的所作所为，终于使孛端察儿认识到了这样一点：在这个家中，他孛端察儿是多余的。于是，他决定离开这个家，独自出外去碰碰运气。他骑上一匹脊黑背青白马，愤然跃入荒野而去。他深知，仅凭这样一匹劣马，只身落入这一望无际的草原，前景是难卜的。他一边走一边心里说：

“马在则人活，马倒则人亡。罢，生则生之，死则死之，如此而已。”

就这样，孛端察儿骑着一匹劣马，信之所之，沿斡难河而下，来到了巴勒谆岛。他在这里停下，跳下马，斩木割草，搭起了一间简陋的茅舍，住了下来。次日出外瞭望，遥见一只鹰（一种能俯冲攻击地面猎物的雀鹰）正在吞食一只野鹜。他眉头一皱，计上心来，就拔了几根马尾毛，结成一条绳子，随手作圈，捕住了那只鹰。他把这只猛禽驯养起来，准备用它去捕获小猎物。春天到来，野鸭和野鹅成群结队地飞到斡难河边。孛端察儿故意不给鹰喂食，让鹰饿急了，

---

[1] 关于五箭训子一事，传说不一。一说是成吉思汗的母亲曾以五箭训子。此处是根据《蒙古秘史》的记载。——译注

[2] 作者认为，蒙古人的祖先开始是森林狩猎人，后来才逐渐成为草原牧民。这里提到“牧民”二字，可见此时蒙古人已经成了草原游牧民族。——译注

然后再把它放出去捕野鸭和野鹅。这样捕来了很多鸭鹅，多得简直吃不完。但是，所捕野禽虽多，终有穷尽之时，于是孛端察儿又借助狼所捕之食充饥。当狼追鹿和羚羊之类的动物时，他就守在僻静处，待狼抓住猎物或把猎物驱至绝境之时，他就弯弓搭箭射杀猎物，与狼群分食之。有时他也拾回狼吃剩下的猎物，以资糊口，兼养其鹰。

不久，从鄂尔浑河的支流统格黎克溪（在库伦北）徙来了一群牧民，来到此地扎下营盘。他们的到来打乱了孛端察儿艰苦而又自由的生活节奏。开始一段时间，他同这些牧民倒也彼此相安。每天，他把鹰放出去捕食，然后就到牧民那里去乞求奶浆。牧民也不拒绝他之所求。但他们这些牧人都不愿与人深交，颇具防人之心。所以，无论是孛端察儿还是这些牧民，彼此都没有造次询问对方所属何族，祖籍何方。因而彼此两造名姓，互不相知。夜幕降临之时，孛端察儿即谨慎地回到自己的茅舍就寝。

光阴荏苒，春秋代序。孛端察儿的哥哥不忽合塔吉忽然良心发现，忆及弟弟孛端察儿，不知弟弟此时处境如何，有点放心不下。不忽合塔吉便上马四处寻觅，最后寻至此地，向牧民打听孛端察儿的下落。听他这么一问，牧民们也就知道了每天与他们交往的是何人。他们回答不忽合塔吉道：

“汝所寻之人恰住于此处附近。彼尝每日来此就马乳，天晚即归焉。我等不知彼夜宿何所。但见西北风起处，其鹰所捕鸭雁之翎毛飘来如雪片，料必居于近处不远。此时正是彼常来就马乳之时也，汝且稍候，定然见之。”

不一会儿，孛端察儿果然跨马得得而至。兄弟二人相认，略叙数语，然后一同离开此地，沿斡难河而去。二人骑马而行，不忽合塔吉在前，孛端察儿在后。孛端察儿大声说：

“人须有头，衣须有领。无头不成人，无领不成衣也。”

他这样大声把这句难懂的格言重复说了三遍，他的哥哥不忽合塔吉才回过头来问他此话怎讲。孛端察儿说：

“适才汝所见这群牧民，曾供我马乳。依我观之，彼等没有首领，一盘散沙。彼等之中，无贵贱之分，无首尾之别，大家彼此彼此。据此看来，掳掠彼等及其财物，可说是易如反掌，垂手可得。”

孛端察儿这样说时，完全是一副草原盗贼的腔调，丝毫不念及这些牧民每天供给他马乳，搭救他性命的恩德。而不忽合塔吉一听说有此等便宜之财，当然喜不自胜，便迅速同孛端察儿赶回家商议。家中的三个兄弟听了他们的计划以后，也很表支持。大家当即上马扬鞭，向孛端察儿昔日的茅舍方向奔去。孛端察儿道熟，当然一马当先，前面开路。快到目的地时，他抓了一名年轻的孕妇，强迫她说出有关这个游牧部落的更详细的情况。从此妇人口中得知，这个部落名叫札儿赤兀惕。打听明白以后，兄弟五人就开始突袭。据蒙古史家记载，“当下他们即向牧民们冲去，抢牲畜，抢食品，抢人，把牧民带回家充当奴仆”。

这段插曲充分说明了当时的风俗。起先，单纯的孛端察儿由于年幼力弱而受到兄长们的欺负，被迫流浪草原。现在他又回到家园，并受到了诸兄的好待，而这又恰恰是由于他以卑劣的背叛回报札儿赤兀惕部对他的善待的结果。更有甚者，在记述这一事件的成吉思汗家族的史家看来，这一基于背叛行为的掳掠乃是孛端察儿引以为荣的主要功劳。的确，从这个孛端察儿的所作所为，我们可以看出，草原生活的无法回避的法则乃是类似于“森林之法则”的那种弱肉强食的法则。孛端察儿说过，札儿赤兀惕部无头领，因而可以轻而易举地掳掠之。战争的指挥者，群众的运动者，甚至天生的组织者，这些就是孛端察儿的子孙们令人惊讶地向人们显示的形象，这些就是孛端察儿的后裔成为“世界征服者”之所在。不过，在成为世界征服者之前，他们必须首先按照阿兰豁阿的教诲把蒙古的这许多分散的“箭”捆束在一起，把分散的各个部落组织成一个统一的整体。

牧民的卑微与高大

统一蒙古的各个部落，这一事业后来由成吉思汗成就了。在他以前，他的祖先也曾多次尝试过。有几次，他们已接近成功了。可惜，紧接着，各部落又分道扬镳了。于是，整个蒙古又陷入部落分散、各自为政、族间残酷仇杀、混乱无序和软弱无能的状态。当此之时，在世界上的人们中，要数这些狼与鹿的子孙们的生活最为悲惨了。

孛端察儿之孙篾年土敦年纪不大就去世了，留下了七个儿子。家系学者们依次记下了这七个儿子的姓名。篾年土敦的长子名叫合赤曲鲁克，第七个儿子叫纳臣把阿秃儿。篾年土敦死后，他的遗孀那莫伦暂继之为部落的首领。那莫伦是这样一类蒙古贵夫人：在部落政权过渡时期，她们能用男人般有力的大手高举起部落的旄纛，号令整个部落。

那时，发生了女真人占领中原北部的事件。这些女真人出自满洲的大森林。他们入侵的主要方向虽不是蒙古部，却在蒙古部激起了轩然大波，引起了极大的混乱和不安。女真人首先向居住在克鲁伦河流域的札剌亦儿部落（该部落的人可能属突厥人）发起进攻，大肆杀戮。在女真人的攻击下，有 70 家札剌亦儿人逃到了斡难河上游靠近那莫伦夫人领导的蒙古部落居住的地方。这些逃来的难民饥饿难忍，就前往蒙古人驯马的牧场挖掘草根充饥。那莫伦夫人决心阻止这种侵犯其牧场的行为，便驱车向札剌亦儿人冲去，盛怒之下，轧伤了几个札剌亦儿人。接着，她又驱赶马群去冲击那些难民。难民们不堪此辱，于是战斗发生了。那莫伦的几个儿子不及穿上皮制护胸衣就匆匆上阵。这时，那莫伦开始对战斗的形势感到不安，便命令她的几个儿媳赶快给她的儿子们送甲胄。但为时太晚了。在这几个儿媳赶到战场以前，那莫伦的六个儿子都已被杀了。接着，札剌亦儿人余怒未息，赶来把那莫伦本人也杀死了。这样，那莫伦一家就只剩下她的第七个儿子纳臣把阿秃儿和她的孙子、合赤曲鲁克之子海都。当时纳臣把阿秃儿入赘在巴儿忽真民家。此事发生以后，海都也就成了“皇室”的长系代表。

纳臣把阿秃儿入赘的那家人居住在靠近贝加尔湖东岸的巴儿忽真地带，更确切地说是住在巴儿忽真河谷。巴儿忽真河与贝加尔湖之间隔着一条海拔为 1200 米到 1400 米的山脉，山上布满了茂密的森林。惊悉亲人被杀，纳臣把阿秃儿即从巴儿忽真奔赴斡难河畔草原。但事情已无法挽救了，他只在现场找到了几个札剌亦儿人不屑一顾的老妇人和他的侄儿海都。海都尚年幼，战斗时这几个老妇人及时把他藏在一堆柴薪下，小海都因此而得以死里逃生。

纳臣把阿秃儿是一个很重感情的男子汉，为亲人报仇的欲望燃烧着他的心。同时，作为一个真正的蒙古人，他也一心想夺回被入侵者夺去的牲畜，因为牲畜是牧民的主要财产。然而，他没有坐骑。幸运的是，一匹栗色的马从札剌亦儿人那里跑回家乡草原来了。纳臣把阿秃儿便飞身上马，向克鲁伦河方向敌人的驻扎地驰去。

快到目的地时，纳臣把阿秃儿碰到了两个骑马的猎人。这两个猎人一前一后，每人肩上都有一只猎鹰。纳臣把阿秃儿一眼就认出，这两只猎鹰正是他几位哥哥过去养的两只猎鹰。他于是策马跟上去，靠近那个年轻的猎人，也不通报自己的姓名，就同猎人搭讪起来，问这个猎人是否看见一匹黄栗色的马引着群马向东而去。说着，他们来到了克鲁伦河河岸的一个拐弯处。纳臣把阿秃儿趁对方不备，突然拔刀刺死了这个猎人。他跳下马，非常冷静沉着地把尸体和鹰拴在那匹马的马尾上。然后，他又若无其事地跨马赶到后边那个猎人身边。由于距离远，所以后边那个猎人看不清楚前面发生的情况。他问纳臣把阿秃儿道：

“前面那人何故躺于马后地上而久不起耶？”

纳臣把阿秃儿随口敷衍了几句，瞅准机会又是一刀，捅死了这个猎人。这时，他远远地看见，有几百匹马在山谷吃草，只有几个孩子在看守马匹。毫无疑问，这就是他家的马群！于是他爬上高处，环顾四周。好！附近没有持械之人群。原来，敌人毫不担心丧失战利品，竟放心地骑马到远处享受游牧生活的乐趣去了。纳臣把阿秃儿侦察确实以后，便下山向那几个孩子扑去，一刀一个，杀了孩子，赶着马群，带着他哥哥们生前的猎鹰，回到他老家的牧场。而后，由于担心札剌亦儿人卷土重来，他又带着侄儿海都，赶着公马、母马和骟马，回到了贝加尔湖东畔巴儿忽真河流域他妻子的住处。

前面说过，海都是长系代表。当他长大成人以后，他的叔叔纳臣把阿秃儿诚实地扶他当了部落的首领。海都带领部落里的人向札剌亦儿发动了复仇战争，迫使札剌亦儿人归顺了他。我们有理由认为，海都的营帐设在他父亲生前居住的地方，即肯特山东南、靠近斡难河和克鲁伦河的发源地。

据中国的编年史记载，当时四旁之部落接踵而至，纷纷归顺海都，乞求他的保护。海都的臣民因之日益增多。这就是游牧民族建立统治核心的方式。在这种政权下，首领的威望可以促使各种人群归附在首领周围。这些人群原先往往是些分散而穷困的氏族，寻找保护者的独户人家，靠刀剑功夫闯荡嗜杀的冒险家，想靠百步穿杨和百发百中的弓箭本领获得战利品和野味的弓箭手。后来，成吉思汗本人的王权也是这样建立起来的。所以，海都建立的王国（蒙古族历史上的第一个王国）乃是后来成吉思汗家族王国的前身。对于这个问题，蒙古的史家、中国的编年史作者以及波斯的历史学家都很清楚，他们都承认海都是蒙古人中第一个获得汗位（即王位）的人。有些人甚至称他为合汗，即皇帝。但是，海都的合汗之称显然是后来追赠的，似乎成吉思汗及其子孙们的合汗之称应该追溯到他们的远祖似的。

此外，海都在亲人遭到屠杀之后地位的迅速上升惊人地表明，游牧民族的这种王国是多么脆弱。同时，海都地位的迅速上升还清楚表明：一个因失去牧场、人员被杀和马群被夺而落得一无所有的部落是怎样在拥有广大牧场和猎场之后人丁又重新兴旺起来的。

至于发生这一系列事件的年代和月份，当然是不可能准确列出来的。不过，我们可以大概地说，这一系列事情发生在公元 12 世纪中期。

蒙古首领在金王宫殿

蒙古第一位汗海都去世以后，联合起来的原各个部落似乎被他的三个儿子分而有之了，这就必然要削弱刚刚建立起来的汗位。事实上，关于海都的继承人、长子伯升豁儿多黑申（“多黑申”是猛隼之意）的情况，史书上几乎没有什么记载。但是，伯升豁儿多黑申之孙合不勒汗却是一位有为之君。在合不勒汗的领导下，其疆域虽还只限于肯特山及其周围地区的蒙古王国走上了世界政治舞台。那时蒙古王国已经相当强盛，以至于北京宫廷也不得不考虑到它的存在了。

北京和中原北部当时已被女真人占领。女真人来自东北，属于通古斯种族。这就是说，女真人同今之满族人有着亲缘关系[1]。他们在中原北部建国，国号金，统治着自阿穆尔河（即今黑龙江）森林地带至扬子江附近的广大地区。在女真人的压力下，中国的王朝只有偏安于长江以南各省。女真人要全力以赴地对付南宋王朝，就必须消除后顾之忧，不能让蒙古牧民有可乘之机。蒙古各部落已经在肯特山地区集合到了合不勒汗的旗帜之下。对金王来说，这是否预示着一种威胁？为了弄清楚这个问题，金王向蒙古首领发出了邀请，请蒙古首领或者到北京王宫、或者到位于满洲的王室猎场之一做客。

合不勒汗在金王宫殿做客时的表现证明他还是一个未开化的人。当然，尚未摆脱东北未开化的生活习惯，只是刚刚接触到一点中国文明的女真人自己也并不怎么文明开化。但是，当看到他们的客人合不勒汗的举止，特别是看到他那样食量过人时，他们都不胜惊讶之至。据波斯的历史学家说，合不勒当时给人以食量过人的印象是有其非常有趣的原因的。当时，女真皇帝命王公大臣们出席作陪，以示隆重和阔气。置身于这么多王公大臣中间，合不勒感到不安，特别是对那些美味佳肴不放心，因为他认为那些不知怎么烹调出来的中国珍馐之中很可能放有毒药。所以，他不时退席，走出去设法呕吐出所吃的食物，吐毕返回，又若无其事地高兴地大吃大喝起来。但是，菜肴是那么味美可口，特别是那大米酿的酒多得喝不胜喝，不由合不勒不醉，而且从来没有这么大醉过。一醉就忘形，竟伸手去捋女真皇帝的胡须。待到酒醒，他才明白自己犯了亵渎君王之罪。于是他亲自向女真皇帝请罪。金王只是笑了笑，并没有加罪于他。金王如此宽容可能是由于他觉得不应该苛求一个蒙古人必须懂得礼仪，也可能是由于，值此要在长江一线对付汉人之际，他不想引起蒙古人对自己的敌意。

[1] 满族属于通古斯—满语族。通古斯—满语族，突厥语族和蒙古语族是阿尔泰语系的三大语族。——译注

所以，他原谅了合不勒，而且还拿出一些黄金、白银、衣物之类的礼物将合不勒厚赠遣归。

然而，女真人转念一想，觉得他们刚才又宠又惯的那个蒙古人，貌似天真，实则是一个可怕的邻居。所以，合不勒刚走不久，在谋臣们的怂恿下，金王又改变了主意。他立即派人赶去请合不勒返回北京。但警觉的合不勒嗅出危险的气味，预感到这是一个阴谋，于是他不但拒绝返回北京，而且一怒之下杀了金王派来的人。

这些栩栩如生的记载，由蒙古的史家传到了波斯人的手中。中国的编年史作者也证明这种记载属实。金王在 1139 年，嗣后又于 1147 年在北线向蒙古人发动战争。结果，金国人大败，被迫将边界地区的几个州让给了蒙古人。从 1148 年起，北京政权还每年给蒙古送去牛、羊和粮食之类的礼物。这些礼物实际上是为求得大兴安岭边境地区的和平而献出的贡品。更有甚者，金王还承认敌人的首领为蒙古王，只是私下才自欺欺人地把蒙古首领看成是一个受保护者和助手。

关于这种交易的情况，蒙古的资料中没有作任何记载。蒙古的资料注意记载的是牧民首领的家谱。它们记载了那些有幸成为成吉思汗的祖先的近亲的首领。我们从这些记载中了解到，合不勒汗留下了七个儿子，个个强壮有力、英勇无畏，因而都有乞颜之称（“乞颜”即急流之意）。他们的子孙皆称乞颜，在孛儿只斤氏这一王室氏族中形成了一个派生的氏族。蒙古的古代诗人们常常提到合不勒汗的这七个儿子，因为这些游牧诗人虽然很穷困，却仍然坚持认为自己是王室的后裔。合不勒汗的这七个儿子是：斡勤巴儿合黑、把阿坛把阿秃儿、忽秃黑秃蒙古儿、忽图剌、忽阑、合答安、脱朵延。然而，合不勒汗虽有七子，临终时却不把汗位传给自己的儿子，偏偏叫他的从弟俺巴孩奉承国统。俺巴孩也是海都之孙，是泰亦赤兀惕氏的首领。

俺巴孩的惨死

当蒙古王国似乎正处于鼎盛时期时，它同塔塔儿部发生了殊死的对抗。

上面已经谈到，蒙古部游牧在肯特山麓，斡难河和克鲁伦河两河发源地附近。斡难河和克鲁伦河是两条姊妹河，斡难河在北，克鲁伦河在南，几乎是平行地向东流去。但这两条河从共同的发源地肯特山奔流下来以后，很快就各具特色。斡难河从肯特山发源以后，一直保持着山区河流的特点，它的左岸一直是泰加森林。克鲁伦河却相反，它从肯特山流下以后，很快就成了一条草原河流。它在一望无际的平坦的草原上缓缓流淌着，宛如平野中的一条饰带。克鲁伦河一年中常有一段时期呈干涸状态。它在注入阔连湖（今呼伦湖）时，河面宽达 20 米到 40 米，水深最多也只有两米。有人说，此时它似乎同它流过的地区毫无联系，像是一个“过境的陌生人”。它的中游河谷宽两到三里，形成一种间杂着柳丛的草地，离河谷远一些的地方则生长着草、灌木和蒿等草原植物。有克鲁伦河注入的阔连湖，水量正日渐减少，岸边多是泥沼。只有在涨水季节，阔连湖才通过一条沟渠与额尔古纳河沟通。注入阔连湖的还有兀儿失温河，兀儿失温河从南面的捕鱼儿湖（今贝尔湖）流出。注入捕鱼儿湖的是发源于大兴安岭森林斜坡的哈拉哈河。总的说来，这是一个盐碱沼泽和池塘星罗棋布的半沙漠地区。不过，越向东去直至南北走向的大兴安岭附近，草木越繁茂，半人深的草莽越来越稠密，这些深密的草直至 8 月份仍是一片葱绿。柳树、榆树、桦树、杨树等树丛时而从草莽中突起，彼此呼应，给草地增加了新的生气。东边的大兴安岭，则平地拔起，伸向海拔 2000 米的云天。山上的森林就像蒙古境内的泰加森林一样，落叶松居多。

塔塔儿人就居住在从克鲁伦河注入阔连湖之河口，经过兀儿失温河流域，到兴安岭这一广大地区。长期以来，人们一直认为塔塔儿人与满族人一样是属于通古斯语族，但实际上，他们的祖先乃是纯粹的蒙古人。塔塔儿人也是一个古老的民族，因为公元 8 世纪鄂尔浑河突厥人的记载中就已经提到过它[1]。塔塔

[1] 塔塔儿部：当时活动在蒙古部东面的一个庞大的部落联盟，占有呼伦贝尔湖周围最富饶的草原。塔塔儿部曾是古代室韦人中最强大的一部，因此有人把他们的部名当成了所有室韦人的

儿人中的巫师大概是很有名的，所以蒙古合不勒汗的妻弟卧病不起时，合不勒汗曾派人去请塔塔儿巫师来治病。但是患者病势严重，不管巫师怎样念咒都无法阻止死神的降临。死者的亲属借此责怪巫师存心不良，在巫师走后，他们就追上去将他杀了。塔塔儿人不肯干休，遂兴兵前来为他们的巫师报仇。合不勒的几个儿子立即驰援合不勒，同塔塔儿人展开了战斗。

这场同种的两个部落联盟之间的搏斗关系非小。因为，这是决定该由谁来统治蒙古各部落的殊死搏斗。霸权究竟是应该属于居住在肯特山和斡难河上游的部落联盟呢，还是应该属于居住在克鲁伦河下游和贝尔湖地区的部落联盟？这个问题一直持续了很长时间都没有得到解决。一直到两代人以后，成吉思汗才最后彻底地解决了这个问题。

此时，北京皇宫里的金王也十分关心这个问题。他认为，这是使两部分牧民互相残杀、阻止他们向南推进的极好机会。鉴于目前蒙古人是最可怕的敌人，北京政权决定支持塔塔儿人。就这样，女真人就同塔塔儿人联合起来共同对付蒙古人，从而使年轻的蒙古王国经受了严峻的考验。

蒙古人杀死过塔塔儿人的巫师，激起了塔塔儿人对蒙古人的仇恨。俺巴孩执政时，他是否怀疑到塔塔儿人仍对蒙古人满怀仇恨？也许他认为，这件事已经被历史的泡沫淹没了。也许他认为，即使往事没有烟消云散，通过同塔塔儿人某部联姻也能解除塔塔儿人的武装，变敌对为睦邻，化干戈为玉帛。于是他表示愿意同塔塔儿人结亲，愿将爱女嫁给塔塔儿人阿亦里兀惕部和備鲁兀惕部的一位首领。阿亦里兀惕部和備鲁兀惕部居住在阔连湖和贝尔湖之间的兀儿失温河流域。俺巴孩汗以君子之心，决定亲自送女成亲，带着女儿来到女儿的未婚夫的居住地。然而，塔塔儿人对蒙古人的仇恨丝毫没有烟消云散。俺巴孩父女一到，塔塔儿人之主因部即伏兵四起，将他们掳去，并把俺巴孩汗押送交给了北京的金王。

总称，叫做“三十姓达怛”。后来东、西方史籍把漠北各部落（包括蒙古部在内）泛称为“达怛”（或写成“鞑靼”），就是由此而来。12世纪时，塔塔儿分为6部，各有首领，人数共达7万家。——译注

金廷对蒙古人以前的劫掠行为恨得咬牙切齿，但那时只好忍气吞声。现在复仇机会已到，金廷岂能放过？务必对这个俘虏施加最残酷的刑罚方消心头之恨。他们把俺巴孩汗钉在木驴背上，使之辗转惨毙。被塔塔儿人同时抓获送来的合不勒汗的长子斡勤巴儿合黑也受到了同样的刑罚。

这种暴行是不能叫人忘记的。当时，俺巴孩汗在死以前设法派人（据蒙古史家说，此人是别速惕人，名叫巴剌合赤）往告诸子及已故合不勒汗的最有魄力的儿子忽图剌说：

“我，蒙古人之最高首领，送亲女至塔塔儿部，为塔塔儿人所擒。汝等当以我为戒。当今之际，汝等纵令弯弓秃尽汝等之五指之甲，磨尽汝等手之十指，亦当誓报此仇！”

在咽气前，俺巴孩汗对金主说：“我之子侄甚多，必有可怖之复仇。”

事实上，蒙古人的心中已积满了深仇大恨。后来，成吉思汗及其子孙果然兴兵复仇，相继灭了塔塔儿部和金国，把塔塔儿人和金王淹没在了血泊之中。

蒙古的赫拉克勒斯

俺巴孩汗在酷刑下惨毙以后，蒙古本部及其兄弟部落泰亦赤兀惕部在斡难河河畔豁儿豁纳黑川森林集会，已故合不勒汗之第三子忽图剌被公推为汗[1]。选举结束，即舞蹈筵宴以庆。人们在豁儿豁纳黑川，绕蓬松茂树而舞之蹈之，直踏出没肋之蹊、没膝之尘，方始罢休。新当选之汗忽图剌也参加这种具有神圣色彩的舞会。这可能是一种图腾化装舞会。图腾化装至今仍在泰加森林各部落中盛行。

正像传说中所描绘的那样，成吉思汗家族以前的最后一位汗[2]是蒙古的赫

[1] 此处原文有误。忽图剌乃已故合不勒汗之第四子，并非其第三子。——译注

[2] 在蒙古部历史上，汗位传至忽图剌以后，汗统中绝，分裂混战不已，直至成吉思汗，蒙古部方始恢复汗统。所以这里说忽图剌是成吉思汗家族以前的最后一位汗。——译注

拉克勒斯式的半人半神式的人物[1]。忽图剌汗去世很久以后，蒙古的诗人们还在颂扬他的勇武，说他声大如雷，能响彻千山万壑；说他手如熊掌，臂力无穷，能像折箭一样轻而易举地将人折为两截；说他常赤身睡于炭火旁，火星溅于身而不知，炭火烧身而以为是蚊虫叮咬；说他每食可尽一羊，大碗饮发酵的马奶。

忽图剌一登上汗位，即与其弟合答安兴兵进攻塔塔儿部，为俺巴孩报仇。他们同塔塔儿部首领阔湍巴剌合和札里不花激战了十三合[2]。然而，据蒙古古代诗人忧伤地说，尽管他们全力拼搏，仍不能向背信弃义的塔塔儿人报仇，不能给塔塔儿人以应有的惩罚。这就是说，他们没能取得任何决定性的优势。我们无法知道这次战斗的详细情况，只知道忽图剌汗之侄也速该把阿秃儿在这次战斗中俘获了几名塔塔儿人头目，其中有一名叫铁木真兀格，另一名叫豁里不花。后面笔者将会谈到成吉思汗的名字就是由此而来。也速该俘获这两个塔塔儿头目的战斗发生在大约1166年。这是我们这个故事情节发展中的第一个年代。

不过，忽图剌后来发动的几次报复性劫掠范围很可能超过了塔塔儿人的地盘，他攻到了金国的地面，打到了今蒙古与东北的交界处附近。传说，在一次远征中，正当他利用战斗间歇打猎时，突然遭到朵儿边部落（也是蒙古人的一个部落）的袭击。这一事件表明，除了刚刚集合在一起的一些蒙古部落以外，还有一些蒙古部落并没有臣服蒙古王国。在朵儿边部的袭击下，忽图剌的随从都逃之夭夭了。忽图剌无法，只好策马跃入泥沼。污泥立即淹到了马脖子处。战马在泥沼中挣扎着，但无法前进。这下可急坏了忽图剌。忽图剌孤注一掷，从马背上纵身一跃，越过泥沼，登上了彼岸。朵儿边人来到泥沼边，并不追赶，只纷纷说："作为一个蒙古人，失去了马匹，还有何用？"说毕散去。

其间，忽图剌营中的仆人们纷纷传言说他已战死，其他的人也信以为真。

---

[1] 赫拉克勒斯：希腊神话中的英雄，亦即罗马神话中的赫丘利。他是宙斯和阿尔克墨涅所生之子，神勇无敌。出生后不久，天后赫拉便加害于他。他在养父安菲特里翁教育下长大成人，做出了许多英雄业绩。后来他与得伊阿尼拉结婚，因误穿其妻从涅索斯那里得来的染有毒血的长袍，自焚身死。死后成为神，与青春女神赫柏结为夫妇。——译注

[2] 十三合：这里的"十三合"是概数，不是实数，是战斗多次之意。——译注

于是，忽图剌之侄也速该把阿秃儿只好根据惯例给忽图剌家送去菜肴，准备参加丧餐。但忽图剌的夫人却是一个有头脑有魄力的女中丈夫（像她这样的女中丈夫当时在蒙古妇女中为数不少），她根本不相信丈夫已死的传闻。她口气坚定地说：

“声震万仞天庭，手如三岁熊掌之勇士，焉能为朵儿边人所擒耶？我已有预感，彼即将返回。”

事情果不出这位夫人所料。等到朵儿边人一走，忽图剌就沉着地揪住马鬣，把马从泥沼里拖了上来。他飞身上马，正待扬鞭，忽然发现朵儿边人的牧场上有一群马正在那里吃草。于是他立即下马，悄悄走近马群，跨上马群中的头马，赶着马群，满心高兴，浩浩荡荡地奔回营地，方见人们正在为他的“战死”而恸哭。

然而，紧接着这种胜利而来的却是灾难。据蒙古的传说，后来蒙古人在捕鱼儿湖附近同塔塔儿与金国的联军展开了一场激战，结果惨败。据中国的有关资料记载，公元 1161 年，为了最终惩罚蒙古人的骚扰和劫掠活动，金王派出了一支大军远征蒙古。在塔塔儿军队的协助下，金国战胜了蒙古的第一个王国[1]。在后来的一代人中，塔塔儿人取代蒙古人统治了戈壁东部地区。塔塔儿部从此日益强盛起来，以至于金王朝和金王本人也对此感到甚为不安。后来，成吉思汗则利用这种反联盟夺取了初步胜利。

关于忽图剌的最后结局，我们毫无所知，我们只知道并没有什么人继承他的汗位。虽然他有拙赤、吉儿马兀和阿勒坛这三个儿子，但这三个儿子中无一人称汗。忽图剌之侄也速该把阿秃儿也没有登上汗位。不过，由于也速该把阿秃儿是后来的成吉思汗的父亲，所以蒙古的史诗在提到也速该把阿秃儿之名时

[1] 当时蒙古地面上各部之间、各氏族之间争战不休，这一方面是各部奴隶主互相残杀和争夺造成的，另一方面也是金朝残暴统治的结果。金朝统治者采取挑拨蒙古各部关系、使它们互相残杀的办法，阻挠蒙古各部的强大和侵扰内地，这就使蒙古各部之间本来就存在的氏族复仇战争，连续不断地打下去。金世宗大定年间，金统治者还派兵剿杀蒙古人，称为“灭丁”。金兵大肆掳掠蒙古人民，把掳掠来的蒙古孩童卖给山东、河北的地主和官僚，还禁止内地的物资，特别是铁器运到蒙古。因此蒙古各部人民对金朝统治者恨之入骨。——译注

总不免要加上一个“汗”字。可以肯定的是，蒙古的第一个王国被塔塔儿人和北京政权的联盟摧毁了（我们无法知道塔塔儿部和金国联军摧毁蒙古王国的具体情况）以后，蒙古各部落又分道扬镳，各自为政了。

根据我们掌握的史料，随着蒙古第一个王国的覆灭，整个蒙古又陷入了极为混乱的局面，不但原有的政治联系消失了，而且家族的纽带也断裂了。《蒙古秘史》一书的第一部分所记载的情景同当年印第安人的情景别无二致：部落之间和氏族之间仇杀成风，劫掠无度，盗窃马匹，抢掠妇女，兄弟相残，无所不为。后来，阔阔搠思在成吉思汗确定继嗣时曾对成吉思汗之诸子说：

“汝等未生之前，天下扰扰，普国相攻，大地翻转，人不安生。”

Chapter 02

第二部 成吉思汗的一生

一个拥有权势的人，除了拥有更多的权势，还有什么能吸引他？打败了所有的敌人以后，成吉思汗想要做的就是去寻找更多的敌人。

——李斯特（德国历史学家）

勇士也速该与祭司王约翰

在蒙古历史上，像也速该把阿秃儿那样死后获得显赫声名的人简直寥若晨星。他是成吉思汗的父亲，因而成吉思汗的荣光也反照到了他的身上。然而，也速该把阿秃儿一生坎坷，生不逢时。他在世时，正值祖上创立的第一个蒙古王国被塔塔儿部和金国摧毁，蒙古历史处于多灾多难的时期。他似乎从来没有想过要登上叔叔忽图剌曾据有的汗位。他至死也只是由孛儿只斤氏派生出来的乞颜氏的普通首领。但如果据此推断说他只起过无足轻重的作用，那也未免言之过分了。首先，同塔塔儿人的那次战争尽管结局不幸，但作为个人，他毕竟取得了名副其实的胜利。因为，正如前面所说，他在战斗中俘获了两名敌酋。这是他颇为得意的战功，所以，他以其中一名敌酋的名字铁木真来为他的长子命名，以作为永久的纪念。

其次，也速该把阿秃儿生前曾同强大的克列亦惕部结成了联盟，这就为后来的成吉思汗家族的兴旺发达奠定了基础。史家们常常忘记了这一点，这是不公平的。因为，假如没有也速该把阿秃儿生前缔结的这一联盟，成吉思汗要成就一番事业恐怕是不可能的。关于这一点，我们从后来的事态发展中就可以清楚地看出来。

克列亦惕人是蒙古历史上最具神秘色彩的民族之一。当然，从人种角度来看，他们无疑是突厥—蒙古族人，但我们无法准确地判断他们究竟主要是蒙古族还是突厥族。编年史在记载成吉思汗以前的一代人时才开始提到克列亦惕人。他们在成吉思汗那一代人时起了举足轻重的作用。在那个时期，草原上大大小小的王国常常是可以在短短的几年中威风凛凛地建立起来，又常常在短短的几年中土崩瓦解。这就是当时命运之神给它们的安排。

我们无法准确地断定克列亦惕部的活动区域。不过，《蒙古秘史》中的几段文字告诉我们，他们的几个首领曾常在土拉河畔黑林一带活动。黑林（土兀剌）可能就是位于土拉河和库伦以南的博格多兀拉山。《蒙古秘史》中的同一篇文字还说，他们活动区域的西部边界在涅坤河流域。涅坤河发源于杭爱山，流向哈剌和林西南的戈壁滩。我们至少可以从波斯历史学家剌失德哀丁[1]的记载中看出，他们活动区域的西部边界似乎在哈剌和林山，即鄂尔浑河的发源地杭爱山一带。同样据剌失德哀丁记载，他们游牧的东部边界在斡难河和克鲁伦河的发源地，与蒙古部相邻，东南边界则在中国的万里长城。

以上就是我们能大致描述的克列亦惕部的活动区域。在克列亦惕部境内，在鄂尔浑河发源地附近，耸立着杭爱山脉的东部险峰，其最高峰海拔达3300米。土拉河左岸则屹立着“圣山”博格多兀拉山。格列纳尔曾写道：

> 外域游客来此一眼就可以看出，博格多兀拉山是这里两个截然不同的地区的过渡和分界：北面是林木茂密的群山和芳草萋萋的牧场，南面则是光秃秃的悬崖峭壁，而山北从海拔1700米处至2500米处则覆盖着浓密的针叶树、桦树和欧洲山杨。这森林至今仍受到教会方面的保护。

克列亦惕部地面南部是浩瀚的戈壁滩，西南是位于杭爱山东部尾段与阿尔泰山东部尾段之间的“荒凉沙湾”。这个沙湾是戈壁沙海伸入两山之间的部分。六条小河从北面的杭爱山奔流而下，向南注入这个沙湾。这六条小河从杭爱山平行流下，最东面的是翁金河，最西面的是拜达里格河。小河水流湍急，分别把平整的山谷冲刷出深沟，最后分别注入六个沙湖。这六个沙湖位于阿尔泰山北麓洼地，芦苇和柽柳等植物环绕其周。在秋风乍起之时和冬风肃杀之际，最东边的翁金河河水还没流到乌兰湖就半途消失在沙漠中了，绿波荡漾的乌兰湖

[1] 剌失德哀丁：一作拉施德。——译注

也因之变成了一个红泥坑。接受图音河斟酌的鄂罗克湖呢，则有时也要缺水一段时间，缺水期间，湖虽存有水，却深不过膝。至于最西边的邦察干湖，蓄水虽无甚增减，却有盐与硫溶于其中，难以饮用。整个沙湾地带，就像东部库伦市和土拉河以南的沙漠地区一样，除了寥寥几条溪流划出几条浅沟以外，均是一展平沙地。

这就是戈壁滩的真貌：它是沙砾、细沙和黏土混合而成的一大片坚硬划一的平坦地面，像是一片宽阔的赛马场，只不过比赛马场多了数堆小小的沙丘，几簇整齐的芦苇。到过此地的游客总喜欢绘声绘色地描述这片一望无际的平野的荒凉与枯燥。的确，在这里，作为植物，只有一些浅灰色的蒿草、鸢尾草。偶尔可见一种三四米高、枝条无叶、主杆也只有一尺多的树丛，算是这片沙漠中的唯一树木。因此可以说这是一片极其荒凉的土地。在这里，牲畜只能不断转移地点寻找牧草吃。这种牧草从进入 7 月就开始枯黄，从远处只能勉强见到一片浅黄褐色。不过，一般地说，每隔一段地面，就能碰到一块这样的贫瘠的牧场，在沙漠中，骆驼队勉强可以借此活命。

以上就是克列亦惕部所据有的区域。这块地盘，虽然自然条件很差，却有利于克列亦惕部控制戈壁滩大部分地区，控制这片被中国人称为“干海”的地区。这个沙漠地区在政治上占有重要地位，因为沙漠中几条道路是蒙古草原与中国之间的通道。此外，克列亦惕部境内的牧草丰美的土拉河上游盆地，是夏季放牧的好地方，克列亦惕人可以在那里避暑，休养军马，养精蓄锐。同时，从地理上来说，土拉河上游盆地处于得天独厚的中心地位，可以同时控制突厥乃蛮人居住的蒙古西部地区和成吉思汗的祖先同塔塔儿人争夺的蒙古东部地区[1]。

克列亦惕人似乎很想同时霸占整个戈壁滩和蒙古草原。他们的这种欲望萌发的基础可能就是这种有利的战略地位。另外，必须承认，在我们看来，他们

---

[1] 克列亦惕部：当时漠北草原上实力最强大的一个部落联盟。他们占有草原腹心地带——土拉河、鄂尔浑河上游和杭爱山地区。这里是历代漠北统治者的政治、军事中心所在。克列亦惕人有很多分支，但很早就已统一在一个大首领的管辖下。据说在 11 世纪初，克列亦惕部首领和所属百姓 20 万改信了景教。首领的职位是世袭的，子弟分封在东、西两面。——译注

似乎也拥有一些扮演这种角色的资格。虽然我们不能说他们比毗邻的各部落联盟更文明（他们的首脑人物的生平活动表明他们也还处在非常蒙昧时期），但有趣的是，我们发现，他们之据有戈壁滩竟使他们有幸接受了基督教教义。据叙利亚编年史作者巴尔·赫布留斯记载，在公元1000年后不久，克列亦惕人就信仰了基督教。据载，有一天，他们的一位国王在沙漠中迷了路，正当他奄奄一息、行将气绝之际，一位景教教士奇迹般地出现在他面前并救活了他。这位基督教商人的慈悲和鼓励使他深受感动。嗣后，他向住在呼罗珊马鲁市的聂斯脱利教[1]的大主教埃贝德—杰苏提出请求，请这位大主教派教士来给他和他的臣民行洗礼。据巴尔·赫布留斯引用的埃贝德—杰苏给主教巴格达·让六世（卒于1011年）的一封信说，有20万克列亦惕牧民同他们的国王接受了洗礼。

这就提出了一个问题：克列亦惕这个部族名称是否是巴尔·赫布留斯后来为讨成吉思汗家族的王公们的欢心而添加上的（后面我们将谈到，成吉思汗家族中有些王公贵族是克列亦惕人）？不过，即使是如此，我们仍可以说，克列亦惕人起码在公元12世纪就信仰了聂斯脱利派基督教。当时，聂斯脱利教派的主教住在亦剌克的塞卢西—报达。聂斯脱利教徒的集中地在呼罗珊伊朗东部省或河中地区撒马尔罕一侧。巴尔·赫布留斯所引述的史料无疑是准确的。当时呼罗珊的商队经商路过戈壁滩，使克列亦惕人的国王信仰了聂斯脱利派基督教（景教）。同样可以肯定的是，在12世纪末，克列亦惕人的汗已是父子相传的景教徒。这就是马可·波罗所叙述的“祭司王约翰”[2]传说的来历，尽管后来有人

---

[1] 聂斯脱利教派（景教）：基督教的一个较小的教派，信奉君士坦丁堡主教聂斯脱利所倡导的教义，故名。公元5世纪时，基督教东正教会内部，由于对基督论问题看法分歧，形成互相对立的两派，即亚历山大里亚派和安提阿派。公元431年，得到罗马皇帝袒护和西派教会支持的亚历山大里亚派获胜，把属于安提阿派之聂斯脱利主张的基督二性二位说判为异端，并把聂斯脱利革职流放，追随他的信徒逐渐形成聂斯脱利派。他们在遭到镇压而向东逃亡的过程中，其主张在叙利亚和美索不达米亚等地得到一定的传播。唐代传入中国，称为“景教”。——译注

[2] 祭司王约翰：中世纪天主教传说人物。传说为东方一基督教国家的国王和大祭司。一说是西辽（哈剌契丹）国王弘可汗，原虔信聂斯脱利派基督教，后改为信奉正统派基督教，曾与西方奉教国家往来不绝。又说教皇亚历山大三世曾派御臣腓力前往谒见。另说是埃塞俄比亚的一个皇帝。历史文献中不见记载。这一传说很可能产生于11世纪中亚的一位改信聂斯脱利教派的

曾武断地说“祭司王约翰”是指埃塞俄比亚的一个皇帝。不管怎么说，克列亦惕人信仰的景教在成吉思汗那个时代发挥了巨大作用。读者将会从本书后面的叙述中看到，基督教后来成了成吉思汗家族帝国的正式宗教之一。

另一方面，我们说克列亦惕人有统治整个蒙古的野心，这也是从历史资料中得出来的结论。大家知道，在成吉思汗时代到来以前的两代人时期，克列亦惕部的汗曾进攻居住在戈壁滩东部的塔塔儿人。前面已经说过，北京的金王是支持塔塔儿人的。同塔塔儿人作战的那个克列亦惕部汗名叫马尔忽思·不亦鲁黑。这个名字的前半部是基督教徒名马克的变化形式（从本书后文可以看出，“马尔忽思”这个名字是当时北亚地区景教徒普遍采用的名字）。当时，马尔忽思·不亦鲁黑汗被塔塔儿人俘获并被押送交给了金国。金人像刑毙蒙古部首领一样（本书前文已经叙述过金人刑毙蒙古俺巴孩汗等人的情形）处死了马尔忽思·不亦鲁黑汗，即把他钉在木驴背上，使之辗转惨死。他的遗孀美丽的忽图黑台·依里克赤决心为他报仇雪恨。她假装豁达大度，不记丈夫被害之仇，带着一百个鼓鼓囊囊的羊皮袋，诡称羊皮袋里装满了牧民特别喜欢喝的发酵马奶酒，以此作为礼物，前去向塔塔儿部首领致意。实际上，每个羊皮袋里都藏着一名武士。塔塔儿部首领信以为真，立即设宴为客人接风。于是宾主入席，觥筹交错，互致祝愿。当宴会进行到一半之时，忽图黑台·依里克赤一声暗号，藏身于羊皮袋里的一百名武士瞬时一起破袋而出，闪电般冲上去，手起刀落，塔塔儿部首领及其众从人，顿时血溅毯包，做了刀下之鬼。这真是蒙古式的《一千零一夜》之一夜。

马尔忽思留下了两个儿子，一名忽儿札忽思（这个名字也是一个基督教徒名西里亚克的变形），一名菊儿汗。菊儿汗之后，接替汗位的是忽儿札忽思。忽儿札忽思的统治也很不稳，充满了风波和风险。他曾几乎被塔塔儿人推翻，幸亏西边的邻居乃蛮部出面援助，他才保住了汗位[1]。他的长子脱斡邻勒是本书中

汗。这最后一种说法同本传记作者的看法接近。本传记作者认为祭司王约翰就是指克列亦惕部的一位汗，并具体说是指王汗脱斡邻勒。——译注

[1] 据波斯历史学家剌失德哀丁记载，忽儿札忽思之妻是乃蛮王之妹。由于两家有这种姻亲关

的重要人物。脱斡邻勒就是马可·波罗笔下的“祭司王约翰”，是成吉思汗一生开始时期的保护人。实际上，应当承认，这位北亚景教的代表人物为夺取汗位而采取的手段根本不符合基督教教义。父亲刚一去世，他就杀死了可能与他争夺汗位的两个弟弟塔亦·帖木儿泰赤和不花·帖木儿。杀了两个弟弟还嫌不够，他还想杀他的另一个弟弟额儿客·哈剌。额儿客·哈剌等设法逃入了乃蛮部。

至此，我们第二次提到了乃蛮部。本书后面将进一步谈乃蛮部的情况。乃蛮部居住在蒙古西部杭爱山以西，即科布多湖泊地区，阿尔泰山（蒙古境内部分），额尔齐斯河河谷和叶密立河河谷塔尔巴哈台地区 [1]。乃蛮汗亦难赤必勒格骁勇过人，正像当时有人所说，他生平临阵，只向前进，从不马尾向敌人。当时，他收容了前来投奔的脱斡邻勒之诸弟。同时，他还支持脱斡邻勒的叔叔菊儿汗反对脱斡邻勒。菊儿汗率众起义，把脱斡邻勒赶下台，迫使脱斡邻勒带着一百来个亲信逃到了色楞格河流域的哈剌温山谷。色楞格河流域是蒙古森林狩猎部落篾儿乞惕部的地盘。为了换取篾儿乞惕部的支持，脱斡邻勒将爱女忽札兀儿嫁给了篾儿乞惕部首领脱黑脱阿。然而，此举似乎并没有换来篾儿乞惕部的任何实际的支持。

脱斡邻勒在走投无路中想出了最后一着棋：去找也速该把阿秃儿，请求也速该把阿秃儿支持他。主意已定，他就来到也速该把阿秃儿跟前：

“请助吾一臂之力，帮吾从吾叔菊儿汗手中夺回吾之臣民。”

“汝既如此恳切地求助于吾，”也速该把阿秃儿慷慨地说，“吾即同泰亦赤兀惕之二勇士忽难和巴合只前往，替汝夺回汝之臣民罢了！”

也速该把阿秃儿说话算数，当即集合部队驰往忽儿班—帖勒速特，攻入菊

系，所以乃蛮人才出面干预，从塔塔儿手中救出了忽儿札忽思（事件很可能发生在公元 1140 年左右）。在对克列亦惕部的战争中，塔塔儿人取得了胜利，俘获了忽儿札忽思之子、年仅 13 岁的脱斡邻勒（也译作“脱里”——译注），罚他看守骆驼。但脱斡邻勒不久就逃了出来，同时带回了一部分牲畜。——原注

[1] 据波斯历史学家剌失德哀丁记载，公元 12 世纪前半期，乃蛮部中别帖勤家族居统治地位，公元 1140 年从塔塔儿人手中救出忽儿札忽思的正是别帖勤王。后来，别帖勤家族在乃蛮部中失去了统治地泣，统治权转入了古出古儿家族手中。——原注

儿汗大营。菊儿汗不防有此奇袭，只好慌忙上马逃入唐兀惕部辖区（今中国甘肃省境内）。

由于也速该把阿秃儿的具有决定性意义的干预，脱斡邻勒重新登上了克列亦惕部汗位宝座。两人在土拉河黑林发誓，彼此永远友好。

“吾当永远铭记汝之助力。吾之谢忱将施及汝之子子孙孙，皇天后土作证。”脱斡邻勒赌咒发誓说。

这是庄严的诺言，它使脱斡邻勒和也速该结成了兄弟，也确立了也速该之子的保护人。

在成吉思汗创业的整个第一阶段（直至1203年）中，这一“黑林誓言”一直在发挥着举足轻重的作用[1]。

也速该之夺取诃额仑夫人

古代蒙古诗人描写了勇士也速该同一个后来成为成吉思汗生母的妇女结合的过程。诗人在描述这一事件时所使用的语言是非常尖刻的。在描写当时蒙古风俗的粗鲁特点方面，那些诗句简直是入木三分，胜过所有其他的有关插曲。

一天，也速该把阿秃儿在斡难河畔鹰猎[2]为乐。忽然，他看见篾儿乞惕部的也客赤列都[3]骑着马而来。原来，也客赤列都刚刚从斡勒忽讷兀惕部娶妻回来，路过此地。斡勒忽讷兀惕部是属于游牧于（蒙古东部）哈拉哈河注入捕鱼

[1] 本章提到了著名的“祭司王约翰”的传说。关于这个传说的来源，佩里奥特曾在1944年5月12日亚洲协会学术讨论会上提出了如下看法：这一传说出自西方，时间是在中亚的一些君主（特别是1140年战胜桑扎尔苏丹的哈剌契丹人，以及1211年至1212年在喀什噶尔摧残伊斯兰文化的乃蛮人古出鲁克）对穆斯林发动进攻以后不久。——原注

[2] 鹰猎：当时蒙古人打猎有三种形式，一是有组织的集体围猎，二是娱乐性的个人鹰猎（只能捕获小禽兽），三是下网捕猎。——译注

[3] 也客赤列都是兀都亦惕——篾儿乞惕部（篾儿乞惕部中的主要部落）首领脱黑脱阿别乞之弟。篾儿乞惕人游牧于色楞格河注入贝加尔湖的河口地区。——原注

儿湖之河口地区的翁吉剌惕部的一个氏族。也客赤列都娶来的女子名叫诃额仑。诃额仑夫人这个名字将在本书后文中屡次出现。这时，这一对年轻夫妇兴高采烈地从这里经过，恰恰被也速该一眼看见，这对于新郎来说太不幸了。也速该的确目力不凡，他一眼就看出这位少妇是罕有的丽姝。他马上翻身跑回家，叫来了他的哥哥捏坤太石和弟弟答里台斡惕赤斤。看到这三条大汉如狼似虎地扑来，也客赤列都不禁心里一阵发慌，急忙拨马（据蒙古诗人说他骑的是一匹栗色战马）向附近的一座小山上驰去。也速该兄弟三人也催马紧紧追来。围着小山跑了一圈后，也客赤列都又来到他妻子乘坐的车前。诃额仑是一位很有头脑的女人，她非常明智地对丈夫说：

“汝见彼三人之面色乎？吾观彼三人颜色，好生不善，似有害汝性命之意。汝若相信吾，可快逃性命。但得保住性命，何愁再娶不着好女美妇？……若再娶得妻室，可以吾名诃额仑名之，算汝未能忘吾。快逃性命！离开此地！带去此物，以使汝记起吾时，可闻见吾之气息……”

诃额仑说毕，即脱下一件衣衫，扔给新郎，也客赤列都急忙下马，接住新娘扔来的衣衫。这时，也速该三人也绕山跟踪而来，眼看就要来到车前。也客赤列都急忙上马，快马加鞭，一阵风似的沿斡难河河谷逃去了。也速该三人一看，也打马直追，但追过了七道岭[1]，也没有追上也客赤列都，只好掉转马头，驰回诃额仑车前。也速该得了诃额仑夫人，得意扬扬地带着她返回自家蒙古包。蒙古诗人描给说，也速该当时因夺得这样的“战利品”而乐不可支，亲自给诃额仑赶车。其兄捏坤太石策马扬鞭导于前，其弟答里台斡惕赤斤傍辕而行护于侧。此时，可怜的诃额仑则在车中边哭边说：

“我夫赤列都，未曾逆风吹髻挲，不曾野地受饥寒也！如今却如何！彼在奔逃中，其双练椎[2]迎风而动，忽而搭肩后，忽而披胸前，爬山过岭，何等艰难。

---

[1] 七道岭：此处的“七”，不是实数，而是概数，言其越过山岭之多以示追袭之远。——译注

[2] 髻挲，练椎：“髻挲”，即额发，又称“固姑”，即俗语之所谓“留海”。“练椎”，即垂于两耳后之发辫。古时蒙古人的发型是，剃掉其顶部，留其周围，额上的部分叫“固姑”，其余后面的部分编为辫，垂于两耳后，叫“练椎”。后来这种发型有了变化，把全部留发束于脑后为辫，

彼何至落得如此惨境焉！”

据蒙古诗人说，当时诃额仑的哭诉，使斡难河河水荡起怒涛，使森林随之呜咽。但是，傍辕而行的也速该之弟答里台斡惕赤斤则一边行一边酸溜溜地对车内的诃额仑说：

“汝欲搂于怀中者已越岭多矣，汝所哭者已涉水去矣，虽呼彼亦不回顾汝矣，汝虽寻踪往追亦不得其路矣，汝其止泣也矣。”

答里台斡惕赤斤就这样以挖苦的口吻劝着诃额仑，劝她忍耐顺从，认可眼前的事变。就这样，诃额仑跟着也速该来到了也速该的蒙古包。她明智地顺应了这一变化，从此全心全意地侍奉着也速该。

这一著名的插曲可以告诉我们许多情况。首先，它告诉我们，在当时的蒙古人中，异族通婚是组成家庭的准则。这一准则迫使人们为得到妻室而大肆抢掠妇女，而掳掠妇女又常常导致各部落之间以兵戎相见。读者从本书后文就会了解到，篾儿乞惕人和居住在斡难河上游的蒙古人就经常掳掠对方的妇女，这种掳掠对方妇女的行动导致这两个部落之间彼此仇恨，而且这种仇恨一代又一代地传下去，久而久之则又进一步导致一方吃掉另一方。其次，我们由此可以看出，蒙古第一个王国的覆灭在各部落之间引起了多么严重的混乱，上述抢掠妇女的情景又一次证明了这一点。这种混乱已经超出了政治范畴，进而搅乱了所有的社会关系。因为，读者从本书后文就可以看出，当蒙古确定了成吉思汗家族的秩序时，蒙古男人就可以通过和平协商的途径而不必通过掳掠妇女的手段实践异族通婚制，从而在本部落以外求得妻室。

最后，蒙古的传说向我们展现的上述如此生动的掳掠妇女的情景从一开始就充分显示了诃额仑夫人的性格。她当然是一个尽职的贤妻，她爱她的前夫，甚至可以说十分钟情于前夫。当也客赤列都从她的眼前逃走因而她再也看不见了的时候，她那动人心魄的伤心哭诉，以及两人临别时她主动给前夫留下纪念物的举动，都充分证明她是十分钟爱也客赤列都的。但是，与此同时，她又是

“练椎”则是指已婚妇女胸前发辫上的首饰。本传记此处当然是指变化以前的发型。——译注

一个讲究实际的妇女，她善于坦率地认可无可挽回的事变。她满怀柔肠地安慰丈夫勿为失去她而忧伤，劝丈夫赶快逃命。而一旦进入也速该家，她又以同样直率的忠诚专一爱着也速该，而且，后来，当不幸降临也速该去世之后，她又坚强地承担起了主持这个家庭的重担。如果没有一个如此坦率正直的母亲，一个如此有魄力、具有务实精神的母亲，成吉思汗能否成就那样一番轰轰烈烈的事业恐怕是一个无人能回答的问题。

成吉思汗的童年

据佩里奥特[1]在1939年进行的研究，也速该和诃额仑夫人的长子、后来的成吉思汗，诞生于公元1167年（猪年）。当时，他家居住在斡难河右岸迭里温孛勒答合（“孛勒答合”是孤山之意）上。婴儿初出母胎时，右手紧握着一血块大如髀石。在诃额仑临产前夕，也速该在一次对塔塔儿人的战斗中俘获了塔塔儿部的一名头目，这个头目名叫铁木真兀格。为了纪念这一战功，也速该就给儿子取名铁木真。从这一名字的词源来说，突厥—蒙古文词根“铁木儿”是“铁”的意思，以此来把“铁木真”解释成“铁匠”之意，从发音上来说是正确的[2]。这偶然的巧合表明，此人后来之成为“世界征服者”要归功于其父母早已确定他将成为铁人，从而使他后来承担起了锻造一个新亚洲的使命。也速该把阿秃儿和诃额仑夫人继生下铁木真以后，又生了三个儿子，他们是：拙赤合撒儿、合赤温、帖木格。“帖木格”这个名字的字面含义是“家庭王子”，即幼子之意。此外，也速该夫妇还生有一女，名曰帖木仑。也速该同其别妻速赤吉勒

[1] 保罗·佩里奥特：法国汉学家，生于公元1878年，卒于1945年。他一生致力于中亚考古研究，曾在敦煌石窟发现了公元6世纪至9世纪的许多手稿。——译注

[2]《蒙古秘史》译注者认为，把“铁木真”一词解释为“铁匠”不妥。他认为“铁木真”的词义是“铁化”和“变为铁”拟或“铁一样”之意。关于“铁木真”和后来“成吉思汗”之中“成吉思”的词义问题，历史家们各有说法，没有定论。本传记作者说“铁木真”一词是“铁匠”之意，也算是一家之言。——译注

（据佩里奥特在1941年所作的考证，也速该的另一个妻子可能名为速赤吉勒）生有二子，一曰别克帖儿，一曰别勒古台。

关于成吉思汗的体格相貌特征，编年史作者们没有作足够的记载。他们只指出，成吉思汗幼时"目中有火，面上有光"。这可能是远祖之光，因为以前光之精灵曾使成吉思汗的祖先阿兰豁阿怀孕。铁木真年及弱冠之时，已长成一表人才：身材高大，四肢发达，前额宽阔，长胡须（至少比一般蒙古人的胡须要长），"猫儿眼"。他的一双"猫儿眼"，即灰绿色眼睛曾使一些评论家甚为惊讶。这位后来的成吉思汗是否像喀什噶尔农民一样属于突厥化了的雅利安人种？但是，我们每个人都很熟悉，猫的眼睛是黄褐色的。再说，蒙古古代诗人十分肯定他们的这位英雄的家谱，因此，人们不能怀疑他的直系尊亲属于阿尔泰语系人。

蒙古的青年订婚是很早的。也速该把阿秃儿为铁木真寻求未婚妻时，铁木真才满9岁（因此铁木真订婚是在公元1176年）。也速该把阿秃儿打算到他的夫人诃额仑的娘家去为铁木真寻求未婚妻。诃额仑的娘家是翁吉剌惕部落下属之斡勒忽讷兀惕氏族人。斡勒忽讷兀惕人游牧于捕鱼儿湖一带。也速该父子二人行至扯克彻儿山与赤忽儿吉山之间，遇着住在此地的翁吉剌惕部的另一位首领德薛禅。赫尼施教授曾考证，此二山即今之阿尔丹·诺木山和杜兰豁拉山，位于兀儿失温河西畔阔连湖与捕鱼儿湖之间。见也速该父子前来，德薛禅便询问道：

"汝二人来此何干？"

"欲往翁吉剌惕部为吾子寻女来。"也速该连忙答道。

"汝之此子，"对这父子来此之目的甚感兴趣的德薛禅说，"其目有烨，其面有光。也速该吾友，吾昨夜得一梦，煞是奇异。吾梦得一白海青鸟携日月从天而降，飞落吾之手上立定。此乃吉兆乎。今汝子来至吾前，恰是应验。吾梦已主汝等乞颜氏人必来，真乃福音也。"

德薛禅真不愧为是德薛禅（"薛禅"即智者之意），真是慧眼独具。翁吉剌惕部素来以多美女而闻名。不过，从政治角度来看，翁吉剌惕部却是一个二等部落，它无法同作为王室部落的乞颜氏部落相比肩。所以，当王室部落里的人来到翁吉剌惕部落择女时（异族通婚是当时的传统），翁吉剌人自然感到受宠若惊，喜出望外。德薛禅当时对也速该说的一番话至少可以表明这一点。他说：

“人皆夸敝部有美貌之女，娇媚之甥[1]。然吾等向未据此与他国相争也。一俟贵部新汗登基，吾等即将花容之女，乘以巨车黑驼，送往贵部，使居于后妃之位焉。”

这一番话似乎可以表明，在异族通婚方面，孛儿只斤氏同翁吉剌惕人之间是彼此配合默契的。

德薛禅当时说这一番话的目的在于引出自己的最后建议。果然，他最后说：“也速该吾友，请屈驾进吾家一谈。吾有小女，已自长成，汝其观之乎！”

也速该即随主人走进厚厚的毯子搭成的毯帐。他们在帐中间坐下，也速该坐于客位，德薛禅坐于其旁，家中主妇及其儿女坐于后。在德薛禅的儿女中，有一女名叫孛儿帖，想必她已明白来客之意了。“孛儿帖”即灰蓝色之意。也速该瞟了一眼孛儿帖，心中暗喜。的确，孛儿帖非常美丽，娇小年纪，已饶有丰韵。史家甚至用上文描写铁木真的话语来形容孛儿帖其貌，说她也“其面有光，其目有烨”，并且附带补充说，她已10岁，长铁木真一庚。

也速该父子二人当夜便就宿于德薛禅家。第二天早上，也速该合乎礼仪地为子求婚于德薛禅。然而，德薛禅是一个审慎而有心计的人。他知道，在这种场合，既不能卖关子让对方一再要求，也不应该过早地首肯。他明白“多求而与之则崇之，少求而与之则贱之”的道理。至少，虽然蒙古人习惯于早婚，但孛儿帖毕竟还是一个小姑娘。但德薛禅也认为，女子之命，虽生于母家，然终不可老于生身之门[2]。经过这一番反复权衡考虑之后，他提出了一个折中的等待的办法。他说：

---

[1] 甥：当时蒙古的“甥”是指女子招婿入赘而在娘家所生之子女。此处指外甥女儿。——译注

[2] 女子之命，不可老于生身之门：这里的“门”是指“家”而言。这句话否定了招婿入赘的情况。招婿入赘，在当时的蒙古只是个别现象，是母系氏族社会的残余，已不是婚嫁的主流了。——译注

“汝之所求，敢不应允。吾同意将小女嫁与汝家。然须先留汝子于吾家为婿。”

这个“为婿”，是指作为未来的女婿，甚至可以说是指作为“见习女婿”。也速该同意了这一提议。但他也向德薛禅提出了一个要求，由于这一要求竟是关于后来堂堂成吉思汗的要求，所以我们不禁对也速该提出的要求感到有点吃惊。当时也速该对德薛禅说：

“诺。可留吾子于汝家。然吾子自幼惧狗，望勿令狗惊之！”

这里，笔者要为年轻的铁木真辩护几句。不要忘记，他虽已是未婚夫，但他毕竟还只有9岁！另一方面，蒙古的狗，体格硕大，黑毛竖立，极为可怖。据勒里希报道说，10年前，在库伦市，一些野狗曾攻击行人，甚至攻击骑马的人。有一天夜里，野狗竟然咬死了一名哨兵，尽食之而去。

也速该在提出这一要求并得到对方保证以后，就把儿子留在德薛禅家，上马离开此地而去。途经扯克彻儿山附近赤剌克额儿草原时，他碰到塔塔儿人正在黄草遍地的草原上设帐陈筵。上文说过，据赫尼施考证，扯克彻儿山即今之杜兰豁拉山，位于捕鱼儿湖与克鲁伦河注入阔连湖之河口之间。当时，也速该正觉饥渴，遂入筵求饮[1]。他生性粗豪，无防人之心，早已把塔塔儿人对他家的仇恨忘于九霄云外。但塔塔儿人却认出了他：来者乃也速该乞颜也。在以前数次战斗中，也速该曾大掠塔塔儿人。今日命运把他送到了塔塔儿人营地。复仇雪恨的机会就在眼前，于是塔塔儿人佯作欢迎，暗下毒药于马奶酒中。这是一种慢性毒药，饮下之时并不立即生效，须隔一段时间才能发作。也速该酒酣起身告辞，跨马回家。他行至半途，渐觉腹中隐隐作痛，三天后刚一到家，药性愈烈。这时也速该才明白已受人毒害。医疗无效，病势已无可挽回。勇士也速该性命垂危，眼见一时不如一时，自知死期将近，便气息微微地问道：

“谁在吾侧？”

“奴才在，也速该老爷。”族中晃豁塔惕部察剌合老人之子蒙力克应声答道。

---

[1] 蒙古人习惯，行路过他人筵会处，应参加筵会，以示敬意和礼貌，况也速该把阿秃儿途中已很觉饥渴，所以与筵。——译注

"蒙力克吾儿[1]，"垂死者也速该临终嘱托他道，"汝且听着，吾之诸子尚幼，汝其扶助之。吾领子往彼聘女，归途中为塔塔儿人所毒。此时吾腹痛甚剧……吾死之后，吾之子侄幼弟，妻室及其姊妹诸人，将落何境焉？吾行将气绝……蒙力克吾儿，速往彼领吾子铁木真来！"言讫，气绝而殁。[2]

也速该悲剧性的死亡，他临终催人泪下的托孤之言，以及他临终前对亲人命运的忧虑，所有这一切，构成了铁木真、后来的成吉思汗生命奏鸣曲的悲怆的第一乐章。蒙古史家在记载这段历史时所流露出的激动与同情，至今仍使读者的心得以共鸣。这位后来的世界征服者在开始人生旅途时，条件是何等险恶！蒙古森林和草原人们的粗野风俗，充满陷阱、背叛、劫掠和屠杀的环境，在这种环境中，人身之被抢掠就像白鹿与野驴之被追杀一样频繁和野蛮。这就是笔者在前面已经叙述过的，此时为铁木真开始踏入生活时所面临的形势。我们从一些作品中已经见过当年美洲草原上披头散发的野蛮人互相残杀抢掠的情景，幼失父恃，9 岁即孤的铁木真此时此刻正处于这样的严酷的社会之中。

据佩里奥特的推算，此时是公元 1176 年。[3]

被逐出氏族的孤儿

蒙力克听完垂死的也速该把阿秃儿的临终嘱托，立即动身前往翁吉剌惕部德薛禅家去领铁木真。蒙力克年纪虽小，却具有草原猎人所特有的谨慎与细心。

---

[1] 吾儿：此是对随身童仆之昵称，不是指自己的子侄。——译注

[2] 书后文将再次提到的这个蒙力克，此时亦尚年轻。据《蒙古秘史》略带文学夸张色彩的记载，他与成吉思汗差不多是同时而生，一起长大。——原注

这只是一种说法。但从后来成吉思汗和蒙力克彼此的称呼和其他关于蒙力克的提法来看，蒙力克似乎要比成吉思汗年纪大得多。——译注

[3] 关于成吉思汗的出生年月问题，请参阅佩里奥特 1938 年 9 月在亚洲协会会议上所作的报告（见《亚洲杂志》1939 年 1 至 3 月号第 133 页）。关于也速该的第二夫人问题，请参阅佩里奥特文章《〈蒙古秘史〉中的两个空白》（见《亚洲杂志》1940 年 1 至 6 月号第 7 页至第 12 页）。——原注

他竭力为也速该保密，只字不向德薛禅提起也速该罹难之事。他想，如果德薛禅此时得知乞颜氏首领也速该已死，谁能说他不会把铁木真这孩子扣下作为奴仆？于是蒙力克机灵地对德薛禅说：

“我家老爷也速该朝夕想念其子铁木真，心甚痛焉，故令我前来领回其子也。”

“亲家若思其子而心痛，汝可将之去。见后当速归来。”德薛禅也认为父思其子而欲见之乃是人之常情。

蒙力克遂匆匆领铁木真从捕鱼儿湖回到斡难河上游。他俩到家时，也速该的遗孀诃额仑夫人正在料理后事，主持家务。

诃额仑母子孤孀面临的形势很快就进一步恶化了。也速该把阿秃儿生前凭着他的威望，已成功地把同族的许多氏族部落团结起来，集合于乞颜氏之旗帜下。特别是泰亦赤兀惕氏诸头目（也速该把阿秃儿之堂兄弟）都拥立也速该把阿秃儿为指挥征战和狩猎的首领。也速该部落集团就是这样组织起来的。对各个氏族部落来说，推举一位有经验和能干的首领，对于他们进行征战和围猎是非常有利的。所以他们愿意团结在一个强有力的人物周围。但是，一俟部落联盟的强有力的首领人物去世，部落联盟也就随之瓦解，各氏族和部落便作鸟兽散，分道扬镳，各自为政了。也速该死后出现的情况就是如此。此时，泰亦赤兀惕部众头目企图恢复在俺巴孩汗（当时蒙古的倒数第二位汗）时期拥有的霸权。也速该家族此时已群龙无首，只有一个 9 岁的孩子作为这个家族的代表。面对泰亦赤兀惕部众头目的野心，这个家族有什么办法？下面的突发事件可以表明泰亦赤兀惕部众头目对也速该一家的态度。

也速该把阿秃儿殁后一年，时逢春祭。俺巴孩汗去世后，留下二妃，一名斡儿伯，一名莎合台。此二妃携祭品前往祭祖之地，行祭祖之礼。祭祖仪式结束后，参加祭祖的人便将祭品分而食之。斡儿伯和莎合台有意不请也速该的遗孀诃额仑同来祭祖。但诃额仑偏偏来了。不过，她来晚了，仪式已经结束，而且分享祭品的筵宴已开始。笔者前面叙述过，诃额仑是一位非常强悍、讲究实际、颇有魄力和具有首领气质的妇女。她现在以也速该的儿子的名义担当起了她丈夫生前担当的乞颜氏首领。她不想听任他人剥夺自己的权利，于是气势汹汹地质问斡儿伯和莎合台二妃为何在祭祖之时不通知她。接着，她转入进攻，以威胁的口气质问大家说：

"而今，也速该固然死矣，故汝等以为可以为所欲为也。然汝等岂以为也速该之诸子不会长大成人耶？汝等岂不惧此诸子有发怒之日耶？汝等既分享祭祖之胙肉与供酒，何为吾等独无耶？汝等岂欲尽食而饮之后不告而徙也耶？"

当时蒙古一般都信仰萨满教[1]。毫无疑问，从萨满教的角度来看，被排斥于祭祖仪式和"领导体"仪式之外，对诃额仑全家来说，会产生极为严重的后果。诚然，这一无礼的行动本身只是对诃额仑个人的侮辱，但这实际上是否决诃额仑母子作为孛儿只斤氏首领也速该的继承人的资格，是要迫使嫠妇孤儿成为名副其实的流亡者。

诃额仑夫人原以为她这一番话能威慑住斡儿伯和莎合台二妃。但她错误地估计了自己的权能和影响。不管她怎么说，也速该把阿秃儿已经死去，诸子均尚年幼，无法使任何人敬畏。所以，她话音刚落，斡儿伯和莎合台二妃即立即反驳，话中充满了女性特有的怨恨。她俩唾沫横飞地说：

"汝谓吾等未曾邀汝乎？然吾等岂有非邀汝不可之责乎？汝岂有请而方与之权乎？汝有至而食之理乎？汝可于自家而自请之，吾等决不至汝家食且饮也！"

这两个心地歹毒的妃子的这番话是非常尖刻的。当时她俩正同其他人围着一块好羊肉分食，附近几个蒙古包炊烟缭绕。她俩的这一番刻薄的话也突出表明，当时草原上的人们，即使是头领人物，其食物也是非常匮乏的。

---

[1] 萨满教：原始宗教的一种晚期形式，因通古斯—满语族各部落的巫师称为"萨满"而得名。该宗教形成于原始社会后期，具有明显的氏族部落宗教特点。各族间虽无共同的经典、神名（近亲各族除外）和统一的组织，但彼此有大致相同的几个基本特征。相信万物有灵和灵魂不灭。一般认为人有三个性能不同的灵魂，如赫哲族人认为人有"生命魂"、"思想魂"和"转生魂"。认为宇宙有上中下三界。认为宇宙万物、人间祸福皆由神鬼主宰，鬼魔布祸。氏族萨满神为保护族人，在氏族内选派自己的代理人和化身——萨满。有全氏族参加的宗教节日和宗教仪式。该教主要流行于亚洲和欧洲的极北部。中国的满（17 世纪以前）、蒙古（13 世纪以前）、维吾尔、哈萨克、柯尔克孜等族（7 世纪以前）均普遍信仰此教。解放前东北地区的赫哲、鄂伦春、鄂温克、达斡尔等族中，也相当流行。——译注

同诃额仑夫人闹翻以后，斡儿伯和莎合台等人便在一起商议对策。经过一番秘密策划，他们决定：

"立即起帐拔营，弃此母子于此地！吾等远走高飞，让此母子生死由其命。"

事情就这么定下了。第二天一早，泰亦赤兀惕部的两个头目塔儿忽台乞邻秃黑和脱朵延吉儿帖即率众拔营顺斡难河而去。现在，诃额仑嫠妇孤儿，无依无靠，身边只有也速该生前的忠实仆人察剌合老人。他是晃豁塔惕部人，是受也速该临终托孤的蒙力克的父亲。当时察剌合老人气愤不过，便去追泰亦赤兀惕人，苦苦相劝，劝他们回心转意，回到诃额仑身边来。脱朵延吉儿帖向他表示说，分裂已无可挽回。他说：

"深水已涸矣，明石已碎矣。"

察剌合老人一片忠心，不顾己身之安危，仍坚持挽留相劝。但这并不足以打动泰亦赤兀惕人的心，反遭到这些人一顿臭骂。察剌合老人无奈，只好转身回来。而正当他转过身往回走时，泰亦赤兀惕人即挺长枪向他的脊背猛刺去，重伤察剌合。察剌合负痛挣扎而回，卧床呻吟不止。铁木真闻讯赶到老人床边问候，老人勉强挣扎着对主人的儿子说：

"汝贤父所聚之百姓，悉为彼等率而徙也。吾往劝之，故为彼等戕之如此！"

铁木真闻言大哭而出。适才只身冒险去捍卫铁木真一家的察剌合老人，此时正处于奄奄一息的地步。前去看望垂死的老仆人，这是年仅 9 岁的铁木真充当首领的第一个行动，是他在这个冷酷的社会上学步的开始。他后来的所有政治行动都打上了这种冷酷社会给予他的残酷教训的烙印。但我们不应该忘记铁木真在垂死的察剌合老人床前的伤心的哭声，因为这一发自内心的充满人类友爱与同情的举动首次向我们揭示了他的为人。

但诃额仑母却没有沉湎于绝望与悲哀之中。她和她的儿女被人抛弃，被她本可以引为领衔的人们所出卖，这一切并没有使她颓唐。相反，这位刚强的妇女却表现出令人敬佩的魄力。这个氏族的旗帜是一面系有牦牛毛或马尾毛的九尾大纛，称为"秃黑"，是该氏族权威的象征。泰亦赤兀惕部头目率众而徙，诃额仑闻讯，即持此大纛上马，飞奔前去追赶拔营而去的部众。她飞马来至众前，大纛一挥，半数叛众不禁大惊，不由自主地止步了。可以说，开始，她的勇气加上也速该把阿秃儿在人们心中留下的记忆，曾一度压倒了泰亦赤兀惕人的敌意。这里我们可以设想当时的情景：塔儿忽台乞邻秃黑和脱朵延吉儿帖骑着高头大马得意扬扬地走在前面，后面是车辆、牲畜群和牧民群，乱哄哄地迁徙着。正在这时，诃额仑飞马而至，突然出现在叛众面前，手持一杆大纛，勒马转身面带杀气地朝着众人，义正词严地重复着这些“逃跑者”当年投奔也速该把阿秃儿时所立下的效忠誓言。我们还可以进一步设想：当时，面对这突然发生的情况，听了诃额仑的一番话后，正在行走的队伍立即乱成了一团。心里想起自己的职责，耳边回响着诃额仑的怒责之声，但同时又想起昨晚向泰亦赤兀惕部头目们作的保证，许多人顿时面面相觑，犹豫不决，进退两难，不知如何是好。但一阵混乱之后，最后仍是泰亦赤兀惕部头目们占了上风。适才一度被诃额仑夫人的威严所慑或被她感动的人们，最后想了想还是抛弃了她，跟着塔儿忽台乞邻秃黑和脱朵延吉儿帖去了。所有这些曾是也速该把阿秃儿的百姓的人们，都顺着斡难河去了，渐渐消失在远方。诃额仑及其尚留在营地里的亲人被这些人抛弃了。诃额仑夫人只好返回，家里除了她的 4 个儿子（铁木真、拙赤合撒儿、合赤温、帖木格）以外，还有女儿帖木仑。此外还有她的丈夫同别妻所生之二子别克帖儿和别勒古台。如此而已。

所有这些儿女均尚年幼，都需要诃额仑夫人一手抚育。正是在这一点上，“诃额仑母”（后来蒙古诗人一直称她“诃额仑母”）充分表现出了她那种令人敬佩的能力和志气。人们可以想象，当时这位寡妇带着 7 个年幼的孩子，处境是多么困难。他们被原来忠于他们的人们所抛弃，转瞬之间由牧民首领的妻子沦为四处流浪的难民。他们母子母女被迫在斡难河上游的森林中和草原上艰苦度日。但这位刚强的妇女丝毫没有消沉，她竭尽全力，发誓要把孩子们抚育成人，不愧有“诃额仑篾儿干”（“篾儿干”是有胆有识之意）之称。“诃额仑篾儿干”是蒙古诗人们对她的另一称呼。此时此刻，摆在她面前的当务之急是设法不让孩子们饿死。为此，她不得不像原始人那样到处采摘野果和挖掘野菜给孩子们充饥。她紧系固姑帽[1]奔波于斡难河上下，攀登于悬崖峭壁旁，采摘杜梨和稠梨等野果。众所周知，在外贝加尔湖地区，林木茂密，林中常有一些诸如花楸树、野草莓、越橘树之类的树木，其果实可供逃难的人充饥。她还手持削尖的刺柏木棍儿，到野外挖一些地榆和野葱之类的草根给孩子们吃。

孩子们终于逐渐长大一些了，开始懂得报答母亲的鞠养之恩了。他们用针制成鱼钩，到斡难河边去钓鱼。有时他们可以钓到大鱼，但有时却只能钓到类似鲑鱼的茴鱼（这种鱼在外贝加尔湖地区河中较多）以及其他小鱼。他们把钓来的鱼奉献给他们的母亲。

他们就这样日复一日、月复一月、年复一年地艰苦生活着。抛弃他们的那些人认为，他们一家在斡难河上游无依无靠，必定饿死冻死，除此不会有其他出路。他们以为，在漠北那样恶劣的气候条件下，在冷酷无情的社会环境中，孤儿寡母如何能自救？如何能活命？然而，他们孤儿寡母却活下来了，这是因为，他们是属于古代的刚强的种族。

这些孤苦的孩子的娱乐就是渔猎和打斗。他们的住处附近居住着札只剌惕部落。该部落有个青年名叫扎木合，是铁木真的朋友。据成吉思汗家族的史诗说，当时铁木真 11 岁。扎木合赠给铁木真一块公狍髀石，铁木真则回赠扎木合一块铜灌髀石，双方结为安答[2]，常在斡难河水上击髀石为戏[3]。春暖花开之时，他俩就一起用自制的木弓箭习射为乐。扎木合自制了一种响箭，称为鸣镝[4]，用小牛角尖磨制而成。铁木真也用柏木或刺柏木磨制了一种箭。二人互赠自制之箭以为交谊。当时这种箭已经可以说是一种武器了。

---

[1] 固姑帽：前文之“固姑”，即“额发”，此处之“固姑”，即“帽”。但不论是发还是帽，皆指高出于头上之物。“固姑帽”乃已婚女子之装饰。——译注

[2] 安答：即“盟友或同盟者”之意。——译注

[3] 髀石戏：蒙古人玩髀石之法有多种，其一是脚蹴，显花面则赢，显平面则输。这里所说的“铜灌髀石”，盖系于髀石平面上挖出几个小坑，灌入铜而磨平的髀石。其灌入铜或锡等金属属于平面上者，是易显其花面之意，然而实际上也常显平面。——译注

[4] 鸣镝：这里所说的鸣镝似乎还只是一种玩具。辞典上所说的鸣镝，即牛角哨箭乃是一种真正的武器。——译注

这时候，流浪者家中突然发生了一场野蛮的家庭悲剧。

成吉思汗童年杀弟

铁木真及其诸弟是一群孩子，社会给他们的教育是野蛮的教育，因而在待人处事上很快就反映出了这种野蛮教育的影响。处境的孤立、眼界的狭窄，加上生活的贫苦，使他们兄弟之间产生了彼此嫉妒和怨恨之心。前文说过，也速该的这六个儿子并非一母所生。他们之中，四人是诃额仑夫人所生（铁木真是长子），另二人即别克帖儿和别勒古台是也速该的别妻所生。这一现实就更激化了他们兄弟之间的嫉妒和怨恨。这两组青年之间矛盾日益激化，终于爆发了一场势不两立的冲突。蒙古史诗以朴实而坦率的笔调向我们叙述了这一冲突的细节。

一天，铁木真、合撒儿、别克帖儿和别勒古台兄弟四人在斡难河畔钓鱼。他们钓着了一条非常漂亮的小鱼，名曰金色石鲦。双方争了起来，铁木真和合撒儿为一方，别克帖儿和别勒古台为另一方。争来争去，别克帖儿和别勒古台力大，把鱼夺了过去。铁木真和合撒儿回家向他们的母亲告状说：

“吾等钓一金色石鲦，被别克帖儿和别勒古台夺矣！”

使铁木真和合撒儿二人大为吃惊的是，他们的生身之母诃额仑夫人不但不说他们有理，反而袒护也速该的别妻所生之别克帖儿和别勒古台。诃额仑夫人现在是一家之长，她所考虑的是氏族的利益。她当即回答铁木真和合撒儿道：

“休矣！汝等兄弟之间，奈何相争如是焉？”接着她又强调指出他们目前所处的孤苦无依的处境说，“须知吾等如今正自影外无其友，尾外无其缨也[1]。”

诃额仑夫人还特别强调指出，他们兄弟必须承担起复仇的重任。他说：

“汝等务必同心，只可一心想着：如何方能向泰亦赤兀惕人复仇？汝等兄弟

---

[1] 影外无友，尾外无缨：这两句话至今仍是蒙古人所常用的格言，即“无依无靠，形单影只”之意。——译注

安可效昔日阿兰母之五子不睦也耶？汝等其休矣。”

然而，铁木真和合撒儿却不以母言为是。因为，他们认为，别克帖儿恃强凌弱，已非偶然为之，实在是已成习惯。前不久，铁木真和合撒儿射下一只云雀，也被别克帖儿夺了去。所以，铁木真和合撒儿二人听了母亲的训斥，心中甚为不悦，遂出而私语道：

“昨日夺我等所射之云雀，今日复夺我等所钓之石鲦，长此以往，不可共存之也！”

二人撅着嘴，满肚子不服气，推门而出，向野外跑去……

悲剧很快就发生了。艰难困苦的生活已使这对年轻人具有了成年男子的火暴脾气。当时，别克帖儿正坐在一座小山上看守全家仅有的 9 匹马，其中有一匹骗马，银灰色，膘肥体壮，煞是漂亮。就像美国西部小说中所描写的两个印第安人一样，铁木真和合撒儿经过一番策划，便立即开始行动。铁木真从后面蹑手蹑脚地接近别克帖儿，合撒儿则从前面接近别克帖儿。两人在茂密的草莽中匍匐前进着，悄悄地逐渐接近目标，就像猎人不想过早地惊动猎物而悄悄地接近猎物一样。铁木真兄弟俩此时的猎物就是他们的同父异母兄弟别克帖儿。别克帖儿这时正坐在小山上专心放牧，丝毫没有怀疑和觉察到正在发生的事……一直到铁木真二人突然站起身来弯弓搭箭向他瞄准时，他才发现二人已经来到了他跟前。他试图平息铁木真二人的怨恨，像刚才诃额仑母那样向他们指出应该团结起来对付共同的敌人泰亦赤兀惕人。他对二人说：

“吾等不应自相残杀，宜合力向泰亦赤兀惕人复仇，彼等对吾等之凌辱至今尚在……汝二人奈何以吾为眼中之睫、口中之梗乎？”

但是，他这番话丝毫没有打动铁木真兄弟二人的心。箭在弦上，眼看就要射出。别克帖儿无奈，只好向他们最后恳求道：

“勿毁吾炉灶，勿杀吾弟别勒古台！”[1]

---

[1] 炉灶：设在蒙古包内正中的炉灶。它是表示家道或家系的象征，被看作是神圣的东西。毁了炉灶，就意味着全家灭亡。所以别克帖儿为了保护他唯一的同母弟别勒古台说：“勿毁我炉灶。”——译注

别克帖儿说完，便盘腿端坐等死。铁木真和合撒儿一个瞄准其前胸，一个瞄准其后背，同时朝这个“共同的靶子”射去。别克帖儿应声倒下了。铁木真兄弟二人收弓扬长而去。

这两个年轻的杀人者就这样回到了家里。诃额仑夫人一看二人脸色阴森可怖，就明白发生了什么事，不禁怒从心起，严厉责骂道：

“杀人魔鬼！汝二人之一（指铁木真）自吾热处脱出之时，即已手握黑血块矣。另一人则如一合撒儿狗故而名合撒儿焉[1]。汝等如下山之猛虎焉；如难抑其怒之狮焉；如欲生吞猎物之莽魔焉；如自冲其影之海青焉；如窃吞其他鱼类之狗鱼焉；如食其羔踵之雄驼焉；如乘风雪而袭之狼焉；如难控其仔而食之狠鹘焉；如护其卧巢之豺焉；如捕物不贰之虎焉；如狂奔驰冲之猛兽焉。然则汝等正值影外无友，（马）尾外无鞭之时也。汝等忘却泰亦赤兀惕对吾等之凌辱，无能复此仇矣！”

诃额仑夫人引用前人之言，严厉训斥着她这两个儿子的不义行为。就这样，铁木真杀了敢于顶撞他的弟弟，小小年纪就成了他所属氏族的首领……

成吉思汗之被擒

诃额仑母在训斥儿子时特别提到泰亦赤兀惕人对他们孤儿寡母的威胁，这并非危言耸听。这一威胁的乌云一直笼罩在他们的头上。事态的发展很快就向他们表明了这一点。

前文说过，泰亦赤兀惕部头目塔儿忽台乞邻秃黑曾鼓动人们抛弃了也速该把阿秃儿留下的孤儿寡妇，使他们陷入了非常悲惨的处境。随着时间的推移，此时，塔儿忽台乞邻秃黑感到有些坐卧不安了，他担心这流亡的一家人真的存活下来。他现在感到后悔，后悔当初没有趁这群虎子尚幼弱无力之时将他们消

[1] 合撒儿：狗的一种。俄罗斯南部察哈尔草原地区的人用以泛指狗。——译注

灭以绝后患。他不安地想:“这群雏鸟现在如果还活着,可能已经能够高飞了。可当初还是些乳臭未干的毛孩子啊。他们现在可能已经长大了……”他隐隐感觉到自己正面临着日益逼近的威胁。他意识到,勇士也速该和那个桀骜不驯的寡妇生的儿子们一旦长大成人,必定要来向泰亦赤兀惕人报仇雪恨,把泰亦赤兀惕人淹没在血泊中。因此,现在必须立即采取行动,抓住这窝小鸟,阻止他们可能的复仇。现在马上发动突袭还为时不晚。于是,泰亦赤兀惕部的这位头目立即披挂上马,率领骑兵向诃额仑母及其孩子们艰苦度日的牧场急驰而来。

看到泰亦赤兀惕人气势汹汹地扑来,诃额仑及其儿女们心里明白,严峻的考验来临了。他们不禁一阵惊慌,急忙逃入附近的丛林,立藩寨以拒敌。别勒古台挥刀砍倒一些树木,以加固藩寨。合撒儿能射得一手好箭,便立在寨门口与入侵者对射。合赤温、帖木格和帖木仑三兄妹尚小,便钻入一岩洞躲藏起来。

双方弓弦鸣响,羽箭交飞。泰亦赤兀惕人见对方决心抵抗,便向他们喊话道:

“吾等所要者,惟汝等长兄铁木真而已,余者吾等无意加害!”

泰亦赤兀惕部的几个头目是想先抓住铁木真,使对方群龙无首,然后再轻而易举地消灭对方。铁木真的母亲和诸弟一听说泰亦赤兀惕人要抓他,便立即牵来一匹马,叫他赶快骑马逃命。

铁木真立即上马加鞭,钻入斡难河上游森林中去了。这森林中密密麻麻长满了雪松、落叶松和其他树木,极不利于大部队展开行动。泰亦赤兀惕人见铁木真骑马而逃,便一齐纵马追来。铁木真飞马驰入帖儿古捏·温都儿山,山上林木更加茂密。泰亦赤兀惕人不敢深入,只好紧紧地围住森林,等待铁木真饥困难忍之时自己走出林来。就这样,铁木真独自一人在密林里藏了三天三夜,泰亦赤兀惕人也在林外围了三天三夜。到了第四天,铁木真实在饥饿难熬,于是决定寻找一条出路。他牵着马向林边走去。走了几步,回头一看,见马鞍子丢了,只有马的攀胸和腹带还在。小英雄不知就里,便认为这是天意,是长生天在保护他,不让他此时出林冒险。于是他又原路返回密林,又在林中躲了三天三夜。最后,饥肠辘辘的铁木真又牵马向林外走去。待他来到林口,突然一大块白色岩石（据蒙古诗人说，此石有帐篷一般大）从山上崩塌下来，滚至他面前，挡住了他的出路。毫无疑问，眼前奔来的这块大石表明，长生天不让他出林。于是他再次原路返回，又在密林中坚持了三天三夜。

但到第九天，他实在支持不住了。在整个这段时间，他除了吃过几个野果以外，没有吃任何食物。他想，与其在这里毫无作为地挨饿等死，不如冒险出去。决心已定，他遂抽出平时用以削箭的刀，来到那块大石处，挥刀斩断缠在大石周围的藤条和树枝，开出一条通道。然后，他牵着马，循着砍开的路向外走去。他刚一走过大石，只听一声呼哨，埋伏在林口的泰亦赤兀惕人便一窝蜂地扑上来。转瞬之间，铁木真被擒，做了俘虏……

但泰亦赤兀惕部头目塔儿忽台乞邻秃黑并没有杀铁木真，这也许是由于他心里对死去的勇士也速该还残留着一点敬意。后来，他承认说，他原来的确是想过要杀掉铁木真，但那时有一股不可抗拒的力量阻止了他……[1]

塔儿忽台乞邻秃黑叫人给铁木真上了枷，命令轮流交给各营看守，不得有误。这里所说的各营，就是各家（阿寅勒）所据有的营地。每一户营地就是一个游牧村[2]。各部落就是由这些牧户组成的。

---

[1] 塔儿忽台乞邻秃黑之所以没有杀铁木真，很可能是由于他念及也速该把阿秃儿在世时他们在同一个部落联盟中生活过。塔儿忽台乞邻秃黑后来曾说："铁木真幼时，曾被遗于无主之营地（当时也速该可能去远处征战去了），吾念彼目中有烨，面上有光，娇小可爱，故取而教之，如驯三四岁之驹者矣。"尽管这是他解释他后来为何又擒而枷铁木真的婉转辞令（就是说，他当时只是要严厉教训一下铁木真），他免了铁木真一死却是事实（关于塔儿忽台乞邻秃黑的这一段话，请看赫尼施所译《蒙古秘史》第50页）。——原注

[2] 蒙古古代牧民的游牧方式有两种，一是集体游牧，叫"古列延"，一是个体游牧，叫"阿寅勒"。个体牧户有以下称谓：把阿秃儿（"勇士"之意）、必勒格（"智者"之意）、篾儿干（"有胆有识者或善射者"之意）、那颜（"官人或富人"之意）、薛禅（"贤者"之意，后来成为封建主的通称）。以上是阿寅勒显贵的称谓，一般的个体牧户的称谓有：哈剌抽（"平民"之意）、兀纳罕·孛斡勒（"属民"之意）等等。——译注

成吉思汗之越狱

铁木真脖子上扛着沉重的木枷，被从一个蒙古包带到另一个蒙古包，过着囚徒的生活。其间，他受到泰亦赤兀惕人的严格监视，因为他是敌对氏族[1]的首领继承人，是潜在的复仇者。铁木真的这种度日如年的囚徒生活何时才是尽头？看守者显然无意放他逃走，即使有了逃跑的机会，他们也不想放他。但铁木真毕竟有了越狱逃跑的机会。

时值孟夏。一天，泰亦赤兀惕人在斡难河畔筵宴。他们大吃大喝，热闹非常，闹腾了一整天，直至日落西山，方始罢宴而散。此时看守铁木真的是一个身体并不强壮的年轻人。铁木真注意到了这一点，心中也就估量出了这个年轻人力量的大小。铁木真是一个年轻力壮的野小子，而且机敏过人，满肚子是鬼点子，敢作敢为，果断坚决。他心里盘算着如何利用这个机会，如何对付眼前这个年轻人。他耐心地等待着，等到夜幕降临，泰亦赤兀惕人喝足了马奶酒，一个个回到蒙古包去休息时，他便开始按盘算好了的计划行动。趁那年轻人不注意，铁木真突然向他扑去，双手捧起木枷，照准他的脑袋撞去。这一枷撞得准而狠，那年轻人还没来得及叫喊就倒在地上了。铁木真一看得手，立即拔腿就跑。但是，茫茫四野，往哪里跑呢？藏身于斡难河畔林中吗？那肯定会被搜出来的。他停下想了想，便果断地决定跳入河水内溜道芦苇丛中，只把面目露出水面，一直还戴在脖子上的木枷此时正好作浮子。

然而，被他撞倒于地的那个年轻人并没有死，当时只是被撞昏了过去。这时，年轻人醒了过来，便大叫犯人跑了。泰亦赤兀惕人一听铁木真跑了，便马上集合队伍，分头前往密林和沿斡难河搜寻。是夜月华如画，树影婆娑，茫茫原野，亮如白昼。突然一个前来搜寻的人来到了铁木真藏身的河水溜道旁，一眼发现了铁木真。这人名叫锁儿罕失剌。幸运的是，锁儿罕失剌并不是泰亦赤兀惕部里的人，而是跟随泰亦赤兀惕部的速勒都孙部里的人。因此，他并不像

[1] 铁木真是在孛儿只斤氏之后分出来的乞颜氏的人，塔儿忽台乞邻秃黑是泰亦赤兀惕氏人，他们都是海都的后裔，但已属不同的氏族。——译注

塔儿忽台乞邻秃黑部下的人那样对铁木真怀有刻骨的家族仇恨。当时，他正顺着河边搜寻，意外地发现铁木真藏在水里。看到那年轻的面孔，锁儿罕失剌不禁产生了怜悯之心。他走近铁木真，用低得只有铁木真一人才能听得见的声音对铁木真说：

“汝只因智慧过人，目中有烨，面上有光，故招致泰亦赤兀惕兄弟嫉恨而欲加害汝耳。汝其依旧卧之，吾不告人也。”

锁儿罕失剌说罢，佯装继续向前搜去。

但泰亦赤兀惕人一定要搜遍河岸。锁儿罕失剌劝他们先在蒙古包周围搜寻之。等这些人一走开，他立即对铁木真说：

“彼等磨牙吮血，必再来此处搜也。汝且依旧卧之，勿动勿动！”

果然，那些泰亦赤兀惕人又返回此地，并准备在此地仔细搜查一番。锁儿罕失剌鼓足勇气而又非常谨慎、沉着地劝阻他们说：

“汝等白日尚且让彼逃脱，而今却欲于暗夜中捕回之！吾等不如依原路搜寻，看其未看之处，且待天明来此。吾等迟早必抓回彼，彼乃戴重枷之童子耳，其能何往耶？”

泰亦赤兀惕人认为他言之有理，即散去。锁儿罕失剌看看周围已无人，便又探身于岸边，通知铁木真说：

“彼等散矣，共议明晨来此搜寻焉！趁此时，汝可速寻汝母去。倘遇人，切勿言汝曾见吾也，切记切记！”

在这种情况下，如果是一个寻常的青年，恐怕就会按照锁儿罕失剌的劝告立即逃走去寻找妈妈，不会有进一步的打算。但铁木真非比寻常之青年，他此时想的是要尽可能地利用侥幸碰到的这个保护人。泰亦赤兀惕人已经散去了。铁木真想：吾自被俘以来，被轮流交给各家严加看守；各家都不如锁儿罕失剌家待我宽容；夜里，锁儿罕失剌之二子沉白和赤老温心生恻隐，夜顾吾，去吾沉重之木枷，俾吾得宿；今锁儿罕失剌见吾，又不告人而过焉。彼当抑或有救吾之意乎？铁木真想到这里，便作出决定：顺斡难河而下，去寻找锁儿罕失剌家。

铁木真悄悄地寻找着。忽然，他听到一种熟悉的声音。那是搅乳器正在搅动的声音。他从这熟悉的声音辨认出，这就是锁儿罕失剌的家，因为他家每日搅乳制黄油通宵达旦。铁木真循声走进那个蒙古包，毫不犹豫地闪身溜了进去。

刚才锁儿罕失剌救了铁木真，叮嘱他赶快逃走。他万万没有想到铁木真竟不听劝告，不请自来，跑到他家。他是不希望铁木真此时来到他家的，因为此时铁木真来到他家，一旦被人发现，他就可能以窝藏逃犯罪被处死。所以，此时锁儿罕失剌心中很生气，对铁木真很冷淡。他脸色冷冰冰地质问铁木真道：

"吾非语汝曰：速寻汝母汝弟去乎？为何来至此耶？"

但锁儿罕失剌之二子沉白和赤老温却出面为铁木真求情，他俩对父亲说：

"雀儿逃出樊笼，藏于丛林，丛林必荫蔽之。今彼来投，父何出此言耶？"

沉白和赤老温不等父亲回答，就上去给铁木真打开脖子上的木枷，将木枷投于火中，以不留痕迹。他们家后面有一辆装羊毛的车，他俩便引铁木真至车前，叫他藏于车中，然后又叫来妹妹合答安，命她注意照顾铁木真，并叮嘱合答安不得对任何人提起此事。

沉白和赤老温之所以作如此谨慎的安排，是因为危险远远还没有过去！经过三天的野外搜寻，泰亦赤兀惕人仍没有发现铁木真的踪影。因此他们确信：必定有人窝藏逃犯。于是他们开始逐家搜查。他们来到锁儿罕失剌家，便开始翻箱倒柜地搜起来，室内、车中、床下，所有的角落都不放过。最后，他们来到房后，发现有一辆羊毛车，便上去往外扒车上的羊毛。锁儿罕失剌站在一旁，不动声色地看着。他是在拿性命赌博，这一点他心里很清楚。及至泰亦赤兀惕人快扒光车上的羊毛时，他又一次及时地阻止了事态的发展。他若无其事地向泰亦赤兀惕人指出，这种搜法是荒唐的。他冷静地说：

"如此热天，谁能长时藏于羊毛车中耶？即或藏于车中，岂不窒息而死耶？"

这番话果然起了作用。泰亦赤兀惕人一听此言有理，便停止搜车，走了。但这段时间中锁儿罕失剌可吓出了一身冷汗，以为这下自己该完蛋了。泰亦赤兀惕人一走，绝处逢生的锁儿罕失剌再也不愿留铁木真了，急忙打发他赶快逃走。他对铁木真说：

"汝几令吾成为飞灰矣！可速去，寻汝母汝弟去！"

锁儿罕失剌牵来一匹白口黄肚牝马，送与铁木真。他又叫人烤了一只羔羊，装了两壶马奶，取来一张弓、两支箭（据蒙古史家说，锁儿罕失剌没有送给铁木真马鞍，也没有送火镰[1]），叫铁木真一并带上。一切准备好以后，锁儿罕失剌即让铁木真上马逃走。等到铁木真纵马飞奔，消失在遥远的地平线时，锁儿罕失剌才如释重负地松了一口气……

铁木真感到幸运的是，一路上竟然没有碰到敌人。他顺利来到当初遭到泰亦赤兀惕人袭击时他和兄弟们伐木设寨以拒的地方。但此时，这里已是物在人空了。事情已经过去这么久，他的母亲和弟妹们当然早已离开此地，别寻栖身之所去了。他顺着人畜在草地上留下的踪迹，一路向斡难河方向寻来，终于来到了乞沐儿合河河口。从那里，他又寻踪向斡难河下游去，没走多远，他就在豁儿出恢山附近与母亲和兄弟们重逢了。

母子兄弟久别重逢，其喜出望外之情自不必说。诃额仑母子四处流浪，原以为再也见不着铁木真了，今日幸得相逢，岂能不乐？不过，他们当时究竟怎么以这位年轻的首领为中心庆祝重逢之喜的，蒙古史诗中却没有详细的记载。母子相会后不久，他们就离开那里，迁徙到桑沽儿河上游古连勒古群山中之合剌只鲁肯，来到此山中之阔阔纳语儿湖（即兰湖）附近。古连勒古群山是不儿罕合勒敦山脉即肯特山脉的外延部分。换言之，他们是从斡难河上游地区迁到了克鲁伦河上游地区，桑沽儿河就是克鲁伦河上游左边的支流之一。他们的生活仍然很艰苦，只能猎取一些土獭儿和野鼠之类的啮齿动物充饥。这些啮齿动物今天仍是人们纵猎犬以捕杀的对象。

[1] 据载，锁儿罕失剌不给铁木真提供马鞍，是为了防备万一铁木真被抓住而暴露鞍主；不给火镰，是不让铁木真途中打火和投宿，要他日夜兼程之意；给一张弓、两支箭，是供途中遇险用以护身，而不多给则是只要逃得性命即可之意。——译注

马匹之被劫掠

铁木真家中的主要财产是马群。一天，他的八匹马正在家前牧场上吃草，一群草原盗贼突然潜来把这八匹马全部劫掠而去。在这八匹马中，有一匹银灰色骟马，雄骏异常（本书后文中将屡次提到此马）。铁木真兄弟几人只能眼睁睁地看着这八匹马被歹人抢走，毫无办法，因为当时家中仅剩下的一匹劣马也被别勒古台骑去猎取旱獭了。他们几个人在盗马贼后面徒步追了一阵，根本无法追上，只好怅然而回。傍晚，夕阳西下之时，别勒古台牵着那匹劣马回来了，马背上驮了许多旱獭。

对于铁木真全家来说，这是一场灾难。因为，铁木真一家只有九匹马，九匹马被盗走八匹，这就意味着不可避免的破产和毁灭。别勒古台一听说八马被盗，当即自告奋勇地要去追回来。但合撒儿不让他前往，他说：

“汝不能也。吾往追之。”

两人争执不下。年轻的首领铁木真果断地说：

“汝二人均不能也。须吾往追之方可！”

铁木真说完，跳上那匹劣马，循踪而去。

铁木真骑马追了两夜两天，仍不见那八匹马的影子。到第三夜已经过去、东方发白之时，在晨光熹微中，他发现前面有一群马，马群旁有一少年正在挤马奶。铁木真走上前去，问那少年可曾见到有人赶八匹马从此经过。少年回答说，天亮前，确有人赶着八匹马从此而过，八匹马中有一银灰色的马。

这个少年名叫孛斡儿出，是阿鲁剌惕部（也是蒙古人）纳忽伯颜之独子。孛斡儿出年纪虽小，为人却豪爽热情。他刚同铁木真交谈了几句，就感到铁木真身上有一股巨大的吸引力，不知不觉便同铁木真亲热起来。听铁木真说马匹被盗，孛斡儿出立即慷慨地回答说：

“朋友，汝困苦而来，吾且伴汝走一遭，助汝一臂之力。”

孛斡儿出自告奋勇地为铁木真充当向导，要带铁木真去追回马群。但铁木真所乘的那匹劣马经过两天两夜的奔波，已筋疲力尽。孛斡儿出便牵出一匹黑脊白马叫铁木真骑上，自己跨上一匹栗色夹白色的快马，也不告知其父，甚至不把挤的奶送进屋，只把装满奶水的皮桶往地上一扔，就同铁木真起程了。显然，如果他禀告其父，其父就会阻止他同一个陌生人去冒险。就这样，铁木真和孛斡儿出扬鞭疾驰，向着盗马贼遁去的方向追去。

但是，草原辽阔无边，寻马谈何容易！他俩在草原上驰驱了两天，也不见那八匹马的踪影。但到第三天傍晚，太阳刚落下西边的一座小山丘时，他们终于远远地看见一个营地周围有一些马，营盘是由一些车辆按蒙古人扎营的方式搭成的。他俩走近一看，那八匹马（其中有一匹银灰色的马）也被关在栏内吃草。铁木真立即对他的年轻的伙伴说：

“朋友！银灰马等在彼。汝且止兹，待吾去驱马出栏来。”

“吾本助汝而来，奈何止兹而袖手旁观耶？”孛斡儿出要同他的这位朋友共同分担风险。

铁木真只好答应，便同孛斡儿出一同冲入栏内，赶出那八匹马，驱而驰向营外之野。盗马贼很快就发现盗来的马被夺走了，便一齐飞马来追。其中一人骑一白马，一马当先，挥舞着套马竿，迅速地接近铁木真二人。孛斡儿出一看，便对铁木真大声喊道：

“朋友！快与吾弓箭，吾断射之。”

“吾不愿汝为吾受伤。该由吾来断射之！”年轻的英雄铁木真回答说。

铁木真独自断后，弯弓搭箭，瞄准那个骑马的人。那人一看，便立即勒住马，挥动套马竿准备套住铁木真。其他的盗马贼此时也赶了上来。此时此刻，对铁木真来说，如果不是夜幕降临从而阻止了这场战斗，形势是很危急的。盗马贼看天色已黑，不敢在这样的时候，在这么空旷的草原上继续追击，只好纷纷拨马而回。铁木真和孛斡儿出快马熟路，三天三夜即回到孛斡儿出家所在地。

铁木真非常感激孛斡儿出的慷慨相助，他对孛斡儿出说：

“朋友！若非汝相助，此马群已不可复得矣。吾二人宜将此八马分而有之。汝欲几何？”

但孛斡儿出是一个非常豪爽慷慨的人，他当即拒绝了铁木真的提议。他之所以帮助铁木真，完全是出于对这位年轻的首领的同情与友好。他回答铁木真说：

“吾念汝困苦而来，故助汝夺回汝之财产焉，非为取利也。今何可取汝之马匹耶？吾父名纳忽伯颜，吾乃彼之独子也。父之所置，于吾尽足用矣。吾断不取汝之分毫也！”

两人说着，向纳忽的蒙古包走去。纳忽伯颜正为失其子而伤心涕泪。他原以为儿子丢了，再也见不到儿子了，没想到儿子又回到了自己身边。老人见儿子归来，禁不住泪水又刷刷地往下流，不过这时是因高兴而流泪。但他仍责备孛斡儿出不告而走，使他焦虑伤心。不过，虽然一个劲儿地责备儿子，老人并没忘记招待客人。他叫人烤了一只羊羔，送给铁木真作旅途食物。在铁木真即将起程时，他认可了儿子同这位年轻的首领之间建立起来的友谊。他对孛斡儿出和铁木真说：

“汝二人从今往后宜彼此相顾，彼此永勿以恶语相侵而相弃也。”

后来，这两位英雄果然如老人所嘱，终生为友，不弃不离，直至生命的终结。

铁木真告别了他新结识的朋友，赶着马群，踏上了返回家乡营地的道路。经过三天三夜的驰驱，他终于回到了桑沽儿河畔，同亲人团聚。在此之前，诃额仑母及铁木真的几个弟弟，特别是合撒儿，正为他久久不归而焦虑不安。现在，他终于回来了，平安无恙地回来了，而且同时还赶回了他英勇地夺回的八匹马，这个小小的部落又充满了喜悦和彼此信赖的气氛。

这位年轻人后来成了世界征服者。但开始，他也是像草原上其他的年轻人一样，从这些一点一滴的小事开始建立功勋的。他曾经历过风险，那次风险差点使他遭到悲惨的结局，至少差点使他成为永久的囚徒。但他以过人的胆魄与冷静摆脱了那些险境。接着，家中的主要财产马群被人劫掠，他又果决而顽强地夺回了马群。在他这两次经历中，使我们感到惊讶和给我们留下深刻印象的是，他竟对接近他的人具有那样大的吸引力；他年纪轻轻就已凭自己的个性力量对周围接近他的人具有那么大的影响力。读者一定还记得锁儿罕失剌那天晚上在月光下发现铁木真藏在斡难河溜道中时所说的话。锁儿罕失剌之所以能冒着生命危险救护处于被搜捕境地的铁木真，正是由于他当时受到了铁木真那已经表现出首领气质的目光的强力吸引。此次，孛斡儿出同铁木真一见面就把自己交给了铁木真，并从此把自己的命运同铁木真的命运永远地连在了一起。他之所以能如此，同样也是由于他无法抵抗那双犀利的眼睛随时闪耀着的慑人心魄的光芒。

同样，从本书下文的记叙中我们也会逐渐看到，越来越多的人，氏族和部落、民族和大大小小的王国，都纷纷臣服于他。他（它）们之所以被他征服，是由于他具有杰出的指挥才能，处事公平，体恤部下，知恩报恩。他对诸如孛斡儿出这样一些早期结识的朋友之友爱殊深更是有口皆碑。对朋友忠贞不贰，对敌人狡黠残酷，这就是彼时成大气候之部落的人们所遵循的道德与风俗。

成吉思汗之婚姻

铁木真已完全使全家摆脱了困难处境，此时该考虑结婚了。他 9 岁时，父亲曾为他聘翁吉剌惕部首领德薛禅之女孛儿帖。事情虽隔多年，但他并未忘记此约。此时，孛儿帖已出落得如花似玉，即使在翁吉剌惕部诸多美女中也属佼佼者，致使许多蒙古酋长争相往聘。孛儿帖已长大成人，如果德薛禅仍然信守初约的话，也该让她与铁木真成亲了。铁木真急于知道事情是否有变，急于成亲，便同弟弟别勒古台出发，沿克鲁伦河谷而下，前往翁吉剌惕部营地而去。

其间，德薛禅一直扎营在扯克彻儿山与赤忽儿忽山之间，即克鲁伦河注入阔连湖之河口地区与注入此湖的兀儿失温河流域之间。见到铁木真来到，德薛禅喜出望外，连声说：

“吾已知汝为泰亦赤兀惕人所嫉，吾心甚忧焉。今幸得见汝来矣！”

此时此刻，德薛禅很可能后悔当初没有把铁木真留下，让铁木真那么小就独自经历那么多风险。他心里也可能在自责：这位未来的女婿处于最艰难的岁月时，他竟没有提供任何帮助……但不管怎么样，铁木真现在长成高大健壮的男子汉了，德薛禅见此，也就毫不犹豫地表示同意马上把爱女孛儿帖嫁给铁木真。他亲自护送女儿女婿，一直送到克鲁伦河下游兀剌黑啜勒山方始返回。他的夫人，孛儿帖的母亲搠擅则一直送女儿至桑沽儿河和古连勒古山附近铁木真家所在地。搠擅夫人在女婿家住了几日，返回家时拿出一件珍贵漂亮的黑貂皮袄作为礼物送给铁木真的母亲诃额仑夫人。笔者下文就将谈到铁木真不久就利用这件名贵的黑貂皮袄展开了外交活动[1]。

新婚后不久，铁木真即想实施其扩大军事实力的计划。作为实施这一计划的第一步，他派人去请他的朋友孛斡儿出来相助。他特地派别勒古台去请孛斡儿出。同上一次一样，孛斡儿出一听说年轻的首领铁木真有请，也不禀报其父一声就立即出发了。他牵出一匹拱背棕黄马，随手捡起一条青毛毯往马背上一扔，上马扬鞭，同别勒古台并马而驰。真是招之即来。

铁木真后来在泰加森林与草原交界处组织起了一支"大军"，孛斡儿出就是这支大军的第一位"元帅"。

在铁木真一生的事业中，他的夫人孛儿帖也起了应有作用。她对铁木真来说是一种力量的源泉。首先（这对于一个蒙古妇女来说是主要的一点），她给他生了四个虎子：术赤，察合台，窝阔台和拖雷。但特别应当指出的是，他以实际行动表明，她还是英雄铁木真言听计从的睿智的参谋。每当事处关键而这位后来的成吉思汗不知当复何从之时，孛儿帖的有魄力而又具有远见卓识的主张总是起着决策性的作用。在她的令人生畏的丈夫的眼中，她一直享有极高声望。当然，正像蒙古其他首领一样，后来的成吉思汗也收婢纳妾，而且她们一有机会就伴驾远征，而孛儿帖则只能留驻蒙古大营。但是，在后来的成吉思汗的诸子中，最后分得父亲遗产的却只有和孛儿帖所生之子。在成吉思汗的众多妻妾和部下中，也只有孛儿帖的地位最高，最受尊重。更有甚者，孛儿帖后来曾被篾儿乞惕人掳去，九个月后怀孕归来……但她的丈夫对她的敬重并未因此而受

---

[1] 此后不久，铁木真即从桑沽儿河移营于更靠近克鲁伦河源之不儿吉岸。——原注

到影响。对于孛儿帖被掳而怀孕归来这一令人痛苦的事件，成吉思汗甚至不愿意深究。无论是在这一事件发生以前还是在这一事件发生以后，孛儿帖始终是最受敬重的贵夫人，始终同成吉思汗配合默契、协力同心地去成就那惊天动地的事业。

黑貂皮袄

铁木真之结婚成家是一个里程碑，它标志着，对于铁木真来说，苦难的年代已经过去。他从泰亦赤兀惕部的魔爪中逃出来以后，逐渐成了一名强有力的年轻有为的大丈夫。在他周围，一些人开始感到恐惧和威胁，另一些人则开始从他身上看到了希望并争相归附他。鉴于这种形势，他可以着手恢复昔日的联盟了。

本书前文说过，铁木真的父亲也速该把阿秃儿曾帮助草原上最强有力的首领之一脱斡邻勒恢复了汗位，使脱斡邻勒重新登上了克列亦惕部王位宝座。克列亦惕这个起源不明的民族一直游牧在土拉河流域。铁木真现在地位稳固，因此可以向脱斡邻勒重提这些往事而又不致使脱斡邻勒感到讨厌了。当然，他的处境刚刚好转，因而在同脱斡邻勒重提往事时不得不表现得十分谦虚谨慎。但与此同时，他在与脱斡邻勒谈话时又表现得那么有尊严，这种尊严足以使对方感到他确实是名门之后，非等闲可观。

铁木真带着他的两个弟弟合撒儿和别勒古台，上马向土拉河黑林脱斡邻勒的营帐奔去。他们走的这条路起于铁木真家所在地克鲁伦河上游，止于土拉河上游。这是蒙古的游记作品常描写的路线之一。这一路线沿路风景绮丽，特别是春天，其景色就更加美丽如画了。整个牧场上长满了浓密的绿草，绿色草地上点缀着五颜六色的花草：金黄灿烂的是怒放的十字花和各种含苞待放的金色的花蕾；淡紫色的是百里香；紫色的是鸢尾草丛；雪白的是繁缕；天鹅绒般柔和而灰白的是火绒草。两岸骄杨垂柳掩映的土拉河在这片草原上平静地蜿蜒流淌。北面，肯特山的参差不齐的花岗岩质峰峦耸立于远方。南面，大大小小的圆形丘陵由大而小向着戈壁滩方向依次排列下去，像无数逐渐趋于平缓的浪头。西边，博格多兀拉山脉把克鲁伦河流域和土拉河流域分开，山上海拔 1700 米至 2500 米处生长着稠密的针叶林、桦树和欧洲山杨。这片森林受到教会方面的保护，被认为是神灵之居所。山腰和山麓坡地则长满了茂密的外贝加尔湖松树。这片森林之被称为黑林正是由此而来。克列亦惕部君主的王帐就设在这片黑林的林间空地上。

由此可以看出，克列亦惕部君主脱斡邻勒就住在库伦地区森林之一黑林（本书中将多次提到黑林这个地名）的边缘。铁木真兄弟顺利地来到了此地。铁木真在向脱斡邻勒作自我介绍时一开始就恢复了昔日的纽带。他说：

"昔日汝与吾父曾结为安答，故今日汝其亦如吾父也。"

为表示对脱斡邻勒的孝敬之情，年轻的首领铁木真向这位克列亦惕王献上了一份特别珍贵的礼物：一件黑貂皮袄。这是他的夫人孛儿帖的母亲作为礼物送给他家的，他现在亲自赠送给了脱斡邻勒。

脱斡领勒见对方送来如此厚礼，又见对方对自己如此尊敬，心中十分高兴，当即保证帮助铁木真重振其父曾建立起的王国。他对铁木真说：

"汝之去汝之民，吾必为汝招之；汝之分散之民，吾必为汝聚之。吾必使汝民紧附于汝，如臀之附于腰，如胸之附于喉也。"

这是一种庄严的契约。通过这种契约，克列亦惕部王已确定自己是昔日安答之子的保护人。同时，通过这一契约，铁木真也正式承认了自己是受脱斡邻勒保护的人，甚至是脱斡邻勒的附庸。这一十分重要的契约后来一直持续到公元 1203 年。在从缔约之日起到 1203 年整个这段时期中，克列亦惕人根据其首领许下的诺言一直支持着铁木真。这种支持使后来的成吉思汗得以战胜了蒙古大多数部落。与此同时，铁木真对他的保护人脱斡邻勒也忠诚不贰，这种忠诚也使脱斡邻勒得以粉碎了各种叛乱和入侵。

的确，自从缔结了这一契约以后，铁木真的地位更加巩固了，许多后来对他的事业颇有贡献的朋友来到或回到了他的身边。他从克列亦惕部回到自己的营地克鲁伦河上游不儿吉岸后不久，一些仰慕他的声望的人即前来投奔他，成了他的新的忠实伙伴。例如，兀良哈惕部之札儿赤兀歹老人背着打铁用的风箱从不儿罕合勒敦地区，即肯特山区来投铁木真。具体指出这一例子是很有意义的。因为，在阿尔泰山地区，无论是靠近蒙古一侧还是靠近西伯利亚一侧，人们素以擅长冶金而闻名。在史前时期，西伯利亚米努辛斯克的冶金匠人从中国学得了冶炼铜的方法和技术。后来，在公元6世纪，居住在鄂尔浑河流域的突厥人也以擅长冶金而知名。从不儿罕合勒敦圣山前来投铁木真的札儿赤兀歹老人是一个经验丰富的老冶金匠人，他掌握了铸造锋利的宝剑和易于中的箭镞的秘密。札儿赤兀歹老人除了带来冶金技术以外，还带来了他的年轻的儿子者勒篾，把者勒篾交给了成吉思汗，这位好心的老人对铁木真——后来的成吉思汗说：

"当汝于斡难河河畔之迭里温孛勒答合山出生时，吾适在彼。吾曾赠汝以貂皮襁褓。吾亦曾将吾子予汝为仆。然吾子彼时尚幼，故吾携而归焉。今吾子已长成，可使为汝备马与开门矣。"

读者将从本书后文看到，者勒篾从此以后对其主人是何等忠心耿耿，而后来的成吉思汗又是以多么深厚的感激之情回报者勒篾对他的忠诚之心的。

孛儿帖之被掳掠

铁木真重振家声，恢复了他的氏族。他得到了强有力的克列亦惕部君主的保护。苦难的年代已经过去，未来似乎在向他微笑。但是，草原上这类大大小小的王国是极不稳固的。正当这位年轻的首领认为前途已有保障之时，又突然飞来了一场横祸，顷刻之间一切又都成了问题。

铁木真偕同其夫人孛儿帖一直扎营于克鲁伦河上游之不儿吉岸。当时，他们二人新婚还不久。一天，在晨光曦微、天方欲明之时，诃额仑母之侍姬豁阿黑臣起床做家务。她忽然隐约听到一种奇怪的声音，便俯首帖耳于地面细听，听出是马群在奔驰的声音。她立即起身，想去叫醒诃额仑母和全营的人。她先跑到诃额仑母之宿处，连声叫道：

“阿母，阿母，快快起来！地适颤动，震如雷鸣。度为可怕之泰亦赤兀惕人来扰害也！”

诃额仑母被她叫醒，听她如此说，便命她速去叫醒几个儿子，自己则立即穿衣起床。转眼之间，全营里的人都起床了。全营的人刚刚穿衣起床毕，就远远看见有大队人马像龙卷风似的扑来。不过，这次并不像侍妪豁阿黑臣所估计的那样是泰亦赤兀惕人来袭，而是篾儿乞惕部前来奔袭。篾儿乞惕部也是一个蒙古部落，住在贝加尔湖以南。这时来袭的篾儿乞惕骑兵有 300 人，他们企图采取突然奔袭的办法打击也速该把阿秃儿之诸子。篾儿乞惕部与也速该把阿秃儿一家早已结下怨仇。也速该把阿秃儿生前不是抢来了诃额仑夫人吗？诃额仑当时就是一篾儿乞惕人的新娘。自那以后，篾儿乞惕部一直想复仇而没有机会，现在他们认为时候到了。他们想去仇人部落尽掳其妇女，首先要掳去铁木真的新娘孛儿帖，以报篾儿乞惕部妇女昔日被掳之仇。

从这一事件发生的具体细节可以看出事件发生的背景和时间。当时，铁木真似乎很容易地就忍受了这场灾难，至少这是蒙古的史诗给我们留下的印象。当时，尽管铁木真的力量有所加强，但他仍只有 9 匹马。事件发生后，他，他的母亲诃额仑，他的弟弟合撒儿、合赤温、帖木格和别勒古台，以及他的两个忠实追随者孛斡儿出和者勒篾，分别各乘一马。诃额仑母在马上抱铁木真之妹帖木仑于怀中。为了防意外，他们还带了一匹马备用。这样一来，铁木真的夫人孛儿帖就没有任何坐骑可乘了[1]。当时情况紧急，铁木真便眉头也没皱一下就毫不犹豫地撇下了孛儿帖。同时被撇下的还有也速该把阿秃儿生前的别妻，即别勒古台的母亲……[2]

[1] 此时铁木真等所拥有之马应不止 9 匹，而应是 10 匹，因为孛斡儿出来时已骑来一马。但此处却仍说是 9 匹，是否那匹劣马已死？抑而其他 8 马中已损失了一马？有关史料没作交代，因此作者在这里也没有根据臆断作出解释。——译注

[2] 别勒古台的母亲在铁木真一家被泰亦赤兀惕人抛弃而被迫四处流浪之时起了什么作用？她是如何协助诃额仑抚养孩子的？有关史料没有提及。——译注

铁木真等人飞马逃入不儿罕合勒敦山，即今肯特山中去了。可怜的孛儿帖也试图避免敌人掳掠。勇敢的侍姬豁阿黑臣想出了一个办法，她把孛儿帖藏入一辆黑帐车中，然后牵来一头花腰牡牛驾辕，接着便赶着牛溯腾格里溪而行，想尽可能远地躲避厄运。但是，此时天渐向曙，河谷已无夜色掩护，所以她们被一些篾儿乞惕人发现了。篾儿乞惕人盘问豁阿黑臣，豁阿黑臣沉着机敏地答道：

"吾乃铁木真之隶民也。适才来铁木真家剪羊毛。今事已做毕，正返家焉。"

"铁木真在家否？其家距此几何？"篾儿乞惕人又问豁阿黑臣道。

豁阿黑臣含糊地回答了一句，向铁木真家方向指了指。

篾儿乞惕人便顺着豁阿黑臣所指的方向奔去。豁阿黑臣此时虽感到绝望，但仍拼命抽打着牡牛，想使牛跑得更快一些。但没跑多远，车轴就断了。豁阿黑臣和孛儿帖别无办法，只有下车徒步钻进腾格里溪边的树林方有可能避祸。正当她俩要按此计划行动时，刚才碰到的那些篾儿乞惕人又折回来了。原来，这些篾儿乞惕人赶到铁木真的营地，没有发现铁木真的部落的任何头领，只看见了一些孩子和妇女，其中包括别勒古台的母亲。于是篾儿乞惕人便将别勒古台之母掳走，由一个篾儿乞惕人把她横架在马鞍上，然后拨马来追豁阿黑臣。他们刚才见到豁阿黑臣时就有些怀疑，此时则更加怀疑她了。他们问车中载有何物，豁阿黑臣冷静地回答说车中只装有羊毛，并赌咒发誓说绝无半点虚假。但她此时的机敏和冷静已没有用，篾儿乞惕人并不满足于她的回答。几个年纪大的一些的篾儿乞惕人命令年轻的篾儿乞惕人下马检查这辆车。他们很容易地就发现了车中的孛儿帖，当即抓住孛儿帖和豁阿黑臣，把她俩搂上马，又打马来追寻铁木真。此时天已大亮，铁木真等人的马匹踏草留下的踪迹已清晰可见。篾儿乞惕人于是循踪向不儿罕合勒敦方向追去。他们来到不儿罕合勒敦山麓，绕山转了三圈，也没有发现铁木真等人是从何处钻入丛林的。此山山麓多是沼泽和矮树林，所以马之过处，不留踪迹。篾儿乞惕人试着深入密林，但也一无所获，只好失望地放弃入山追击的企图。出于一种有趣的复仇心理，他们把孛儿帖送给一个名叫赤勒格儿孛阔的篾儿乞惕人。此人是也客赤列都之弟，被也速该把阿秃儿生前抢去其妻诃额仑的也客赤列都当然也就是赤勒格儿孛阔之兄。当时，各部落之间的仇杀以及伴随而来的武力掳掠和粗暴占有妇女的事件就这样不断发生和代代相袭着……

其间，铁木真等人一直躲在森林里。他们砍下榆树枝和爆竹柳枝搭起棚子，住在里面，静待事态的发展。篾儿乞惕人现在究竟是回去了呢，还是埋伏在山周围呢？为了弄清这个问题，铁木真派别勒古台、孛斡儿出和者勒篾下山侦察。这三个人奉命下山，在附近巡逻侦察了三天，并没有发现任何敌人。于是，铁木真放心地走下不儿罕合勒敦山。他来到山麓，捶着胸脯，仰天哭告神灵道：

“赖豁阿黑臣老人为鼬鼠之听，为聪狐之视，吾等得以逃脱，以马匹趋彼麋鹿之径而登不儿罕山。吾心惊惧极矣。然不儿罕合勒敦山护吾如蚁之命焉。而今而后，吾当每朝其祃之，每日其祷之。吾之子子孙孙当效吾而敬之也。”

铁木真说毕，按照蒙古的习惯，转身向着太阳，挂腰带于肩上，脱下帽子悬于手腕，以手捶胸，对日九跪，酒奠而祷祝。

由此我们可以看出蒙古原始宗教的独具特点的仪式之一。阿尔泰语系的人崇敬山神，而崇敬不儿罕山正是这种崇拜的一部分。公元 7 世纪时的突厥人也曾这样崇敬林木茂密的窝秃肯山。这个窝秃肯山似乎就是今日的杭爱山山峰之一。至于奉献给太阳的祭品，乃是祭天（按蒙古的仪式用语来说是祭长生天）仪式的内容之一。长生天是蒙古人的至高无上的神灵。所谓祭品原则上是指用于酒祭的发酵的马奶酒，是蒙古牧民最喜欢饮用的一种饮料。至于下跪和叩头，都须九次，这也是蒙古宗教仪式的一部分。无论是祭天仪式还是朝见君王的仪式，跪拜都必须以九次为一单位。

据蒙古史书的直率说法，铁木真似乎是相当轻易地吞下了妻子被掳这一剂苦药。同把备用马让夫人骑从而危及他自己的安全相比，他宁愿让别人把夫人掳去。我们至少可以说，他的这种权衡是正确的，因为孛儿帖的被掳很可能拖延了入侵者的追击，从而使作为蒙古部首领的他有时间赶到不儿罕合勒敦山并躲入丛林。由此我们想起了诃额仑母当初处于类似情况时所说过的一句话：“汝若能保住性命，不愁再娶不着好女美妇。”

尽管铁木真在这个问题上所持的是不那么具有骑士精神的人生哲学，但他并没有忘记美人孛儿帖。他根本不想永远地失去她。在确信篾儿乞惕人已经返回以后，铁木真就立即制定了夺回孛儿帖夫人的战斗计划。他是否知道他的年轻的妻子已像上文所说的那样被配给了篾儿乞惕部头目之一赤勒格儿孛阔并已与之同居？如果他得悉此情，他心中的创伤只会加剧他复仇的欲望。要知道，孛儿帖还只是个年纪轻轻的女人，还没有给他生过孩子。孛儿帖同铁木真的爱情生活是如此突然地被中断了的，所以铁木真现在还不那么为失去她而深自后悔。不过，他现在也可能在为当初那么轻率地撇下她，没有让她骑上备用马同亲人一起逃去而自责……

成吉思汗夺回孛儿帖

在篾儿乞惕部发动突袭以前，铁木真已正式认克列亦惕部王脱斡邻勒为养父，承认脱斡邻勒是自己的保护人。当此之时，铁木真立即想到请脱斡邻勒帮忙夺回孛儿帖夫人。他请弟弟合撒儿和别勒古台陪他前往克列亦惕求援。于是，兄弟三人上马，径奔土拉河畔黑林脱斡邻勒营地。

在法国公元 12 世纪时期，一个年轻的男爵遇到这样的情况常常是前去请求其君主出面相助。此时铁木真向脱斡邻勒提出的请求也完全与此相同。他对脱斡邻勒说：

“今三部篾儿乞惕人遽来攻吾，尽掳吾妻室儿郎去矣。父汗，吾等特来相求，望父汗发兵救之！”[1]

脱斡邻勒呢，他也像法国古代的大公一样，当即答应被保护人提出的请求。他回答说：

“汝父曾助吾矣，吾至今犹记心间焉。说汝今日所求，岂非吾去岁已应允之

[1] 篾儿乞惕部当时是漠北最大的部落联盟之一，居住在蒙古部西北面，肯特山以北，鄂尔浑河和色楞格河下游。篾儿乞惕人勇悍善战，周围的部落都怕他们。——译注

乎？去岁汝来献貂皮袄之时，吾非言之乎？汝当记起吾彼时所言。故吾今当践其所言，兴兵救还汝之孛儿帖夫人，虽与全体之篾儿乞惕人决战亦义不容辞，必尽灭彼篾儿乞惕人也！”

这场对篾儿乞惕部的战争是一场大规模的战争，因为，篾儿乞惕部也是一个实力强大的部落联盟。该部落联盟各部人的祖先也是蒙古人，住在色楞格河北部流域（即该河下游）草原与西伯利亚泰加森林交界处。该部落联盟主要由三个部落组成，即兀都亦惕—篾儿乞惕部；兀洼思—篾儿乞惕部；合阿惕—篾儿乞惕部。兀都亦惕—篾儿乞惕部以脱黑脱阿别乞为首，住在不兀拉地区，即“雄驼草原”地区。据赫尼施考证，此地区即今乌拉河（色楞格河支流之一）乌兰乌德市以东地区。兀洼思—篾儿乞惕部以答亦儿兀孙为首，营于“塔勒浑岛”地区，即鄂儿浑河与色楞格河靠近处之三角区。合阿惕—篾儿乞惕部以合阿台答儿麻剌为首，驻扎在该地区的另一个草原合剌只草原附近。这三个主要部落占据的地盘是外贝加尔湖广大的草原—森林地带，牧场与松林相间，松林里有许多杜鹃花和兰花之类的花草。越往北，树林越稠密（主要是桦树和落叶松），最后是把南部河流地区同贝加尔湖分开的崇山峻岭，山岭的最高峰海拔高达2000 米。这些崇山峻岭才是真正的西伯利亚泰加森林地区的开始。

在同篾儿乞惕人开战以前，克列亦惕部的脱斡邻勒汗要求蒙古的另一个部落联盟札答阑部（或曰札只剌惕部）首领扎木合作为第三支力量配合行动。本书前文说过，扎木合是铁木真童年时代的朋友，两人一直以兄弟相称。在蒙古社会中，这种盟兄弟（安答）之称具有实实在在的价值，它同铁木真称克列亦惕部脱斡邻勒汗为父的父称一样具有约束力。

在铁木真重振家声，恢复其氏族力量时，扎木合也成了一名首领，但其实力比铁木真要强大得多，因为他统领着一个强大的部落联盟。所以，克列亦惕部脱斡邻勒汗不无理由地建议铁木真同时请他这位童年时代的朋友出面相助。脱斡邻勒劝铁木真说：

“汝宜遣人往告汝扎木合弟，求其助之。”

扎木合当时营于斡难河支流之一豁儿豁纳黑川附近。这条支流很可能就是现在的库尔克忽河或更靠东南部的基尔坤河。脱斡邻勒答应出兵两万骑，作为联军的右翼。他建议铁木真之扎木合弟也出兵两万骑，作为联军的左翼。这就足以表明，正像我们在前面已经指出过的那样，札只剌惕部之年轻的汗扎木合当时领导着一个实力相当强大的部落联盟。脱斡邻勒还表示，联军的集合地点由扎木合确定。

遵照脱斡邻勒汗的建议，铁木真派他的两个弟弟合撒儿和别勒古台前往扎木合处求援。二人来到扎木合处，向扎木合转达铁木真的话说：

“彼三篾儿乞惕来，使吾陷入苦难之境矣。彼等掳吾妻，使吾居处空矣。吾妻已去，衾中人成一半矣。汝与吾非兄弟乎？岂不恤吾此恨乎？”

扎木合听了铁木真的口信后，当即以骑士之礼答道：

“知铁木真安答居室为空，衾中为半，吾心痛焉。吾等当灭彼三篾儿乞惕，救孛儿帖夫人矣！”

据具有荷马史诗风格的蒙古史诗记载，当时扎木合和脱斡邻勒在答应出兵时，言辞中充满了威胁两名篾儿乞惕人首领的火药味。他们说，要让脱黑脱阿“闻拍鞍毯而疑为吾战鼓之雷鸣，因之而惊颤”；要让答亦儿兀孙“闻吾箭筒之声而丧魂落魄”。

扎木合当着铁木真派来的两位使者的面制定了作战计划。他已得悉，在前来奔袭铁木真、掳走孛儿帖时集合起来的三部分篾儿乞惕人现在已经分别回到各自本部。在对篾儿乞惕人开战时，扎木合认为，联军可以先暂时撇开兀洼思—篾儿乞惕部（上文说过，此部住在鄂尔浑河与色楞格河上游靠近处）不管，集中力量先进攻兀都亦惕—篾儿乞惕部，因为它是三部中之主要一部（上文已叙，此部以脱黑脱阿为首，住在乌达河谷）。脱斡邻勒、铁木真和扎木合本人，可率众从南往北，渡过勤勒河（即今之希洛克河），猛攻脱黑脱阿，突然袭击，如从天降。“撞塌其尊门之楣”。[1]

在合撒儿和别勒古台上马返回前，扎木合还特别请他二人转告“铁木真安

[1] 尊门之楣：指蒙古包的木架，毡布赖以支撑。这种木架具有一种神圣性。撞塌了木架，蒙古包也就垮了，主人也就完了。——译注

答”和“脱斡邻勒兄”，说他本人完全支持他们的提议。他说：

“吾将祭吾遥远可见之纛，擂响以黑牤皮为幔之鼓，乘吾乌骓之快马，着吾弹韧之皮衣，提吾点钢之长枪，持吾锋利之环刀，搭吾桃木之利箭，与篾儿乞惕决一死战矣！”

正像蒙古史家向我们指出的那样，扎木合在制订作战计划时，还明确规定了联军各部的行军路线。他提出，脱斡邻勒率领克列亦惕军队从其住地库伦附近的黑林出发，与铁木真会合于不儿罕合勒敦山（今肯特山），然后开赴斡难河上游斡脱罕—孛斡儿只草原。扎木合本人则率众溯斡难河谷而上，到孛脱罕—孛斡儿只草原与他们会师。正如蒙古史家所说，四万余骑穿越那么多山峡河谷，会师于肯特山东北坡诸河之源，而且要不惊动敌人，这的确是非同儿戏之举。于是，根据扎木合的部署，脱斡邻勒汗率一万骑往不儿罕合勒敦山、克鲁伦河上游不儿吉岸前进。铁木真当时住在不儿吉岸，为了给脱斡邻勒的部队让道，遂溯统格黎克溪至塔纳溪（克鲁伦河源流之一），来到长满落叶松和其他一般松树的肯特山麓。克列亦惕部的另一万军队由脱斡邻勒之弟札合敢不率领，最后同脱斡邻勒率领的一万军队合为一股，开往乞沐儿合溪附近之阿因勒合剌合纳，与前来之铁木真会合。乞沐儿合溪似乎也是斡难河源流之一，在今仍名为库沐儿山（肯特山的东北部分支）的山中。

这样，铁木真、脱斡邻勒和札合敢不就抵达了指定的集合地点孛脱罕—孛斡儿只（靠近斡难河各源流处）。但是，扎木合三天前就已到达此地了。他在这里等了三天，直等得有点不耐烦了才看见他们三人率众而来。扎木合冷冷地迎接他们说：

“吾等岂非相约虽风雪亦应翻山越岭准时相会乎？蒙古人岂非忠于诺言者耶？昔日相约：诺而误者宜被除班列也。然今却亲自违约矣！”

听扎木合如此说，脱斡邻勒便立刻认错，说他本人和铁木真甘愿受罚。的确，在这个时候，正像他在这次战争中所扮演的角色和他说话的口气所表明的那样，扎木合不但力量比他的安答铁木真占极大优势，而且还拥有足够的兵力使克列亦惕汗本人敬畏。

联军会师以后，即从孛脱罕—孛斡儿只出发，越过今俄国边界，浩浩荡荡向北挺进。他们翻过库沐儿山，顺赤可亦河之蒙扎谷而下，穿过灭儿汗山口，突出篾儿乞惕部腹地，至勤勒豁河（今希洛克河，在恰克图和特罗伊兹科扎乌斯克以东）。然后，他们结筏而渡勤勒豁河，便像一股龙卷风似的扑入不兀剌草原。不兀剌草原上有许多树木，位于乌达河流域。此时正好有夜色作掩护，他们便顺利突入兀都亦惕—篾儿乞惕部首领脱黑脱阿的营地，掳走了妇女和孩子。他们原想通过突然袭击趁脱黑脱阿在睡梦中抓住他。但是，在勤勒豁河捕鱼和捕貂的人先发现了他们，便星夜前去禀报，脱黑脱阿遂同兀洼思—篾儿乞惕部首领答亦儿兀孙带着少数亲信慌忙而逃。他俩刚刚顺色楞格河谷而下抵达巴儿忽真河（在贝加尔湖东岸），扎木合的联军就占领了脱黑脱阿在不兀剌草原上的营地。脱黑脱阿等人虽保住了性命，却抛下了部落里的一切，蒙古包、各家人丁、家什、食物储备等统统落入了联军之手。脱黑脱阿等人穿过西伯利亚泰加森林，来到巴儿忽真河谷。巴儿忽真河由东北向西南注入贝加尔湖（蒙古人称湖为海）之巴儿忽真湾[1]。

数万铁骑，突然夜袭。篾儿乞惕部营地顿时一片混乱，人们纷纷四处奔逃。联军骑兵跟着人群追杀掳掠，截获人员财产无数。但铁木真此时已无心战事，一心只想着寻找亲爱的夫人孛儿帖。在一片恐怖和垂死的叫喊声中，他绝望地

[1] 据载，这次讨伐篾儿乞惕部的复仇战争，是铁木真第一次参加的战争。铁木真为了夺回被掳去的孛儿帖夫人，与脱斡邻勒和扎木合组成了联军。脱斡邻勒和扎木合之所以积极参战，并不只是为铁木真。脱斡邻勒不只是为酬铁木真献貂皮袄，扎木合也不只是出于与铁木真的安答之交。他们两人都曾做过篾儿乞惕人的俘虏。因此，篾儿乞惕部是铁木真、脱斡邻勒和扎木合的共同敌人。战争的总指挥是扎木合，他明确规定了兵力组织、会师时间、集合地点、进军路线和攻占方法等一系列部署，并严申了纪律，表现出了非凡的将才。这次战争不是从南向北直接正面攻击，而是迂回到敌人的左后侧，从其背后突然袭击的。计划、指挥都很成功，打了敌人个措手不及，一举击溃了强大的篾儿乞惕部。本期一举全歼，只因脱黑脱阿得到了紧急情报，慌忙逃走了。他的逃走也很有见识，他是迎着敌人来的方向向东北逃去的，否则，他可能就逃不脱。而对于铁木真来说，此次胜利则是他的一大外交成功。当时他的力量小得可怜，却动员起了一支强大的联军，借他人之手击溃了强大的敌人，应该说这是他的一个外交杰作。作者在叙述这次战争时，记述战争本身所用笔墨不多，因为战争一旦打起来，如何取得胜利，这已不是铁木真之功。作者更多地是落墨于此次战争的准备与发动上，从这个角度来写铁木真。因此作者的写作手法是很高妙的。——译注

呼喊着孛儿帖的名字。他扑向一群逃跑的人，而恰恰正在这一群人中，他发现了孛儿帖。当时孛儿帖正随着被驱赶的人流而逃奔。慌乱中偶然听出了铁木真的声音。孛儿帖激动得浑身发抖，立即不顾一切地跳下正在急驰着的与豁阿黑臣乘坐的车，向铁木真声音的方向奔去。不一会儿，她就来到了铁木真的面前，在亮如白昼的月色中，她认出了铁木真，一把抓住了铁木真所骑马之缰绳。铁木真也一下子认出了孛儿帖，当即滚鞍下马，与孛儿帖拥抱在一起。同孛儿帖重逢后，铁木真通知脱斡邻勒和扎木合说：

“吾所寻者，吾所失者，今已复得之矣。其勿夜行，就兹下营可也。”

正如人们所见，这位后来的成吉思汗并没有计较孛儿帖被迫与篾儿乞惕部一头目同居一事（孛儿帖本人却似乎为这一经历感到难为情）。孛儿帖不是已感觉到铁木真仍对她那么忠诚，那么有激情吗？为了重新得到她，铁木真不是动员了 4 万多铁骑，组成强大的联军，把蒙古闹了个天翻地覆吗？然而，在篾儿乞惕部住了一段时间以后，孛儿帖已确信自己怀了孕。她回到成吉思汗家不久，就生下了一个男孩，取名术赤。术赤已被公开算作成吉思汗的长子。但是，那些恶言中伤者一直怀疑他是赤勒格儿孛阔的骨血……[1]

如前文所说，孛儿帖被掳以后，即被送给了赤勒格儿孛阔（兀都亦惕—篾儿乞惕部首领脱黑脱阿之小弟弟[2]）。据成吉思汗家族的史诗记载，赤勒格儿孛阔这位蒙古的帕里斯[3]看到遭到侮辱的铁木真兴兵来复仇，心中十分恐惧。他

---

[1] 在这个微妙的问题上，世界征服者成吉思汗似乎没有对孛儿帖表现出丝毫的怨恨。再说，我们也应该承认，他没有任何理由对孛儿帖表现出任何抱怨情绪，因为在篾儿乞惕人发动突然袭击之时，正是他撇下了孛儿帖。——原注

[2] 也客赤列都和赤勒格儿孛阔均是脱黑脱阿之弟。赤勒格儿孛阔是脱黑脱阿的小弟弟。——译注

[3] 帕里斯：希腊神话中人物。帕里斯是特洛伊王子。他母亲怀他时做了一个可怕的梦，梦见自己生下了一个火炬，这火炬把特洛伊城点燃，并把全城烧成了灰烬。预言家解梦说，这个儿子将会导致本国城池毁灭。于是帕里斯一生下来就被丢弃在伊德山上，一只母熊给他喂奶，阿革拉俄斯把他抚养成人。后来参加关于金苹果属谁的评判，因为他愿得美女，把金苹果判给了阿佛洛狄忒。因此，阿佛洛狄忒帮助他拐走了斯巴达王墨涅拉俄斯之妻美人海伦，遂引起历时十年的特洛伊战争。他自己在战争中被菲罗克忒忒斯杀死。特洛伊也陷落了。——译注

不禁悲叹道：

命合食残皮之乌鸦兮，
却望食彼雁鹤；
命合食鼠珣之恶超兮[1]，
却欲食彼鹭鹅。
嗟乎贱民吾赤勒格儿兮，
纳高贵孛儿帖于帷幄；
既纳圣洁之孛儿帖兮，
故篾儿乞惕之罹祸！
逃吾粪球之命兮，
钻入阴暗之沟壑！

赤勒格儿感叹毕，即逃入他所说的"沟壑"。他很可能是逃进了乌兰布尔加塞山。乌兰布尔加塞山海拔1680米，山下是乌达河和贝加尔湖东岸。

铁木真及其盟军擒获了合阿惕—篾儿乞惕部头目合阿台答儿麻剌。他们给他上了枷，命他前面带路。联军高高兴兴踏上归程，返回不儿罕合勒敦山。

篾儿乞惕人当初掳去的铁木真家中的女眷并不只是孛儿帖一人，与孛儿帖同时被掳的还有也速该把阿秃儿之别妻、别勒古台之生母速赤吉勒。当时，别勒古台听说母亲在篾儿乞惕部的一个蒙古包里，便去寻找。但也速该把阿秃儿生前的这位别妻却有一颗高尚的颇知自耻的心，当别勒古台从那个蒙古包的右门走进去时，她便穿上一件旧羊皮袄迅速地从左门跑了出去。她心里想："人曾预言，吾之子有朝一日必为尊贵之亲王。吾曾被迫与一粗俗篾儿乞惕人同居，今有何面目见吾子耶？"她急步趋入崇山密林中而去。别勒古台千方百计地寻找，都不见踪影。当此之时，别勒古台心里非常痛苦，便拿逃跑的人和俘虏出

[1] 恶超：鸟名，形如鹞而小，尾根白，乃无能之鸟。——译注

气。任何逃跑者或俘虏，只要是他目之所见，都被他张弓射杀。他一边放箭杀人一边喊叫："还吾母来！"据蒙古史诗记载，凡当初参与掳掠孛儿帖、追击铁木真于不儿罕合勒敦山之篾儿乞惕人（据说有三百人），连同"他们的儿子以及儿子的儿子"，悉被杀戮，统统"化为飞灰"！他们的妻子和女儿悉沦为胜利者之婢妾。其他的幼小的儿女则被掳去，使为奴仆，"命其朝夕开关门户"。

本书后文将会谈到，尽管蒙古史诗说此战已剿灭了篾儿乞惕人，但实际上篾儿乞惕人远没有被剿灭。脱黑脱阿及其随从逃入外贝加尔湖泰加森林之巴儿忽真河附近深山密林中以后，便在那里恢复整顿，重振旗鼓。后来，他们多次出山。同成吉思汗展开了激烈的争夺草原的斗争。他们参加所有反对成吉思汗的联盟，一直同成吉思汗作对。由掳掠妇女而产生的这种不共戴天的仇恨将代代相传下去，直到一个部落联盟彻底消灭另一个部落联盟，这种仇恨才随之止息。

后来的蒙古帝国正是在所有的蒙古部落半数被诛灭以后才建立起来的。

伴随这种杀戮的某些细节和插曲是颇为有趣的。当时，人们在兀都亦惕—篾儿乞惕部的大营里发现了一个名叫曲出的年方 5 岁的小男孩儿。这孩子头戴貂皮帽，足登鹿皮鞋，身着鞣鹿羔皮接貂皮皮衣，目光晶亮，神情机灵。有人便将这孩子作为礼物献给铁木真之母诃额仑。诃额仑欣然收养了这个可爱的小男孩。

铁木真把孛儿帖的获救归功于"父汗"脱斡邻勒和扎木合"弟"，他衷心地向他们二人致谢。同时，他也感谢"皇天"（突厥—蒙古人的天帝）和"后土"降恩于他，帮助他向篾儿乞惕人复仇，使他得以"尽空其怀，尽残其肝"。[1] 接着，联军就分开了。

上文说过，三方联军在不兀剌草原（据赫尼施说，这个草原在今乌兰乌德以东）成功地夜袭了脱黑脱阿。应该说，铁木真、脱斡邻勒和扎木合在夜袭了脱黑脱阿之后，接着还一同去袭击了住在"塔勒浑岛"（实际上是夹在鄂尔浑河

[1] 即给篾儿乞惕部以极大损伤之意。——译注

与色楞格河之间的“半岛”地区）的第三个篾儿乞惕部落兀洼思—篾儿乞惕部，因为联军最后是在那里分手的。

兼夜而行与两部落的分手

三方联军完成了预定的作战计划以后就分手了，至少克列亦惕部之脱斡邻勒汗已率众同友军告别，回到了库伦附近土拉河上游营地黑林。但铁木真和扎木合同行了一段路以后才分手，分手以前，他俩一同来到斡难河附近之豁儿豁纳黑川下营。

铁木真和扎木合二人是童年时代的朋友，但彼此长大以后无甚来往，此次共同讨伐篾儿乞惕部的战争使他们恢复了童年时的友谊。现在，他俩一起愉快地回顾着儿时同戏的往事，回忆着一同在斡难河冰河上游玩，互赠髀石的情景，回忆着一道以射箭为乐，互送箭镝的时刻。今天，他俩都已长大成人，各自成了部落的首领。诚然，论出身，铁木真的门第可能要比扎木合高，因为他是王室的后裔。但是，此时此刻，扎木合的势力无疑要比铁木真强大，此次讨伐篾儿乞惕部的战争由扎木合扮演“元帅”角色就足资证明。但他俩之间的关系是完全建立在友谊基础上的。他们不是盟过誓的“安答”吗？这种法定的兄弟情谊不是规定他们要在任何情况下互相帮助吗？现在他俩正是如此。他俩互赠战利品，铁木真把从脱黑脱阿那里掳获的一条金带送与扎木合系之，又把所获脱黑脱阿的一匹小驹海溜马送与扎木合骑之；扎木合则把他从篾儿乞惕部另一头目答亦儿兀孙那里掠来的一条金带及答亦儿兀孙的一匹白色良种牝马送与铁木真。他俩在豁儿豁纳黑川险如刀削之忽勒答合儿崖前，一棵茂盛的松树下（这以前，蒙古的最后一位汗忽图剌就是在这棵神圣的松树下宣告就职的），举行盛筵以缔盟约。他俩就像忽图剌汗当年称汗时那样在这棵松树下跳舞。夜幕降临了，他俩又同衾共宿。这种紧密的联盟持续了一年半。

总之，在取得了讨伐篾儿乞惕部的胜利以后，铁木真和扎木合正在着手复兴蒙古王国。关于这一点，豁儿豁纳黑川是具有象征意义而足以引起人们联想的地方，因为前蒙古王国的最后一位汗就是在这里登基的。不过，他俩是以两头政治的形式复兴这个蒙古王国。他俩互称安答，这就使他们之间的联盟有了一种手足情谊的神圣性质。然而，从其含义来说，两头政治是不稳固的。当铁木真和扎木合在一起像先王当年那样跳舞时，他们难道没有意识到可能由这种神圣仪式而引出的神奇含义吗？如果说铁木真当时已忘记了这层含义，他的忠实拥护者木合黎有朝一日也会帮他回忆起来的。实际上，我们从后文就可以看出，这两个今天的盟友都想排斥掉对方，独自复兴草原帝国。

铁木真同扎木合之间是怎样决裂的呢？在这个问题上，我们预计的要比我们从蒙古史诗的字里行间辨别出来的更准确。

时值孟春，两位"盟兄弟"像一般牧民一样，在一起住了一段时间以后就拔营徙往别处去寻找更利于放牧的新的牧场。当时正是进山放牧的时节。两人在车队前并马而行，车里装着拆下的蒙古包，坐着妇女和孩子。紧跟在车队后面的是由两队骑马人围而驱之的牲畜群。扎木合边行边大声说：

"若依山而营之，则于牧马者有益也。若临河而营之，则于牧羊者大有益也。"

就像文艺复兴时期以前所有的艺术家一样，蒙古人说话总喜欢隐晦曲折。铁木真听扎木合说完，一时弄不明白扎木合说的这番话的含义，只好默不作声。过了一会儿，他便勒住马等后面的车辆跟上来，以请教诃额仑母。他想，以母亲丰富的阅历经验，她定会给他以指点，使他明白那几句话的含义。诃额仑所乘之车至，铁木真即以扎木合所言禀之，说自己未解其言，特来问母。但没等诃额仑夫人开口，铁木真之妻孛儿帖就发表了自己的看法：

"吾闻扎木合安答素来喜新厌旧。今观彼之言，是厌吾等矣。彼之所言，定然针对吾等而言也。今夜不可与彼合营于此。吾等宜就此善离之，兼夜徙往他处去乎！"

铁木真听孛儿帖如此说，点头称是，于是命令所属部众兼夜而行，不得停留。

这里我们接触到了未来的成吉思汗性格的有趣的一面。在他的一生中，每当事处关键，须作出重要决断而他又犹豫不决甚至近乎畏首畏尾之时，总是他的夫人孛儿帖出面帮他作出决断。而一旦孛儿帖发表了看法，他便立即称善，便立即不惜以身家性命为代价去照孛儿帖的意见行动。今天在处理与盟友扎木合的关系时是如此，后来在处理与萨满教通天巫的关系时也是如此。当时蒙古各部落的人们都隐约有一种统一愿望。扎木合和铁木真两人都想利用这种愿望。问题在于，在这两个人中，究竟谁善于利用这种愿望并成其为真正的得益者。精明的孛儿帖很可能已意识到了这一点，所以她要她的丈夫及时争得行动自由，以便尽可能早地成为为统一事业而奋斗的人物。

就这样，在夜幕降临之时，铁木真的车队人马并没有像往常那样即昏便息，而是继续向前赶路。队伍行了一程，不期来到另一个在迁徙中夜间暂扎营休息的部落。这个部落不是别的部落，恰恰是铁木真的宿敌泰亦赤兀惕人的一个部落。泰亦赤兀惕人被惊醒，黑夜中看到撞来一支人马，以为是有人前来夜袭，顿时一片混乱，仓促拔营，趁夜色逃往扎木合营地去了。泰亦赤兀惕人慌忙逃走时，丢下一个名叫阔阔出的小男孩。诃额仑夫人当即收而养之，她的身为人母的意识是很强烈的。

铁木真率众通宵而行。天亮之时，人们方看清楚哪些人跟着年轻的首领铁木真来了，哪些人已留在了扎木合处。成吉思汗家族史诗列了一大串星夜跟随铁木真而来的人的名单，就像荷马史诗《伊利亚特》中所列名单时那样详细和不厌其烦。从蒙古史诗中所列的名单可以看出，在两个首领分道扬镳时，人们在黑夜中突然根据自己的选择各投其主，在同一个部落、有时甚至是在同一个氏族中往往出现出人意外的分裂。当然，在分裂前，总是分别有一些有利于两方的预兆。当时蒙古信仰萨满教。那时，如果没有萨满教巫师的参与，是任何事也干不成的。虽然有些决定是在没有巫师参与的情况下作出的，但事后也须得到巫师的认可。豁儿赤对铁木真说的一番话就是如此。

豁儿赤原是扎木合部落联盟中巴阿邻部人，夜中弃扎木合投奔铁木真而来。他对铁木真说：

“天神已显灵，不让吾追随扎木合也。吾梦中见一雪白母牛来，绕扎木合房车，以犄角触车而折一角，向扎木合吼之，以蹄将土扬之曰：‘还吾角来！’当时又有一无角白色犍牛，高擎帐房下木桩，跟铁木真大车后吼之而来，曰：‘此天地相商，令铁木真为国主，吾今载国来献之也！’”

这位预言者口口声声说，这一明显的预兆是他亲眼所见，绝无虚言。但作为一个出色的萨满教徒，他要求铁木真奖赏他前来告此吉兆的功劳。他问铁木真道：

“汝铁木真若为国主，当何以报吾告吉者而使吾乐之也？”

铁木真回答说，若如所言，得以主国，则使豁儿赤为万户官。此时，豁儿赤除了拥有宗教的神秘权力外，似乎已是铁木真的亲信了。他并不以铁木真许下的将令他为万户官的诺言为满足，他还提出了进一步的要求。他要求届时有权从最美的美人中自选 30 名美女。他还要求铁木真封他为顾问——萨满。这就意味着，在处理未来蒙古帝国的一切国家大事中，他豁儿赤作为顾问——萨满应是居首要地位者之一。读者从本书后文还会发现，其他一些预言者也要求拥有这种地位。他们都想为自己在新的帝国之上建立一种“宗教最上权”[1]。

铁木真同扎木合在那天夜里决裂了，这种决裂当晚在人们中引起了一阵混乱，一些氏族趁混乱之机抛弃扎木合跟随铁木真而来。不久，又有一些氏族和人员经过一番权衡之后前来投靠铁木真。在这些归附铁木真的人们中，特别有价值和值得一提的是与铁木真有着近亲关系的几位蒙古亲王的到来。这几位亲王是：铁木真的叔叔答里台；铁木真的堂兄弟忽察儿（忽察儿是铁木真的另一个叔叔捏坤太石之子）；与铁木真的亲戚关系比以上二人稍远一些的主儿勤氏首领薛扯别乞和泰出；忽图剌汗（前蒙古王国的最后一位汗）之于阿勒坛。他们都是事后离开扎木合前来投铁木真的。此时铁木真正扎营于乞沐儿合溪（斡难河上游今库沐儿山附近）附近之阿因勒合剌台纳（“荆棘之营地”）。这样一来，铁木真的势力就得到了大大加强，遂率众迁往克鲁伦河上游谷地，扎营于

[1] 萨满豁儿赤对铁木真瞎编了一阵，铁木真居然许诺要给他万户官的高位，还答应了他的其他要求。这在今天看来似乎很荒唐。但在那个时代，在当时的情况下，萨满教对人们的思想影响很大，豁儿赤的言论，对铁木真统治权的建立，无疑可以起影响巨大的宣传作用。所以豁儿赤敢于提出高报酬要求，铁木真也慨然应允，后来也一一兑现了。——译注

阔阔纳语儿（当地人称为“兰湖”）附近古连勒古山山坡，桑沽儿溪（克鲁伦河左边第一条支流）畔合剌主鲁格之地。

就在那里，发生了铁木真一生中具有决定性意义的事件：公推他为汗。

蒙古人之王成吉思汗

自从发生了结束忽图剌统治的灾难性事件以后，蒙古汗统便中绝了。忽图剌死后，其子阿勒坛并没有继承汗位。到了公元12世纪末，蒙古出现了一种显而易见的形势：虽然铁木真和泰亦赤兀惕部之间仍互相仇恨，兄弟相残，各自为政，但总的说来，蒙古各部力量已逐渐恢复元气，逐渐强大起来，都渴望重新联合统一起来。正如笔者在上文中所指出的，关键问题在于应由谁来统一。拥有统一蒙古各部之资格的第一个人似乎应该是前蒙古王国最后一汗忽图剌之子阿勒坛。除阿勒坛以外，拥有这种资格的其他人中还有已故诸汗之一合不勒汗的诸位重孙，而铁木真就是这些重孙之一。与铁木真处于同一辈的还有他的堂兄弟薛扯别乞和泰出。最后，拥有称汗资格的还有铁木真的亲叔叔答里台。

然而，恰恰就是阿勒坛、薛扯别乞、泰出和答里台这几位亲王决定推举铁木真为汗，决定让铁木真来中兴自忽图剌汗死后就无人继承的汗统。他们是否是要铁木真当名义上的主人而他们自己当实际上的主人？事态的发展证明确实不是如此。随着形势的发展，他们感到需要有一位战争指挥者，至少是需要共同征战时的战争指挥者。经过考虑，他们一致认为这位也速该把阿秃儿之子有能力担此重任。他们很可能曾一度在铁木真和扎木合这两个人选中犹豫不决。在先前的部落联盟分裂时，他们确实也曾追随过扎木合。但扎木合不是王室后裔。蒙古各亲王家中一直珍藏着自己的家谱。从家谱上看，扎木合这一门是蒙古祖先孛端察儿与一姘妇的后裔，而那个姘妇在同孛端察儿同居之前就已身怀有孕……这些暂且不论，仅就扎木合的为人来说，他也不是理想的人选。尽管他才能出众，但事实证明，他喜新厌旧，有始无终，虚伪，过分残酷，甚至伤害朋友。与扎木合相反，铁木真不但不以王室后裔自居，而且具有很多优点：向来通情达理，处事公平，具有安邦治国之才。在处理同盟友的关系的问题上，他总是表现得谦虚有礼，但同时又不因注意谦虚有礼而妄自菲薄和损害自己的贵族气派，即使是在一位身着华贵皮衣的领主面前也是如此。由于以上原因，蒙古其他的亲王（铁木真的各位堂兄弟）也表示支持铁木真，愿意拥戴铁木真称汗。当然，他们转而支持铁木真也很可能是由于扎木合身上的缺点使他们感到失望。

当时，他们在推举铁木真为汗时所使用的辞令也很具特色。他们对铁木真说：

“吾等愿立汝为汗。汝若为汗，吾等愿为汝之先锋，破彼众敌；将所掳之美女艳妇悉送汝之帐下；将所获之好马良骥奉献汝之面前。方其草原围猎之时也，吾等愿为汝先驱而围之[1]；于争战之日也，若夫吾等违汝号令，汝可剥夺吾等之家财与妻妾，砍下吾等黑头于地；于太平之日也，若夫吾等毁弃成约，汝可驱吾等远离亲人，弃吾等于荒野乎！”

立下如此誓言后，他们便扶铁木真坐上毡毯，宣布他为汗，号成吉思汗。

从词源来看，“成吉思”是否即“力量”之意？是否即“不可动摇”或“坚不可摧”之意？或者，从字面上来看，“成吉思汗”这一称号是否与“海内合汗”的概念有关[2]？不管怎样，有一点是可以肯定的，那就是这个第一次在克鲁伦河上游一个不知名的草原上，在 12 世纪末人们不确知的一天受到部众欢呼的名字，很快就在蒙古族人民的赞扬声和其他民族的咒骂声中传遍了古代世界，并随着数世纪的时间洪流，一直传到了当代。

---

[1] 先驱而围：即先去包围，将野兽驱至主人面前，让主人猎之。——译注

[2] 成吉思：关于这个词，学者们提出了种种解释，比较一致的看法是表示铁的性质的“强硬”之意。以其在人，则可以理解为“强大”，“坚强”。这一词与“铁木真”一词的含义相关连。“成吉思”是指铁的性质而言，“铁木真”则是指铁本身之变化（即“铁化”，“变为铁”或“铁一样”）而言。其他还有一些说法，例如，说“成吉思”即“海”或“湖”之意；说“成吉思”一词缘于一只五彩瑞鸟的鸣声；《元史演义》则直接说：“‘成吉思’三字的含义：成者大也，吉思，最大之称。”如此等等，不一而足。看来还是上面比较一致的解释正确。——译注

推举铁木真为汗的这几位蒙古亲王对成吉思汗立的誓言表明，他们只打算尊成吉思汗为战争之指挥者和狩猎之首领，只想让他带领他们去进行劫掠和围猎。但这位新君主却立即开始以认真的态度组织其王国，这对上述几位亲王来说不能不是一种警告。成吉思汗一上台，就分职任事，任命了一批弓箭手，名为“箭筒士”，均是全心全意忠于他的武士，命他的两名忠臣孛斡儿出和者勒篾为“箭筒士”之长。他对这两人说：

“在吾影外无友之时，汝二人为吾影而慰吾心焉。汝二人自始跟吾至今，今当位于诸人之上也。”

成吉思汗的另一名将领速别额台后来是蒙古史诗中的最优秀的战略家，在成吉思汗任命官员时，他向成吉思汗保证说：

“愿以老鼠之警觉守护汝之财产，以乌鸦之勤奋为汝聚敛财物，如盖毡或风毡守护汝身。”

接着，成吉思汗对大家说：

“汝等离扎木合而来伴吾矣。若吾得天地之赞力与护佑，汝等皆为吾之诸忠臣之长，吾帝国之元老，吾终生之好友也！”

他分别给他们委以官职，想让他们能来分担他统治世界的重任[1]。

当时其他大小王国的君主对铁木真称汗将持何态度呢？对于成吉思汗来说，他当时主要的外交活动是争取得到克列亦惕部王脱斡邻勒的支持。他过去曾承认脱斡邻勒是自己的保护人。现在，他决定派答孩和速格该为使往告脱斡邻勒。

---

[1] 这时，在铁木真周围聚集了两种人，一种是出身于一般氏族的平民或地位低微的奴隶，他们成为铁木真直接管辖的部属，结成主人和那可儿（即“亲兵，伴当”）的关系；另一种是游离的旧贵族，他们也具有和铁木真同样高贵的身份，并有自己的属民，只是力量不大，想借助铁木真的势力，在掠夺战争中获得更多的财富。这次联盟的组成，和合不勒汗时代以来的蒙古的贵族联盟没有什么本质的不同。参加联盟的各支贵族都拥有独立的地位。随着争夺草原统治权的斗争日益激烈，这种旧式贵族联盟便暴露出了它的弱点：各谋自家利益的贵族，极易分裂，难于形成一个统一的强大势力。历经忧患的铁木真意识到了这一点，因此，一经贵族会议推举为首领，就立即建立起一套巩固自己统治地位的制度。他所任命的担任重要职务的人物，几乎全都出身于奴隶或属民。他们不像旧贵那样拥有显贵的望族和属民，全凭铁木真“喂之以人肉，系之以锁链”，随时可以放出去捕噬猎物。通过这套组织制度，铁木真组织了一支以那可儿为核心的精悍队伍，作为自己力量的基础。——译注

我们可以设想，如果当时克列亦惕部王对他的附庸的实力的加强感到不安的话，那么，成吉思汗建立的这个蒙古新王国就很可能会昙花一现。但十分幸运的是，脱斡邻勒对铁木真称汗一事表示很高兴，尽管铁木真没有事先征求他的意见。他对成吉思汗派去的使者说：

“汝等立吾子为汗，甚是！汝蒙古岂可无汗而居乎？”

与此同时，脱斡邻勒还向来使表示，他将永远支持蒙古新立之汗。

同扎木合的关系问题却比较棘手。应该承认，在如何对待扎木合的问题上，从根本上来说，成吉思汗过去干得并不高明。那天傍晚，孛儿帖对扎木合的难解之言作了毫无根据的解释，当时的铁木真就根据这种毫无根据的解释不辞而别，和昔日的安答中断了宣过誓的友谊。更有甚者，他还诱走了扎木合的一些忠实追随者。

现在，成吉思汗想避免与扎木合的矛盾激化，便派阿儿孩合撒儿和察兀儿罕二人为使前去向扎木合通报他称汗之事。有趣的是，扎木合对拥立蒙古新汗的两位蒙古亲王阿勒坛和忽察儿大加责备，责备他们不该拖到现在才立铁木真为汗。扎木合取这种态度，可能是由于他对童年时代的朋友还有几分情意，也可能是由于他本人现在也想避免与成吉思汗彻底决裂。事实上，正是阿勒坛和忽察儿离开了他们以前投靠的扎木合前来投铁木真从而对铁木真称汗起了决定性的作用。而且，据蒙古史诗载，正是他俩施展诡计事先导致了两位老朋友的分手。扎木合对成吉思汗派来的两位使者说：

“可告阿勒坛和忽察儿二人：方其铁木真安答与吾同处而未分手之时，汝阿勒坛和忽察儿二人为何不立铁木真安答为汗，反而使吾二人相离析耶？而今汝阿勒坛与忽察儿二人又怀何心而立铁木真安答为汗耶？”

现在，铁木真已被拥立为汗，已成既成事实了。在这种情况下，扎木合不失精明地（也可能是不失奸诈地）敦促阿勒坛和忽察儿要实践自己在拥立铁木真为汗时所立下的誓言，永远忠实于铁木真安答……

新立之成吉思汗同信誓旦旦地拥立他为汗的“王族”之间的契约不会持续很久，这是不需要预言家来预测的前景。尽管如此，扎木合的这一番冷嘲热讽仍带有预言的色彩。

但还没等到成吉思汗同其他“亲王”之间关系决裂，扎木合同成吉思汗的冲突很快就爆发了。

鼎烹战俘

扎木合对铁木真之成为成吉思汗采取了有礼貌的态度。这种态度表明，他二人虽然已经分手，却仍然彼此相安。但是，他俩之间的冲突是不可避免的。不久，两个无关紧要的人物的出现便引发了这种冲突。这两个无关紧要的人物一是扎木合之弟绐察儿，二是成吉思汗的附庸之一札剌亦儿部之拙赤答儿马剌。

当时，绐察儿住在斡列该河上游札剌麻山麓，拙赤答儿马剌则营于“驴背草原”撒阿里之野。绐察儿前往撒阿里之野劫走了拙赤答儿马剌的马群。由于部下胆小怕事，不敢往追，拙赤答儿马剌只好独自前去追寻马群。这是草原上的两个劫掠者之间的争夺。拙赤答儿马剌半夜飞身上马，伏身飞快奔驰的马背上，四处搜寻。终于，他寻到了敌人营地附近，仔细观察，发现了劫马者。他立即弯弓搭箭，一箭射去，绐察儿应声倒地，腰脊被箭穿了个透。拙赤答儿马剌遂驱马群返回自己的牧场。

于是，战争爆发了。

扎木合决心要为自己的弟弟报仇，便集合本部（札只剌惕部，又名扎答阑部）人马和部落联盟中其他部落的人马，合为 3 万骑，翻越阿剌惕土儿合兀惕山，奔袭成吉思汗。

是时，成吉思汗扎营在桑沽儿溪上游古连勒古山山区。在那里，他也有 3 万人马，以车辆和蒙古包结成 30 座营盘。对成吉思汗来说，幸运的是，亦乞列思部的两个蒙古人木勒克脱塔黑和孛罗剌歹及时来向他报告了敌人来袭的消息。

成吉思汗即整顿人马迎战，两军战于答兰巴勒主惕之野（又称“七十沼泽地”，在斡难河上游附近）。成吉思汗败阵，营盘被扎木合军队所冲动。他只好且战且走，向斡难河流域之哲列捏峡退去。扎木合不敢深入哲列捏峡，遂停止追击。他把仇恨发泄到被他抓获的成吉思汗的支持者们身上。他还抓住了捏兀歹部（又名赤那思部）的几个头目。在班师回营之前，他叫人找来 70 口大锅，煮死了俘虏。这是采用中国古代战国时期的酷刑“汤镬”。捏兀歹部头目察合安兀阿在那天晚上铁木真同扎木合分手时抛弃扎木合追随铁木真而来，激起了扎木合的怨愤，因此这次也被处死了。扎木合砍下察合安兀阿的头，系之马尾，拖着这种可怕的战利品班师回营[1]。

后来，波斯的传说根据关于这种恐怖行为的模糊记忆，颠倒事实，张冠李戴。波斯的传说记载说，在“七十沼泽”战役中，成吉思汗取得了胜利，用 70 口大锅煮死了俘虏。实际上，这种过分残酷的举动乃是扎木合所为，因为事实证明，这种残酷之举使扎木合大失人心，另一方面则使战败的成吉思汗得到了许多新的支持者（这对成吉思汗来说比赢得一次战役更珍贵）。例如，两个很有势力的蒙古人，即兀鲁兀惕部首领主儿扯歹和忙忽惕部首领忽亦勒答儿在战后不久就率众离开扎木合投奔了成吉思汗。读者可以从本书后文看到，后来在成吉思汗处于危机时刻，这两个人对成吉思汗本人和他的事业表现了令人敬佩的忠诚。因此，这两个人的率部投奔，可以说使成吉思汗得到了两支珍贵的力量。与他俩同时投奔成吉思汗的还有成吉思汗的父亲的老朋友蒙力克。蒙力克之重新回到成吉思汗身边是意味深长的，虽然这中间也夹杂着具有讽刺意味的秘密。读者一定还记得，蒙力克是也速该把阿秃儿生前的心腹人物。正是他在也速该临终的床前接受其托孤重任，亲自前去把未来的成吉思汗领回了家。但是，尽管也速该把阿秃儿生前如此信任他，后来他还是辜负了这种信任，忘记了自己

[1] 扎木合和泰亦赤兀惕氏贵族自然不能容忍出现一支强大的势力，来与他们争夺蒙古部众。于是，蒙古部贵族之间爆发了一场战争，这是铁木真统一漠北诸部过程中最著名的战争之一，史称“十三翼之战”。

关于这场“十三翼之战”，学者们进行了辛苦的研究，提出了许多看法。一种说法是，扎木合组织的军队有十三个部族，共三万人。针对这种情况，铁木真也将自己的部队分成十三翼。究竟是哪十三翼，学者们看法不一。经过交战，铁木真失利，因铁木真的势力还处在初兴阶段。这个时期铁木真对付敌对贵族的办法不是军事性的，而是政治性的：多施仁义，关怀笼络，采取软的办法同敌对贵族争夺部众。这是铁木真比其他部落首领高明处之一。——译注

作为铁木真保护人的责任，终于一度抛弃了诃额仑母子。前不久，铁木真同扎木合傍晚分手时，他竟舍弃铁木真去投扎木合了。现在，他又回到了成吉思汗身边，而且带来了他的 7 个儿子。蒙力克是一个非常谨慎的人，他之重新归附成吉思汗，充分表明成吉思汗无疑已开始时来运转了。只要是政治形势需要，成吉思汗是很善于不计前嫌的。对于所有投奔他的帐下的人，他都一概欢迎。他特地在斡难河附近密林中为所有投奔他的人举行了盛大的欢迎宴会，就像对待他的忠心拥护者那样热情。

投奔成吉思汗的人在与日俱增着。之所以会出现这种形势，其原因就是成吉思汗以自己的行动表明，他已是一位强有力的人物。对于这样一位强有力的人物，一些人当然更愿意投奔他，把他视为自己的保护者，而不想与他为敌。人们争相投奔他的另一个原因（尽管事实表明这一点有点叫人不可理解）是，他所建立的政权的特点是井然有序，颇有章法，稳重温和，刑罚有度，合乎道德（甚至是慈悲人道）。这些特点正是与他作对的其他政权所不具备的。当一些游离于他和其他首领之间的处于饥饿之中的民族要求他允许他们参加大型围猎时（牧民的生活常常是饥一顿饱一顿，时而暴饮暴食、大吃大喝，时而饥肠辘辘），他总是慷慨善意地表示欢迎，分给他们的猎物总是远远超过他们应得的数量。这很可能是一种政治策略性的慷慨，其目的只能是收买人心，争取得到各部落的好评，从而扩大他的附庸队伍。在这方面，他的慷慨也的确取得了成效。一时间，成吉思汗的英名不胫而走，传遍各个部落。人们纷纷议论着这位年轻的新汗如何光明正大，如何慷慨仁慈，对王权的看法又如何既严格又宽容；而其他部落的首领又如何奴役部众，如何反复无常和残忍无道。人们就这样议论着，比较着。晚上，这些草原上的牧民在家里谈论说：

“此铁木真老爷能衣人以己衣，乘人以己马，真乃善治国、善待下、善理家之主人也。”

就这样，人们忠心地拥护成吉思汗，在他的周围形成了一股效忠于他的力量。后来，在成吉思汗遭受挫折时，人们的这种忠心不但没有动摇，而且经受住了严峻的考验。

宴会后的冲突

成吉思汗谨慎公正，精明睿智，从而得到了部众的敬重。这种敬重，正是他的汗位得以确立的基础。但是，这位新汗并不想因此而容忍部下对自己的丝毫违抗，而是要部下严格地服从自己。推举他为汗的几位蒙古亲王原以为他们只不过是推选了一位领导一个松散的联盟的战争指挥者。他们很快就发现，他们想错了。

为了欢迎蒙力克和其他去而复归的人和投奔他的人，成吉思汗在斡难河上游密林举行盛大欢迎宴会。就在宴会开始后不久，成吉思汗同几位蒙古亲王的矛盾就爆发了。

当时开筵后，司膳官给主要与筵者斟酒（即牧民很喜欢喝的一种发酵马奶）。主儿勤部前首领的两位遗孀豁里真和忽儿忽臣苛刻地抱怨司膳官先给该部首领薛扯别乞之别妻额别该斟酒而没有先给她俩斟酒。这两位妃子越想越咽不下这口气，竟动手打了司膳官失乞兀儿一顿。受到这种侮辱的失乞兀儿感到十分委屈，就哭着嚷嚷说也速该（成吉思汗之父）在世时从没有人敢这样对待他。言下之意就是抱怨成吉思汗软弱。在蒙古人的这种酒肉筵宴上，信任和谅解只起部分作用。

在宴会期间，成吉思汗责成其弟别勒古台看守他的从人的马匹。主儿勤部首领则命一头目不里孛阔看守主儿勤人的马匹。别勒古台在巡视间，突然发现主儿勤部的一个人在偷窃成吉思汗车马所备的缰绳，于是将此人当场抓住。不里孛阔闻讯，即赶来袒护这个小偷，因而同别勒古台扭打起来。扭打了一阵后，不里孛阔抽刀砍伤了别勒古台的右肩，血流不止。但别勒古台并不在意，仍旧去看守其马匹，就像什么事也没发生一样。别勒古台性情温厚，但这次之所以忍辱不还手，是由于他不想把事态闹大。他想忍痛将大事化小，小事化了。

当时，成吉思汗坐在一棵树荫下，与其他与宴者的座位略有距离。对于眼前发生的一切，他都看得清清楚楚。事关个人威信，他不能无动于衷。成吉思汗怒从心起，忽地站起身，冲了上去。事态变得严重了，因为，虽然主儿勤人行为蛮横傲慢，但主儿勤部的几位亲王是前蒙古王室的长系代表。由于他们举止傲慢，新确立起来的蒙古汗位，前王室的幼系的权力顷刻之间似乎面临着威胁。成吉思汗愤怒地冲到弟弟别勒古台面前，大声怒吼道：

“汝焉可忍辱如此耶？”

但善良的别勒古台却想竭力平息成吉思汗的怒火，便平静地说：

“吾伤不重，无妨。彼等今日方回归汝之帐下，兄且息怒，勿为吾而重与彼等相怪也！”

但成吉思汗根本不听别勒古台这一套。事关他的个人威信！他随手折了几根粗树枝，抄起搅乳杆，冲向那几个主儿勤人，一顿乱捧，将他们打趴在地。他余怒未息，命人将首先挑起这场纠纷的豁里真和忽儿忽臣抓了起来。

事后，主儿勤部派人来和解。此时成吉思汗当然求之不得，便满口答应，因为他已经把那几个人教训了一顿，怒气已消。他立即释放了豁里真和忽儿忽臣这两个好寻衅的老夫人。

脱斡邻勒绝处逢生

成吉思汗的保护人，克列亦惕部王脱斡邻勒遭了一场大难。从他的遭难中，成吉思汗的权威得到了加强。

这个脱斡邻勒，虽然他的家族信奉聂斯脱利派基督教，尽管传说他就是那个远近闻名的“祭司王约翰”，但在处理家族亲友的关系问题上，他却表现得很恶劣。他在家中大开杀戒，亲手杀死了几个弟弟。在他的诸弟中，只有札台敢不和额儿客哈剌两人逃脱了他的魔掌。额儿客哈剌怕遭到和其他几位兄弟一样的命运，遂向蒙古西部阿尔泰山一侧逃去，投奔了乃蛮部，得到乃蛮王亦难赤必勒格汗的支持。亦难赤必勒格发兵帮助他赶走了脱斡邻勒，把他扶上了克列亦惕部汗位。脱斡邻勒逃往突厥斯坦，投靠威名赫赫的哈剌契丹王（其国君称为古儿汗）。该国首都是八剌撒浑，位于伊塞克湖西面垂河（今之楚河）平原上。但不到一年，脱斡邻勒又被哈剌契丹古儿汗驱逐出境，被迫流亡于戈壁滩畏兀儿部和唐兀惕部交界处，处境很惨[1]。他赖以活命的只有五只母山羊和一头骆驼。饿了，挤点羊奶充饥，渴了，刺出驼血以止渴。他骑着一匹瞎马（据既注意马匹也注意骑马人的命运的牧民史诗说，他骑的是一匹栗色黑鬣马），孤零零地流落到古泄兀儿湖附近。古泄兀儿湖是戈壁滩上的一个小小的水塘，位于甘肃（或河套地区）与克鲁伦河上游之间。正当他处于形单影只，穷困潦倒的可怜状况时，他意外地得到了成吉思汗的口信。成吉思汗对他的绝望处境十分同情，便派塔孩把阿秃儿和速格该二人为使前去请他。脱斡邻勒绝处逢生，喜出望外，恨不得立即飞到成吉思汗处。当时成吉思汗驻扎在靠近克鲁伦河和桑沽儿河上游的不儿吉岸。他特地亲自前往古泄兀儿去迎接脱斡邻勒。脱斡邻勒当时正穷途末路，濒临饿死困死的边缘。成吉思汗把他接来，安置在以车辆和帐篷组成的圆形营地（这就是成吉思汗的流动的“首都”），并向部下征收实物税，以供养脱斡邻勒，帮助他恢复健康。不久，成吉思汗又偕同脱斡邻勒移营于忽巴合牙（也在克鲁伦河上游附近）。

翌年（公元 1197 年）秋，成吉思汗远征篾儿乞惕部，在哈迪黑里黑山附近之木鲁彻薛兀勒地击溃篾儿乞惕人。篾儿乞惕部首领脱黑脱阿再次逃往贝加尔湖东岸之巴儿忽真。成吉思汗把从篾儿乞惕部缴来的蒙古包、食物、马匹等所有战利品全送给了脱斡邻勒。公元 1198 年，脱斡邻勒再次登上了克列亦惕部汗位。

由于以上原因，成吉思汗和脱斡邻勒彼此的地位发生了明显的变化。诚然，成吉思汗仍然一如既往地承认自己是脱斡邻勒的附庸，仍然一如既往地称脱斡邻勒为“父汗”。但实际上，在搭救了脱斡邻勒并帮他恢复汗位以后，成吉思汗已经同脱斡邻勒平起平坐了。

---

[1] 畏兀儿：即今新疆维吾尔族的祖先。唐兀惕：即党项，羌族的一种，建立西夏于陕西、甘肃和青海一带。——译注

成吉思汗助金讨伐塔塔儿部

其间，金国对北亚的战略发生了出人意外的变化。成吉思汗不失时机地利用这种变化巩固了自己的地位。

读者当还记得，游牧于东北边界的塔塔儿人和“金王”（即金国的君王）曾联合起来灭了蒙古的第一个王国。金王利用塔塔儿人的力量打击了成吉思汗的祖先，但是，被金王利用的塔塔儿人很快就强大起来，成了他们的保护人金王难以忍受的对手。于是，金国又玩起了它在处理同游牧世界的关系中玩得得心应手的跷跷板游戏，转而联合成吉思汗和克列亦惕部打击塔塔儿人。

金王派丞相完颜襄率军攻打塔塔儿部。在完颜襄的指挥下，金军从东南向塔塔儿人发起了进攻。塔塔儿入抵挡不住，就在其首领篾古真薛兀勒图的率领下带着牲畜退向位于克鲁伦河与斡难河之间的浯滐札河（此河注入博浑脱儿赤湖）。这样，他们就来到了成吉思汗的门前。成吉思汗立即抓住这个良机，向这些虽也是蒙古人但已成为自己的仇敌塔塔儿人讨还旧债。他召集他的忠实拥护者，向他们发表讲话说，先祖俺巴孩和斡勤巴儿合黑就是被塔塔儿人出卖给金国而被残忍地钉死在木驴车上的。

当然，俺巴孩和斡勤巴儿合黑这两个蒙古死难者是先被塔塔儿人出卖，后被金国一手处死的。但现在既然首先出现了借助金国的力量向塔塔儿人复仇的机会，当然应当先向塔塔儿人开刀。退一步说，即使不追溯那么远的仇恨，成吉思汗也应该为他的父亲勇士也速该报仇，因为，正是塔塔儿人阴险地下毒于食物中毒死了他的父亲也速该。成吉思汗说：

“塔塔儿人乃昔日毁吾父祖之仇人也。今乘此良机，吾等其并之乎！”

这是一场正面直接攻击塔塔儿人的战斗，因为成吉思汗必须沿浯滐札河而下，担任正面攻击的任务。金军则是从东南向北追击。但成吉思汗要完成正面攻击的任务，必须请求他的盟友克列亦惕部的支援。克列亦惕部之脱斡邻勒汗欣然同意了成吉思汗的请求，因为他与塔塔儿人也有旧仇未报，他的祖父马儿忽思·不亦鲁黑就是被塔塔儿人俘获并残酷地处死的。不出三天，脱斡邻勒就集合部队前来同成吉思汗会合了。

成吉思汗和脱斡邻勒经过商议，决定召主儿勤部首领薛扯别乞和泰出共征塔塔儿人。但是，薛扯别乞和泰出至今仍没有忘记那令人痛心的“斡难河畔宴会事件”。成吉思汗和脱斡邻勒等了六天也不见他二人率众前来，只好出发。他们沿浯漓札河而下，直扑塔塔儿部而去。塔塔儿部首领篾古真薛兀勒图不敢交战，遂学森林狩猎部落自卫的方法，退入森林，砍树立寨以拒之。成吉思汗和脱斡邻勒发起进攻，像围猎野兽一样步步进逼，最后攻入寨中斩杀了篾古真薛兀勒图，夺其饰有金银珠宝的摇车等物，大获全胜。

金丞相完颜襄对盟军取得的胜利甚表满意，当即封脱斡邻勒为“王”。这个称号加上脱斡邻勒已有之称号“汗”，合起来就成了“王汗”。本书从此以后，在提到克列亦惕部这位君主时，也将像成吉思汗家族史诗中所记载的那样，称他为“王汗”。至于成吉思汗，北京宫廷给他的封号却比脱斡邻勒得到的封号低得多[1]。这表明，在金廷眼中，克列亦惕部仍是蒙古最强大的部落联盟。金廷的代表完颜襄热烈祝贺脱斡邻勒说：

“汝等击垮塔塔儿部并杀其首领篾古真薛兀勒图，有大功于金国焉，吾主将重谢汝等之劳也。”

显然，完颜襄的这一番话表明，无论是成吉思汗还是所称之“王汗”，都不过是服务于金王的小小的“联邦成员”和金廷以一些称号和玻璃珠子加以哄骗的蒙古人首领而已。

但成吉思汗和王汗自己至少从塔塔儿人手中缴获了不少战利品。他们满载而归，各自返回自己的营地。成吉思汗在缴获战利品时，在塔塔儿部营中发现了一个被抛弃的小男孩。这小男孩的鼻子上戴有一个金鼻圈，身上穿着貂皮里

[1] 当时完颜襄给成吉思汗的封号是“札兀惕忽里”。这一封号究竟是多大官职，学者们众说纷纭，没有定论。一种看法是：“札兀惕忽里”是汉语“节度使”的蒙语读音，即成吉思汗当时所受封号是“节度使”。完颜襄接着说要奏请金王封成吉思汗为“招讨使”。当时金国设招讨司数处，负责招安或讨伐等边防军务，其长官为招讨使。完颜襄丞相就是当时金国招讨使之一。招讨使下设节度使。但不管给成吉思汗的称号是节度使还是招讨使，都只是空名，不过是个金国的边防队长罢了。脱斡邻勒虽得王号，但也同样只是金国的边防队长。——译注

金缎兜肚。成吉思汗把小男孩带回，交给诃额仑母。诃额仑母收养了这个小男孩，她说：

“此儿许是有根基人之后裔也，可成为吾家中人焉！”

于是给这个小男孩取名失乞忽秃忽，并宣布这个失乞忽秃忽为她之第六子。成吉思汗也很喜欢这个收养下的弟弟。从数年后发生的一件事中可以看出他是多么疼爱他的这个小弟弟。一天，由于天气已变得寒冷，大雪已封山，成吉思汗的臣民便按照牧民的生活方式徙营他处以避寒。在迁徙中，人们发现人马踏过留下的路迹旁有一群鹿在奔跑。年仅 15 岁的失乞忽秃忽对负责照顾他的库出古儿说，他想去追那群鹿。此时雪已很深，鹿群在雪地上奔跑也越来越慢了，库出古儿便答应了失乞忽秃忽的请求，于是失乞忽秃忽便撒腿去追鹿。到了晚上，人马停下来休息时，成吉思汗问为何不见失乞忽秃忽。库出古儿回答说他追鹿去了。成吉思汗一听便勃然大怒，厉声斥责库出古儿，他说：

“此子将冻死野外也！”

他一边怒吼着，一边抄起一根木棍要惩罚库出古儿。正在这时，小失乞忽秃忽回来了，并津津有味地说有 30 只鹿，他已打死了 27 只。这种年轻有为的举动吸引了成吉思汗，于是丢下库出古儿不问，急忙派人去查看。派出的人果然在雪地上找到了 27 只被打死的鹿。

成吉思汗之诛杀蒙古亲王

在取得了讨伐塔塔儿部的战争胜利以后，成吉思汗率部返回位于克鲁伦河上游哈澧溺秃湖之滨的老营。刚一回营，他就得到一个使他大吃一惊和非常愤怒的消息。原来，在他出征塔塔儿部期间，主儿勤部利用他远离老营之机突然向他的老营发起袭击，掳掠杀戮，猖獗一时。成吉思汗老营被主儿勤部洗劫一空，50 人被剥去衣服，10 人被杀。耳听如此消息，眼见如此情景，成吉思汗不禁怒火中烧。那天在斡难河畔举行筵宴之时，主儿勤人打了他的司膳官失乞兀儿，砍伤了他的弟弟别勒古台。后成吉思汗邀主儿勤部共征塔塔儿人，他们又置之不理。他们的拒不参战纯属一种罪恶行为，因为主儿勤部两首领薛扯别乞和泰出的亲祖父斡勤巴儿合黑就是死于塔塔儿人的阴谋。这批主儿勤人不仅逃避为祖父报仇的战斗义务，而且还趁成吉思汗前去参加神圣战争之机，袭击成吉思汗的老营，向留在老营的老人和孩子开刀！是可忍孰不可忍！鉴于主儿勤人的不义行为已经到了这种无以复加的程度，成吉思汗即整队出发，往讨主儿勤部。两军相遇于阔朵额阿剌勒附近之朵罗安孛勒答黑（即“七道岭”）。战斗结束，主儿勤人大部被俘，但其首领薛扯别乞和泰出却挈亲信家眷狼狈逃入帖列秃山口。成吉思汗余怒未消，又挥军追入帖列秃山口，抓住了他二人。薛扯别乞和泰出被带到成吉思汗面前，由成吉思汗亲自审问。成吉思汗一一列举他二人昔日对他立下的誓言。二人只好承认自己没有履行誓言，理当按违背誓言论处，说完，引颈就戮。成吉思汗一声令下，刀斧手应声上前，手起刀落，二人的头颅就滚落于地了。

主儿勤部的两位亲王被成吉思汗处决了。此举使其他各部人们的思想受到了很大震动。在赫赫有名的合不勒汗的后裔中，薛扯别乞和泰出属于长支望族，而成吉思汗只属于幼支贵族。薛扯别乞和泰出的祖父斡勤巴儿合黑作为合不勒汗的长子，当年在继承遗产时曾自由地挑选了一批最勇悍的武士和射技高超的弓箭手，集中了前王国的所有精锐。主儿勤氏就是由这批优秀人物的后裔组成的。现在，成吉思汗斩了主儿勤氏的首领，兼并了主儿勤氏的属民。主儿勤氏这个因祖父居长而最具优越感和不可一世的氏族只好低下头来。从前，各位亲王勉强推举铁木真为汗时，仅仅是要他领导一个相当松散的部落联盟去进行无休止的围猎和抢掠，而现在，这位新汗却以实际行动表明，他是一个顽强不屈、不容别人摆布和要部众绝对服从的真正的主人。

在处决了主儿勤部首领以后，成吉思汗又开始对付另一位蒙古亲王不里孛阔。不里孛阔也是合不勒汗的后裔，却是属于第三支。读者一定还记得，在斡难河畔宴会那天，不里孛阔曾挥刀砍伤了成吉思汗之弟别勒古台的右肩，从而严重冒犯了成吉思汗本人。当时，成吉思汗的人和主儿勤部的人之间因此相斗了一场。后来，成吉思汗表面上似乎忘记了这一侮辱，但实际上他心中怨恨犹存。为雪此恨，成吉思汗恰恰是借别勒古台之手。一日，在进行一种游戏时，成吉思汗命别勒古台与不里孛阔当着他的面相搏。不里孛阔不愧为是“不里大力士”（“孛阔”即大力士之意），他有一身蛮力，可说是力能拔山。以他的勇力，他本来是可以不费吹灰之力胜别勒古台的。但当着成吉思汗的面角力，他有点胆怯，所以在同别勒古台相搏时总是克制自己，让别勒古台几分。他假装力不可支而倒地，似乎是被别勒古台摔倒在地一样。别勒古台趁势抓住他的肩，骑上他的背。这正是成吉思汗求之不得的局势，遂以牙咬下唇示意别勒古台致死不里孛阔，别勒古台会意，立即利用他所处的有利形势，死死压住了不里孛阔，然后以膝顶着不幸的不里孛阔的后腰，以双手交扼其喉，猛一用力，不里孛阔当即腰折而死。别勒古台起身，将尸体拖到一边扔下，扬长而去[1]。

此时，成吉思汗自称汗以来的所作所为激起了人们的衷心拥戴，这种衷心拥戴可说是到了发狂的程度。在过去追随主儿勤部的人们中，有一位札剌亦儿部勇士名叫古温兀阿。现在，他带着他的两个儿子木合黎和不合来投奔成吉思汗。他对成吉思汗说：

“可令此二子为汝守国之奴。若其逃离汝门，则可割其踵，刃其肝而弃之！”

同时，古温兀阿的两个弟弟赤剌温孩亦赤和者卜客也来投于成吉思汗麾下。古温兀阿这一家可说是英雄之家，现在这一家都心甘情愿前来为成吉思汗效劳。特别是木合黎，他后来为成吉思汗征服了中原北部。者卜客从主儿勤营中带来了一个被抛弃的小男孩，名叫孛罗忽勒。他把这个小男孩作为礼物献给诃额仑母，诃额仑母收养了孛罗忽勒。这样，高尚的诃额仑母就在战争期间由于偶然的机会共得到了四个养子，他们是：曲出（得自篾儿乞惕部），阔阔出（得自泰

[1] 成吉思汗处决了薛扯别乞等人，果断地消灭了亲族中最有势力和最傲慢的贵族，使他的权力大大加强了，从而开始从贵族联盟的首领向真正的君主地位转化。这是他在走向成功的道路上跨出的重要一步。从此，他不断削弱旧贵族的权力和地位，迫使他们降为从属于他的一般的臣民。——译注

亦赤兀惕属下之别速惕部），失乞忽秃忽（得自塔塔儿部），孛罗忽勒（得自主儿勤部）。仁慈的诃额仑母辛勤地抚育他们长大成人，“白日以目视之，昏夜以耳听之”，无微不至地关怀和疼爱着他们。读者从本书后文就可以看到，诃额仑母的这四个养子后来都成了世界征服者成吉思汗的最忠诚的伙伴。

深山突袭

由于诛灭了几位桀骜不驯的堂兄弟，成吉思汗的汗位得到了巩固，此后便一天比一天更加巩固起来。在处理与克列亦惕部王汗的关系问题上，成吉思汗表现得比较谨慎。他仍礼貌地称王汗为“父”。因此，这位成吉思汗过去的保护人到目前为止仍然是成吉思汗的忠实盟友，至少表面上仍是如此。大约在公元1199年，成吉思汗又同王汗一起共同远征蒙古地面上的另一个大部落联盟——乃蛮。

笔者已在前文叙述过，乃蛮人很可能就是突厥种人。乃蛮部驻扎在蒙古西部阿尔泰山一带，东起哈剌和林，西至额尔齐斯河上游地区。它的疆域非常广大，西与吉尔吉斯人的地盘交界，东与克列亦惕部辖地毗邻，南与畏兀儿领土接壤。看一看地图就会发现，这是囊括科布多地区、塔尔巴哈台地区和准噶尔地区的一大片地方。自从乃蛮国王亦难赤必勒格去世以后，他的两个儿子塔阳太·不花和古出古惕·不亦鲁黑发生分裂，因之乃蛮人也分成了两派，一派以塔阳太·不花为首，另一派以古出古惕·不亦鲁黑为首。两兄弟不和是由争夺先父的一个妃子而引起。据说塔阳率领所属各部占领了平原地区，不亦鲁黑则率部占领了山区。成吉思汗和王汗远征乃蛮时采取的战略是，先暂时放弃塔阳汗不攻，集中力量攻击不亦鲁黑汗。

不亦鲁黑汗扎营于溵豁里河河畔。溵豁里河就是科布多河的上游河段之名，位于兀鲁黑塔黑山（即“大山”）[1]，即阿尔泰山东北坡。成吉思汗和王汗率领军队翻越杭爱山脉，进入科布多湖泊地区。他们进军的路线可能同布雅内·德拉科斯特使团所走过的路线相近。科布多地区湖泊星罗棋布，一片片绿草茵茵的牧场和荒凉单调的碎石滩彼此相接。这个地区树木稀少，只有在山谷和科布多河两岸有一些高大的桦树和杨树。不亦鲁黑意识到自己无力抵抗成吉思汗和王汗两支大军的进攻，遂放弃这一片地区，逃入阿尔泰山山区，担任断后任务的是他手下的一名将领也迪土卜鲁黑。成吉思汗和王汗的部队长驱直入，紧紧追去，先锋部队在阿尔泰山山麓追上了也迪土卜鲁黑。偏偏在这时，也迪土卜鲁黑所乘战马的马肚带断了，所以他还没来得及上山就被俘获。此处附近有一宽3000米的山口，只有7月到10月这段时间内人马方可通行。成吉思汗和王汗的联军从这山口开始翻越阿尔泰山。该山由玄武岩和斑岩构成，像一堵巍峨的墙耸立着，山峰险如斧剁刀砍，参差不齐，直插云天，使人望而生悸。山的北坡上端有45座冰川。他们翻越阿尔泰山，顺兀泷古河而下。兀泷古河（即今乌伦古河）在忽木升吉儿地区，两岸皆多柳丛。联军在乞湿泐巴失湖（即今乌伦古湖）附近追上不亦鲁黑。乌伦古湖是一个咸湖，周围是寸草不生的光秃秃的黄土丘陵。成吉思汗在这个荒凉的地区击溃了不亦鲁黑的部队，不亦鲁黑本人则逃往西伯利亚边界叶尼塞河上游谦谦州（今唐努山地区）。

取得远征不亦鲁黑汗的胜利以后，成吉思汗和王汗便率部踏上归程。他们从阿尔泰山北坡和杭爱山南坡之间顺拜达里格河河谷而行。拜达里格河从杭爱山峡谷奔腾而下，向南注入一个咸湖，湖的周围是芦苇和柽柳等植物。联军正行间，碰上一乃蛮战将可克薛兀·撒卜勒黑。这位乃蛮战将在拜达里格河河谷扎下营盘，要与蒙古联军争夺这个交通要道。两军摆开阵势，准备厮杀。但成吉思汗和王汗一看天色曛暮，便决定且先歇息，待明日再战不迟。

但这天夜里发生了一个非同小可的事件。半夜时，王汗竟命人点起了一堆堆篝火，制造假象，然后便率部起营溯合刺泄兀泐河谷，在夜色的掩护下悄然

[1] 兀鲁黑塔黑山是一个突厥语地名，《蒙古秘史》中就是用的这个名称。这个突厥语地名似乎可以证实我们的推测：乃蛮人是突厥族人，不是蒙古族人。——原注

撤走了。他临行时没有通知成吉思汗。这就势必使成吉思汗处于单独作战和遭到乃蛮人四面攻击的严重处境……

这究竟是怎么一回事呢？应当怎样来解释王汗的这种背叛行径呢？看来，教唆犯是成吉思汗之“弟”、札只剌惕部首领扎木合。扎木合现在已经是内心最敌视成吉思汗的人。在这次远征乃蛮的战争中，他随王汗一起出征。在出征的路上，在同王汗并马而行时，扎木合在王汗耳边吹冷风，从而激起了这位心无主见的克列亦惕部王对成吉思汗的不信任情绪。他别有用心地对王汗说成吉思汗的坏话，说成吉思汗早已同乃蛮秘密勾结，他说：

“直至此时，彼尚迟迟不来（班师时成吉思汗的部队同王汗的部队可能是拉开距离而行）。汗呵！不分冬夏常栖于北方者乃吾白翎雀也，冬寒而飞往南方风和日丽处者乃过往雁雀铁木真安答也。彼今所以迟而不来者，盖回马往乃蛮部而投降矣。”

据说，当时一位品格高尚的克列亦惕人听了扎木合这一番谄佞之词以后，很表不满，当场质问扎木合说：

“汝奈何使此谄佞，谗谮汝之安答耶？”

成吉思汗丝毫没有预料到会出现这种情况，他仍被蒙在鼓里，照常扎营过夜，准备翌日展开厮杀。及到翌日天明，他才发现王汗已经抛下他而撤走了。他马上意识到眼前的局势非常严重：“彼等以吾为牺牲也[1]！”他立即下令拔营起行，从杭爱山的另一侧渡额垤儿河，马不停蹄，顺利回到了撒阿里草原（即“驴背草原”）。几个月前，他就是从这里出发远征乃蛮的。

王汗背信弃义，弃盟军而撤走，使他不但没有因此而捞到任何好处，而且自食了恶果。原来，当他悄悄地向其老营所在地土拉河上游撤走时，乃蛮战将可克薛兀·撒卜剌黑即挥师追了上来，在帖列格秃山口（杭爱山山口之一）向

[1] 牺牲：就是“当作牺牲物丢掉”之意。蒙古祭祀仪式是这样的：蒙古人祭祀祖先时，燃起篝火，将烤肉、酒饭、布缕之类的东西丢入火里烧掉。这被烧掉了的东西叫做“土烈食”，这样做叫做“土烈食连”。“土烈食”是燃料，“土烈食连”是“当作燃料来烧掉”之意，即这里所说的“牺牲”之意。——译注

克列亦惕人发起突然攻击，俘获了许多克列亦惕人，缴获了大量牲畜和食物。桑昆（王汗之子）之妻子儿女也被可克薛兀·撒卜剌黑掳去。与此同时，被押于王汗处的两名人质——脱黑脱阿的两个儿子也趁混乱之时逃之夭夭。这两名人质乘乱逃脱后，即顺色楞格河跑回其父住地贝加尔湖畔去了。

成吉思汗胸怀博大

王汗处于危险之中，进退维谷，只好向前几天被他阴险地背信弃义地抛弃了的成吉思汗求援。成吉思汗本可以趁此之机报数日前被抛弃之仇，至少可以使王汗为得到他的援助而付出高昂代价。但是，与此相反，成吉思汗却表现出令人敬佩的宽大容忍的胸怀。接待了王汗派来的求援使者以后，他决定派他的四杰（孛斡儿出、木合黎、孛罗忽勒和赤剌温）火速驰援脱斡邻勒。

其间，乃蛮战将可克薛兀·撒卜剌黑把缴获的战利品收藏好以后，又返身回来在忽剌安忽惕向桑昆发起猛烈攻击。战斗非常激烈，没有多久，克列亦惕部的两名将领帖勤忽里和亦秃儿肯玉答忽就被可克薛兀·撒卜剌黑挥刀砍于马下。桑昆一看大惊，正待撤军，不防坐骑被射伤其腿，将他掀下马来。乃蛮人一拥而上，要活擒桑昆。正在这千钧一发之际，成吉思汗的四杰飞马冲进阵来。当先一骑，急如闪电，还没等乃蛮人明白是怎么一回事，就救走了桑昆。此人就是孛斡儿出。原来，在出发前，成吉思汗命他骑上他的这匹无与伦比的战马。此马名为“灰耳朵”，骠悍灵敏至极，必要时只须用马鞭轻轻触一下马鬃，它就能像一阵风似的飞出去。正当桑昆从马上摔下来，行将就擒之际，孛斡儿出飞马而至，救了桑昆。孛斡儿出叫桑昆骑上“灰耳朵”逃走，但桑昆不会用鞭触其鬃，因而此马原地立而不动。这时孛斡儿出猛然想起主人成吉思汗的嘱咐，遂伸鞭触了一下马鬃，“灰耳朵”便风驰电掣般冲向敌人。乃蛮人见势不好，急忙溃散而去。王汗趁势收回了被可克薛兀·撒卜剌黑俘获的人员和物资。他对成吉思汗感激不尽，说：

“昔日也速该勇士曾救吾已去之百姓矣，今其子亦为吾救出已去之百姓矣。何以报德，其天地知而佑之。”

王汗要犒劳孛斡儿出。这一天，勇敢的孛斡儿出正在给成吉思汗站岗。但成吉思汗让他离开岗位到克列亦惕部王汗处去领赏。王汗送给孛斡儿出一件礼服，外加十只金杯。孛斡儿出带着这些珍贵的奖品回来，径往成吉思汗帐下，扑通一声跪在成吉思汗面前，几乎像是认罪一样说自己不该放弃（即使是片刻地放弃）为本汗效力的岗位前去接受另一个汗的赏赐。未来的世界征服者成吉思汗早期就善于使他的亲信对他如此忠诚。

对立汗与暴风雨中的大战

成吉思汗攻伐屡胜，势力日大，最近又打败了乃蛮部，而且还有盟友克列亦惕部王汗的支持（虽然最近是他救了王汗），如此看来，他的霸权似乎很快就要扩大到今上蒙古各部族了。但是，实际上，他现在离夺取最后的胜利还差得相当远。仅就单纯的蒙古人各部来说，远远还没有形成一致支持他的局面。这些蒙古人部落不但还没有一致支持他，而且其中一些部落还联合起来推举了一位与之对抗的汗。这位被推举出来与成吉思汗分庭抗礼的汗就是敌视成吉思汗的札只剌惕部首领扎木合。

昔日是成吉思汗的安答，今日是最敌视成吉思汗的人物，这就是扎木合的奇怪形象。有关的资料和文章都指出，扎木合为人变化无常，诡计多端，背信弃义，野心勃勃而又缺乏坚持到底的恒心。如前文所述，正是他差一点使成吉思汗和克列亦惕部王汗彻底决裂。现在，同他的愿望相反，王汗和成吉思汗又言归于好了，两支力量又拧成了一股绳，大有联合统治北亚之势。面对这种形势，扎木合组织了一个真正的部落联盟，想凭此同成吉思汗—王汗联盟一争高低。扎木合组织的这个部落联盟包括了除投奔成吉思汗的部落以外的大多数蒙古部落。此外，参加这个联盟的还有：下克鲁伦河流域的塔塔儿人；下色楞格河流域的篾儿乞惕人；下斡难河流域的泰亦赤兀惕人；贝加尔湖西岸的斡亦剌惕森林狩猎人；与这些部落亲善的许多小部落，例如合答斤部，撒勒只兀惕部，朵儿边部，亦乞列思部，豁罗剌思部，甚至还有住在捕鱼儿湖附近的翁吉剌惕部。翁吉剌惕部是成吉思汗的岳父母所属的部落，竟然也参加了扎木合的联盟。另外，蒙古西部的乃蛮人（至少是部分乃蛮人）也参加了这一联盟。协助扎木合领导这个联盟的都是成吉思汗的宿敌，他们是：篾儿乞惕部首领脱黑脱阿别乞，泰亦赤兀惕部首领塔儿忽台乞邻秃黑，斡亦剌惕部首领忽都合别乞，前不久曾同成吉思汗较量过的两乃蛮首领之一不亦鲁黑。

从这个联盟的上述组成情况可以看出，这个联盟是一个其成员遍及蒙古四面八方的庞大的联盟：其东部有营于兴安岭山坡的塔塔儿人，北部有泰加森林地区的斡亦剌惕人，西部有营于阿尔泰山地区的乃蛮人。这一年是公元1201年。该联盟各部在阿勒灰河之源集合，然后从那里出发前往额尔古纳河。他们在刊河和额尔古纳河汇合处公推扎木合为汗，名为古儿汗。紧接着，他们按萨满教礼仪书举行宗教仪式。联盟的各位头领共腰斩一匹种马和一匹儿马，相誓为盟说：

"吾等之中，若有私泄机谋，阴怀异志者，将如此颓土断木般下场！"

誓毕，共举足踏岸，使土崩于河水之中；挥刀斫木，使木断叶落于地。然后即分头行动，准备合力偷袭成吉思汗。

但他们并未能保守住秘密。他们分头准备时，豁罗剌思部的一个名叫豁里歹的人立即去向成吉思汗告密。当时成吉思汗驻扎在克鲁伦河上游不儿罕合勒敦山山麓之古连勒古。豁里歹一路飞马驰来，途中路过泰亦赤兀惕部的一个营地，在那里换了一匹马，继续赶路。后来他又碰到一支前来给新立古儿汗送白帐篷的军队。值得庆幸的是，他巧妙地避开了这支军队，没有被他们抓住。他就这样安全地来到了成吉思汗的营地。

成吉思汗立即向克列亦惕部王汗求救。王汗一听有变，即起兵前来同成吉思汗会合，然后两军顺克鲁伦河而下。成吉思汗派阿勒坛、忽察儿以及叔叔答里台三人先导，在前面侦察开路。王汗也派其子桑昆、其弟札合敢不以及将领必勒格别乞三人为前导。成吉思汗和王汗的军马顺利来到赤忽儿忽山、扯克彻儿山和阔亦田之地。这一片地区位于阔连湖与捕鱼儿湖之间，克鲁伦河注入阔连湖之河口处以南。阔连湖周围多沼泽，该湖与额尔古纳河由一渠道相连，这条渠道通常是干涸的，只有在涨水季节渠内才有水。

这时，扎木合的军队溯额尔古纳河而上，也抵达了这个地区，走在前面的是该联盟的主要成员：泰亦赤兀惕部头目阿儿出把阿秃儿；乃蛮部首领不亦鲁黑；篾儿乞惕部首领脱黑脱阿之子忽秃；斡亦剌惕部首领忽都合别乞。他们簇拥着与成吉思汗对立之汗扎木合，气势汹汹而来。他们来到阔连湖平原地区与成吉思汗和王汗的军队相对时，已是日落西山，天色曛暮之时。尽管双方前锋部队都叫嚷着要立即厮杀，但最后还是约定各自退下，待明日开战。

第二天黎明，两军对阵。不亦鲁黑和忽都合别乞原是萨满，能施魔法呼风唤雨。他俩端来一盆净水，从怀中取出石子数枚，投入水中，望空祷诵，念动咒语。霎时间狂飙大作，天昏地暗，雨雪从天而降。他们本想以此迷住成吉思汗和王汗的人马，然后乘势掩杀过去，不期老天有眼，蓦然间风势一转，雨雪随飞，反向扎木合的军马袭来。成吉思汗和王汗一看，便趁此天昏地暗、日月无光之机挥军冲杀过来。在对方军队的攻击下，在老天的愤怒惩罚下，扎木合的军队顿时乱了阵脚，慌忙奔逃，自相践踏，黑暗中不识路径，跌入深涧者无数。暴风雪越来越猛，那些没有死于乱军中的扎木合的部队，许多人的手足都冻得僵硬，躺在地上动弹不得。

兵败如山倒，扎木合的联军就这样分崩离析了。活下来的人，四散逃命。乃蛮人向阿尔泰山逃去，斡亦剌惕人向贝加尔湖附近森林地区逃去，篾儿乞惕人逃往下色楞河流域，泰亦赤兀惕人逃往下斡难河流域，扎木合返回其额尔古纳河流域营地。作为草原上地地道道的蒙古人，扎木合在撤退时毫不犹豫地趁盟军遭难之机，大肆抢掠这些曾公推他为古儿汗的盟军。这种失去理智的疯狂行径使他失去了最后的支持者，他刚登上不久的汗位也因此而崩溃了。

成吉思汗之受伤与者勒篾之忠诚

成吉思汗和王汗联合行动打败了扎木合联军以后，便分头行动，追击敌人。王汗继续顺着额尔古纳河追击扎木合，成吉思汗则顺斡难河前去追击泰亦赤兀惕人。泰亦赤兀惕军队的两个头目阿儿出把阿秃儿和豁敦斡儿长率部渡过斡难河，在彼岸整军以待，欲决一战。成吉思汗挥军渡河，与泰亦赤兀惕人展开大战，翻覆鏖战，一直杀到黄昏，未分胜负。天已漆黑，两军遂停止厮杀，各自于战地相抵扎营而宿。

在这场鏖战中，成吉思汗颈部中箭，血流不止。他忍着剧痛，坚持与泰亦赤乞惕人战斗，直至天黑下寨。回到营中，他已精疲力竭，昏倒在床。他的亲信，泰加森林狩猎部落兀良哈惕部[1]之者勒篾守候在他身边照料他。者勒篾按照蒙古“医生”的办法，亲口为成吉思汗吸出伤口上的壅血，血污其口，独自守坐于深夜。在这个可怕的夜里，只有他是成吉思汗信赖的人。他之所以要以口吸出成吉思汗伤口上的壅血，是怕伤口恶化感染。午夜后，成吉思汗才慢慢苏醒过来，含糊说道：

“血已干矣，吾渴甚。”

者勒篾一听成吉思汗口渴，急忙脱下帽、靴和衣服，只穿一条短裤，若无其事地赤身趋入相持之敌营中。他在泰亦赤兀惕人的车辆中摸索着寻找牧民最喜欢喝的马乳。找了一阵，毫无所获。因为，泰亦赤兀惕人当时落荒而逃时，不及带走母马，把母马都放跑了，没有挤下马乳。但他在一辆车上找到了一桶凝乳，便负之而回。幸运得很，无论是趋入敌营还是从敌营返回，他都没有被敌人发现：盖天之佑乎！返回营后，他又寻来一些水，将凝乳稀释调匀，亲手一口一口地喂成吉思汗。

[1] 据剌失德哀丁记载，兀良哈惕部居住在深山密林中。兀良哈惕人没有帐篷，也没有牲畜，只靠打猎为生。他们向来十分鄙视游牧部落人。他们住在用树枝和桦树皮搭成的棚子里。冬天，在雪地打猎时，他们在脚上系以木板，用以滑雪，手中持木棍插入雪中，以为手杖支撑，就像船夫持撑竿在水上行船一样。——原注

成吉思汗喝了几口乳后，含糊说道：

“吾心目渐明矣。”

说毕，慢慢坐起来。这时天色已微明，成吉思汗睁眼一看，见他周围地上有许多血块，便问者勒篾这是怎么一回事。者勒篾便将他如何亲口吸吮成吉思汗伤口的壅血，吸而吐之，后来又如何赤身趋入敌营寻来凝乳等事如实以告。成吉思汗听毕问道：

“倘为彼所擒，汝将何以对焉？”

“吾窃思，”者勒篾镇定地答道，“吾赤身而去，以扮叛逃而投彼者。如若被擒，吾即对彼言吾欲投彼，事发被汝执，汝欲杀吾，悉剥吾衣，仅留短袴，吾倏然脱逃，即如此赶来相投矣。敌闻此言，必信以为真，将衣而善遇吾。而后，吾可乘间骑马归来。吾作此想，乃为解吾汗枯渴也。吾汗即吾之眼珠也。”

耳闻目睹者勒篾如此耿耿忠心，成吉思汗心中非常感动。他对者勒篾说：

“昔日篾儿乞惕人偷袭，围吾于不儿罕合勒敦之山上时，汝曾救吾一命焉。汝今又口吮壅血而开豁吾心目、救吾性命矣！今又舍命犯敌睽睽之目，于彼寻乳来救吾于枯渴中。盖此三功，其永存吾心中乎！”

待天色大亮时，成吉思汗才发现夜里相抵而寨之敌军已经逃走，只留下了一些普通的老百姓。他忍着伤口疼痛，上马亲自去招纳这些欲将逃走的百姓。忽然，他发现一妇人在一山丘上边哭边大声叫铁木真的名字。这个妇人就是锁儿罕失剌之女合答安。成吉思汗年幼被泰亦赤兀惕人囚禁时，合答安之父曾救过他的性命。这时成吉思汗的将士抓住并要杀死她的丈夫（泰亦赤兀惕部的一名武士），所以她大声呼叫铁木真救命。成吉思汗闻声，急驰马至前，下马将合答安搂入怀中[1]。但他来得太晚了，合答安的丈夫已被处死了，他成吉思汗已无法挽救。成吉思汗把上述百姓招纳后，当天仍就地扎营休息。他对合答安甚表同情，命她坐在自己身边。第二天早上，合答安之父锁儿罕失剌也来见成吉思汗，成吉思汗对锁儿罕失剌说：

---

[1] 据有关史书记载，成吉思汗在锁儿罕失剌家避难时，曾钟情于合答安，只是没有明言。今日相逢，故有此举。据载，此次相逢以后，合答安即成了成吉思汗的众妃之一。——译注

“昔日，汝父子曾去吾颈上木枷，救吾性命。汝等何来迟耶？”

“吾心中有所虑焉。”老人回答说，“吾早已为汝之心腹人矣。然吾若早来，泰亦赤兀惕官长们必戮吾妻孥，夺吾马群与财物也……故吾等只可于今日来投汝也。”

成吉思汗听罢老人所言，连声称善，说老人这样做是明智之举。

“伤汝战马之箭，乃吾自岭上所射也！”

与锁儿罕失剌同时来投成吉思汗的还有一个名叫只儿豁阿歹的年轻人。这个年轻人是属于泰亦赤兀惕部的别速惕氏族的人，在阔亦田战斗中，他发一箭射中了成吉思汗的战马（一匹非常雄骏的白口栗黄战马）的锁骨。更准确地说，他是在阔亦田战斗结束时射伤成吉思汗的战马的。当时，扎木合的军队溃退，成吉思汗挥师掩杀追击。只儿豁阿歹和其他一些泰亦赤兀惕将士藏在一僻静处，想躲避成吉思汗军队的攻击。但是，只儿豁阿歹偏偏不巧被逐了出来。成吉思汗看见了他，便下令部下攻上去，像围猎野兽一样将他逮住。部将孛斡儿出要求单独与这位著名的年轻武士较量射箭。成吉思汗同意了他的要求，并把自己的白口栗色战马借给他。孛斡儿出上马，冲上去，在马上张弓搭箭，向只儿豁阿歹射去，但没有射中。箭术更娴熟的只儿豁阿歹也向对方回射一箭，射中了孛斡儿出所乘马的颈项，接着一扬鞭，飞马逃走了。

现在，只儿豁阿歹已箭尽粮绝，只好来投成吉思汗……成吉思汗打量着只儿豁阿歹，犀利的目光好像一下就看透了他的五脏六腑，接着便问道：

“阔亦田之战结束时，飞来一箭，射伤我之战马者，是何人也？”

“伤汝战马之箭，”只儿豁阿歹回答说，“乃吾自岭上所射也。若汗欲惩罚吾而赐吾死，敢请遗污一掌之地。若汗恩赦吾，则愿效命汗前，为汗冲锋陷阵，横断彼深水，粉碎彼黑石而冲之！”

成吉思汗闻言大喜，说：

“凡战败而降者，莫不隐其行而讳其言，莫不隐其所敌而讳其所杀。今此子也，竟直告其所为，不隐其所敌，不讳其所杀，有大丈夫之气概焉。此可与为友之人也！汝原名只儿豁阿歹，为纪念汝伤吾战马之箭，可改名者别（即‘箭’之意）。汝即为吾战马焉！者别，汝可近随吾而行之！”

从此，泰亦赤兀惕人“者别”就成了成吉思汗的一名战将。这位年轻的将领以其赫赫战功使成吉思汗给他取的者别这个名字永垂史册。他后来为成吉思汗征服了谢米列奇耶和喀什噶尔，击败了波斯人、格鲁吉亚人和俄罗斯人。像他这样战功卓著，威名远扬的战将在蒙古史上是为数不多的。

“若汝等手执乃汗来降，我必族斩汝等！”

泰亦赤兀惕部被成吉思汗征服了。这个蒙古部落同成吉思汗的部落是近亲关系，曾一度归属成吉思汗之父也速该把阿秃儿统辖。也速该把阿秃儿去世以后，泰亦赤兀惕人闹分裂，从而使年幼的铁木真失去了继承父亲职位的可能。现在，在同泰亦赤兀惕人的交战中，成吉思汗诛灭了其头目阿兀出把阿秃儿，豁敦斡儿长和忽都兀答儿。这几个头目连同其“儿女以及其儿女的儿女”都已“化为飞灰”。他用武力征服了泰亦赤兀惕整个部落，尽掳其属民百姓，带着他们迁到克鲁伦河上游附近忽巴合牙处过冬。

然而，泰亦赤兀惕部的主要头目（可能是其主要头目）塔儿忽台乞邻秃黑却得以逃脱，钻入深山密林中去了。塔儿忽台乞邻秃黑是成吉思汗的宿敌。迫害年幼的铁木真，以木枷囚禁铁木真的正是他。逃入密林后，他的三个仆人，即巴阿邻部之失儿古额秃老人及其两个儿子阿剌黑和纳牙阿，辜负了他对他们的信任。他们趁他处于势单力薄之际，把他抓了起来，将他押上车，驱车向成吉思汗营地而来，打算把他作为见面礼献给成吉思汗。他们刚走不远，塔儿忽台乞邻秃黑的几个儿子和兄弟便追了上来，意欲救回他。在追来的人靠近以前，失儿古额秃老人跳上车，抽刀俯身对俘虏说：

“汝之子弟们来救汝矣。或杀汝，或放汝，吾等均将因手执本汗、背汝信用而被杀焉。均之一死，莫如断汝喉以作垫背而死乎！”

失儿古额秃说完，即举起刀准备杀死这个俘虏。塔儿忽台乞邻秃黑一看，便大声喊叫，叫他的子弟们原地止步。他说：

“若汝等靠近，彼必杀我也。汝等若欲救我性命，且先退回！”

他宁愿被押往成吉思汗营地。他吹嘘说，只要他在成吉思汗面前提起某些往事，就能得到成吉思汗的宽恕和怜悯。他说，以前（可能是也速该把阿秃儿在世时），他塔儿忽台乞邻秃黑曾“教过幼小的铁木真，如教驯三二岁之驹”，“铁木真必未忘此教育之恩，必不杀我！”

追来的人一听塔儿忽台乞邻秃黑如此说，只好退了回去。失儿古额秃老人于是押着俘虏继续赶路，向成吉思汗营地奔来。他的二子之一纳牙阿却比较谨慎而有见识。途中，纳牙阿对其父说，这样押塔儿忽台乞邻秃黑去见成吉思汗是不了解成吉思汗的性格的盲目行动。他说：

“人皆知成吉思汗生平最恨背信弃义之人。彼见我等押解己汗而来，必曰：‘手执其本汗而来之人，岂是可信之人耶？此辈断不可为我友。推出斩之可也！’”

纳牙阿设想的成吉思汗可能对他们说的话，是很符合人所共知的成吉思汗的性格的。失儿古额秃听儿子如此说，觉得有理，便立即放了塔儿忽台乞邻秃黑，只带着两个儿子来投成吉思汗说：

“原执塔儿忽台乞邻秃黑而来，然我等不忍背弃本汗，故释之。今我等单为汝效力而来也。”

“汝等所为甚是。”成吉思汗称赞他们说，“若汝等手执乃汗来降，我必族斩汝等！”

成吉思汗听说释放塔儿忽台乞邻秃黑的主意出自年轻的纳牙阿，遂对纳牙阿的行动倍加赞扬。读者从本书后文就会看到，纳牙阿后来成了成吉思汗的心腹人物之一，常被委以最微妙的秘密使命。

在成吉思汗的一生中，这种高尚性格的表现是屡见不鲜的。

消灭塔塔儿部落联盟

征服了泰亦赤兀惕诸部以后，成吉思汗可说是完成了为自己报仇雪耻的计划。但他的总的复仇计划尚未完成，因为他还有家仇未报。只有消灭了塔塔儿部落联盟，他才算是报了家仇，因为塔塔儿人是杀害他的祖宗的凶手，是杀害他的父亲也速该的刽子手。

前面说过，像成吉思汗家族一样，塔塔儿人也属于蒙古种族，因而他们同成吉思汗家族是敌对的兄弟。塔塔儿部落联盟下属许多部落，游牧于下克鲁伦河流域一侧，其活动区域西起阔连湖和捕鱼儿湖，东至蒙古与东北的界山大兴安岭。前些时，成吉思汗曾在克列亦惕部王汗甚至北京金王的帮助下打败过塔塔儿人。后来，在同反对他的各种联盟的作战中，成吉思汗又数次同塔塔儿人交锋，在击溃这些联盟的同时也使塔塔儿人遭到了惨重的失败。现在（即公元1202年），成吉思汗打算最后解决这批宿敌。完成这一任务，他现在已经不需要盟友帮助了，因为此时他自己已兵多将广，人强马壮，仅凭自己的力量已足以对付塔塔儿人了。这将是他与塔塔儿人进行的一场毫不留情的生死决斗。

决定性的战役是在公元1202年春进行的，战场在答阑捏木儿格思。据考证，此地在哈拉哈河注入捕鱼儿湖河口附近。决战前，成吉思汗给部队约法三章，禁止将士在夺取全胜以前缴获战利品。他认为，只要夺取了全胜，就会有充足的时间来共分战利品。此外，他规定，如果第一次进攻被对方击退，必须不惜一切代价再次发起冲锋，“退而不翻身力战者斩！”[1]

---

[1] 此次战前，成吉思汗颁布了两条命令。命令之一是战胜时不许贪财，战斗结束之后再分配战利品。在这以前，蒙古各部的习惯是参战者除了献给领袖人物的东西以外，可以自由取得所获财物。成吉思汗在这次战争前作出了共分财物的决定，改变了原先沿用的惯例，并且从此以后一直实行着共分财物的规定。据《蒙鞑备录》记载：“凡破城守，有所得，则以分数均之，自上及下，虽多寡，每留一分为成吉思皇帝献，余物则敷表有差，宰相等在于朔漠，不临战者，亦有其数焉。”命令之二是军马退至原排阵处，应翻身力战，不翻回力战者，斩！颁发这两条命令，是铁木真自被推举为汗以后的第一次立法，是针对旧的贵族联盟时代在掠夺战争中那种各自抢掠财物、各自指挥本支人马随意进退的弊病而立的。这实际上规定了战利品应当由汗统一分配，论功行赏，战斗应服从统一的指挥。这次立法的意义在于，进一步提高了汗权，限制

塔塔儿人在成吉思汗大军的猛攻下崩溃了。成吉思汗立即指挥全军围歼（从此，这种包围战术成了蒙古军队的著名战术），把败退之敌包围在阿勒灰河和失鲁格勒只惕河（此二河流均发源于大兴安岭之嗖由勒吉山，向南流入戈壁滩）流域。四个塔塔儿部落（察罕塔塔儿部，阿勒赤塔塔儿部，都塔兀惕塔塔儿部，阿鲁孩塔塔儿部）全部被消灭，官兵几乎无一漏网。

但是，成吉思汗军中有人严重违犯了他的军令。他在战前已经规定，战斗结束以后再共分财物。可是，他的叔叔、好惹事生非的答里台，他的堂兄弟忽察儿，此外还有阿勒坛亲王，不听号令，不等战事结束，也不等到共分财物之时，就在战场上私掠财物。显然，他们是自持其出身高贵[1]，自以为可以不受成吉思汗的命令的约束。但是，正因为他们是近亲，犯了军令就越应该受到处分。否则，如果他们这样的人违令而得不到惩处，其他的人就会效尤。至少阿勒坛的违令是会起到很危险的影响的。他不是前蒙古王国最后一位汗忽图刺之子吗？他之有意违令岂不预示着他不久将反叛？成吉思汗想到此，便坚决地派者别和忽必来二人去没收了三位亲王私掠的马匹财物。这样，成吉思汗就恢复了军令的尊严。但是，无论是阿勒坛，忽察儿，还是答里台，都不能咽下这口气，他们觉得自己的自尊心受到了伤害。于是，这三个人暗中组成了反成吉思汗派，后来不久即反叛而去，投靠了克列亦惕部，加入了同成吉思汗作对的行列……

此时，成吉思汗面临的问题是如何处理如此众多的塔塔儿俘虏。在这个问题上，成吉思汗的态度也是很坚决的。为了作出决议，他把族人召集到他的营帐内，开了一个秘密会议。大家的看法和会议的结论很明确。“塔塔儿人乃毁我父祖之人也，今当为父祖报仇雪恨，杀之以祭我等之父祖。可杀其身有车高之男子，奴其所余者！”

但是，散会以后，成吉思汗的同父异母弟别勒古台不慎把这决定告诉给了

了旧贵族，从而加强了成吉思汗统领的军队的战斗力。——译注

[1] 忽察儿是捏坤太石（也速该和答里台之兄）之子。阿勒坛是忽图剌汗（把儿坛把阿秃儿之弟，把儿坛把阿秃儿是成吉思汗的祖父）之子。——原注

一个塔塔儿俘虏也客扯连[1]。得到这个消息后，塔塔儿人便立寨自卫。当时他们都在兴安岭山沟里，这些山沟里长满了齐胸深的野草，他们钻入草中隐蔽起来。在这些荒草中，还生长着一些小榆树和柳树，半山坡上还生长着杨树和桦树。只要砍倒一些树，加上车辆等，就可以很容易地组成一些防御工事。成吉思汗的军队费了很大的气力才攻下这些工事，而且在进攻时损失了不少兵力。破寨以后，成吉思汗即命令部队将男塔塔儿人杀戮。但是，这种杀戮也不是单方面的。因为，塔塔儿人已事先得知必死的消息，遂备袖以刀，临死前，他们中许多人突然抽出刀杀死了对方，为的是把对方作为自己入坟墓的"垫背"。

成吉思汗对别勒古台的泄密行为甚为愤怒。由于别勒古台的泄密，成吉思汗的军队遭到了很大损失。从此，成吉思汗禁止别勒古台参与"大议"。意味深长的是，他同时也禁止他的叔叔答里台参与大议，因为，答里台的态度越来越引起了他的怀疑。

塔塔儿姊妹的心

在共分战利品的过程中，成吉思汗将也客扯连之女也速干判为己有。据说，成吉思汗十分爱她。但这位年轻美妇并无专宠之心，或者说，至少她还十分顾及家中姊妹。在她与成吉思汗同居的那天晚上，当她确信成吉思汗很爱她时，便告诉成吉思汗说她有一姊名也遂，其花容月貌堪称女中佼佼者，足以配汗。她说：

"彼方许人矣。但今造次乱离，未知其何往矣！"

"若汝姊果有汝所言之美色，"成吉思汗说，"我即遣人寻之。然若寻得彼来，汝愿与彼共侍我否？"

也速干点头应允。成吉思汗遂遣人四处寻找，最后终于在密林中找到了也

---

[1] 也客扯连，此人与蒙古部合不勒汗之孙、忽阑之于同名。——译注

遂。当时也遂正同其未婚夫在林中避难，她的未婚夫一看有人来，便慌忙只身逃走了。人们把也遂带回，成吉思汗便像娶她的妹妹一样娶了她。也速干一看姐姐来到，即自动让出自己在内宫中的位次（西方旅行者曾根据资料排列过蒙古诸汗之后妃的地位次序），自居其下座。这种谦让精神使成吉思汗感到非常高兴，并毫不掩饰地表示他对此颇感满意。

塔塔儿人有的被消灭了，有的已沦为奴隶。为庆祝胜利，成吉思汗大开露天盛宴。席间，他命也速干和也遂这两个他新纳的妃子陪坐在他的左右，饮酒作乐。成吉思汗正饮得高兴，忽然发现也遂神色慌张，坐立不安，不禁心生怀疑，遂命孛斡儿出和木合黎前去安排所有男人按部落站队，以便辨认。这么一分开，就发现有一个陌生人立在那里，各部都不认识这个人。这是一个面容俊俏，身材匀称的美少年。一经盘问，他便承认是也遂的未婚夫。他偷偷地来到此地，混入人群，是为了再看一眼他的心上人。他自认为混在这乱哄哄的人群中安全可靠，无人认识他。可惜，在这种问题上，成吉思汗是不容人开玩笑的，特别是因为他本人也很爱也遂。他说：

“此子为何游离至此耶？彼来窃我军机乎！如彼辈者，已尽屠矣。宜照例处置之：立斩勿赦！”

这个青年当场被斩首了。

但这场消灭塔塔儿部的战争差点使成吉思汗付出了极高昂的代价。事情是这样的：在塔塔儿部落联盟崩溃以后，有一个名叫哈儿吉勒失剌的塔塔儿将领逃脱了大屠杀。他只身流浪于野，饥肠辘辘，难以忍受，便又折回来，踯躅于蒙古营地周围。最后，他干脆来到成吉思汗的母亲诃额仑夫人的蒙古包前，求诃额仑夫人施舍一点食物充饥。诃额仑夫人是一个心地慈善的人，立即应允说：

“汝既来求布施，请坐此，稍候。”

诃额仑母让哈儿吉勒失剌坐在门后。过了一会儿，成吉思汗的年方 5 岁的幼子拖雷从门外走进来[1]。小拖雷进门走了几步，突然又转身向门口跑去。他刚

---

[1] 拖雷后来去世于公元 1232 年，终年仅 39 岁。因此我们可以根据《蒙古秘史》的记载推论，塔塔儿部被消灭大约是公元 1198 年的事。但据其他的资料记载。塔塔儿部被灭于公元 1202 年。——原注

跑到门口，哈儿吉勒失剌突然站起身，一把抓住了他。哈儿吉勒失剌将小拖雷夹在腋下，出门而去，一边走一边抽刀要杀死孩子……这时诃额仑母从屋内出来，一见此情，大叫一声，便同孛罗忽勒的妻子阿勒塔尼一起冲上去追哈儿吉勒失剌。阿勒塔尼腿快，先追上了哈儿吉勒失剌，叫喊着扑上去，一手抓住他的辫子，一手抓住他握刀的手腕。阿勒塔尼用力一拧那只握刀的手腕，刀就掉下来了。这时，附近有两名成吉思汗部下的将领者勒篾和哲台正在杀一头小牛。他俩听见阿勒塔尼叫喊，即放下活计，来不及擦干满手的血污，便手持斧头急奔过来，手起斧落，哈儿吉勒失剌便直挺挺地倒在地上了。

塔塔儿部落联盟的被摧毁确立了成吉思汗在蒙古东部的霸权。现在，在整个蒙古地面，能与他匹敌的只有称雄蒙古中部的克列亦惕人和独霸蒙古西部的乃蛮人了。塔塔儿部落联盟的被消灭使成吉思汗拥有了充分的回旋余地，关于这一点，只要看一看此后第二年的形势发展情况就清楚了。消灭塔塔儿部后第二年，成吉思汗与克列亦惕部关系破裂，克列亦惕部向他发动进攻，他只好放弃克鲁伦河上游地区，躲进原塔塔儿部的营地。设若塔塔儿部在 1203 年还雄立在东部，成吉思汗就会遭到王汗和宿敌塔塔儿部的夹攻，就会在这种夹攻下垮台。

因此，塔塔儿部落联盟的被消灭改变了蒙古地面原有的力量对比关系，使形势变得有利于成吉思汗，不利于克列亦惕部王汗了。消灭了塔塔儿部以后，成吉思汗很快就想到了王汗，想打王汗的主意了。与此同时，王汗也越来越怀疑和不信任成吉思汗。于是，盟友关系破裂了。

桑昆拒绝与成吉思汗家结亲

蒙古征服者成吉思汗和“父汗”（成吉思汗称克列亦惕部王汗为“父汗”）之间关系的破裂过程就像是一出古典悲剧。这出悲剧人物形象鲜明，情节曲折起伏，如江河之波，一浪高过一浪，扣人心弦。

成吉思汗在同王汗决裂前一直对王汗忠诚不渝，至少是一直在对其“父汗”玩弄着最严格的忠君游戏，与此同时又对王汗抛弃他、背叛他的行径保持着清醒的头脑。他数次为王汗效力，但王汗却屡次以最阴险的忘恩负义之举回报他。当王汗被其弟推翻，被迫流浪于荒凉的戈壁滩，处于十分悲惨的地步时，成吉思汗不但不计前嫌，前去接他回营，帮助他恢复汗位，而且还把在讨伐下色楞格河篾儿乞惕部的战斗中缴获的全部战利品都送给了王汗。与成吉思汗的态度相反，王汗后来在讨伐篾儿乞惕部得胜以后[1]，却独自占有了所缴获的战利品，没有给成吉思汗以分毫。更有甚者，在他与成吉思汗共同远征乃蛮部得胜班师途中，在即将同一支乃蛮军队展开大战的前夕，他竟深夜率部不告而撤，抛下成吉思汗而去。诚然，后来在成吉思汗宽大为怀，把他从乃蛮人手中救出来后，这位克列亦惕部君主似乎又重新燃起了对成吉思汗的友爱之情。但从根本上来说，软弱的王汗仍动摇不定，仍听从扎木合的摆布。后来，他的儿子，十分仇恨成吉思汗的桑昆和给桑昆出谋划策的危险人物扎木合怂恿他对成吉思汗采取了最阴险的背叛行动。

此时此刻，这个被成吉思汗第二次救了性命的王汗，被成吉思汗的宽宏大量胸怀感动得不知如何是好，几乎走到了另一个相反的极端：他要剥夺亲生儿子的继承权而让成吉思汗当他的继承人。他说：

“我今已老矣。我一旦归天，其谁治我之百姓欤？我之幼弟札合敢不乃无能之人也。我仅有独子桑昆，然亦是平庸之辈，虽有如无。但愿收铁木真为我之长子，则我老而心安也！”

接着，王汗就开始实施他这一计划。他与成吉思汗在土拉河畔黑林聚会，郑重地认成吉思汗为他的养子。以前，根据也速该把阿秃儿曾和王汗结为义兄弟（安答）这一历史，成吉思汗已经称王汗为“父”了，但这个“父”字的实际含义是“君”。但这一次，他们之间的关系除了君臣关系以外，又增加了一层

[1] 在成吉思汗灭塔塔儿部时，王汗兴兵讨伐篾儿乞惕部，迫使篾儿乞惕部首领脱黑脱阿别乞逃向巴儿忽真（贝加尔湖东岸），杀脱黑脱阿之长子脱古思别乞，掳脱黑脱阿之二女（忽秃黑台和察阿仑）二子（忽图和赤剌温）及众多百姓。——原注

新的关系，成吉思汗对王汗的“父”称具有了新的含义。这一天，两人共同盟誓说：

“其征众敌也，则同往征之。其猎狡兽也，则共往猎之。若他人于我二人之间拨弄是非，制造隔阂和分裂；若为有齿之蛇从中唆之，则我二人勿惑其计也，勿中其唆也，必以口相语，以舌相证而后信之乎。”

成吉思汗想亲上加亲，以巩固这种关系。他想为长子术赤聘桑昆之小女察兀儿别乞。他还打算将他家中的一位公主豁真别乞许配给桑昆之子秃撒合为妻。但是，桑昆对其父与成吉思汗之间的契约非常反感。他认为，他的父亲收成吉思汗为义子，只会有损于他这个合法继承人的利益。他认为这是成吉思汗骗取继承权的一种手法。所以，他马上表示反对两家结亲，反对这种双重婚姻方案。他傲慢地说：

“我家女适彼家，将立其门后（像女仆一般），彼家女来我家，则将坐正位，面南高坐（像贵妇人一般），这如何使得。”

他这是把克列亦惕部公主比作高贵的王后，把成吉思汗家中的公主比作暴发户，认为两家结亲就是克列亦惕人同地位低下的人结亲。

对方这样拒绝两家结亲，这深深地刺伤了成吉思汗的自尊心。从此以后，他长期以来似乎具有的对王汗的“孝敬之心”就让位于一种难以掩饰的怨恨了。

誓言与背叛之间

成吉思汗与王汗之间的关系冷淡了，扎木合便乘机利用这种冷淡关系进行活动。扎木合原是成吉思汗的老朋友，现在已成了内心最敌视成吉思汗的人。他曾一度被人推为同成吉思汗对立的汗，但他刚爬上汗位就垮台了。现在，他的对手成吉思汗时来运转，诸事顺利，他的嫉妒之心也因而与日俱增。成吉思汗与王汗的关系冷淡下来，扎木合立即看出有机可乘，认为自己可以从这些事态的变化中捞取好处了。公元 1203 年，他特地赶来同桑昆以及阿勒坛和忽察儿密谋。此时，阿勒坛和忽察儿已决心彻底背叛成吉思汗，为敌人效劳。

策划阴谋的秘密会议在扯克彻儿山附近的别儿客额列惕地区举行。学者们普遍认为，这一地区是一片草木不多的草原，位于克鲁伦河注入阔连湖之河口以南，是进入沙漠地带的过渡性地区。他们之所以选择此地作为秘密会议的地点，很可能是根据阿勒坛和忽察儿的要求决定的，目的是为了不惊动成吉思汗，甚至是为了不惊动王汗。当时，成吉思汗住在上克鲁伦河流域，王汗住在土拉河附近。

就在那里，在秘密举行的会议上，各人都在讲话中尽情地发泄长期积压在心中的对成吉思汗的仇恨。为了把事情闹大，扎木合则火上加油，说成吉思汗同克列亦惕部的宿敌乃蛮部素有勾结。他说：

“彼言称王汗为父，其行却异也！”

扎木合还特别挑起桑昆对成吉思汗的仇恨，暗示说在克列亦惕部王汗死后，成吉思汗将篡夺克列亦惕部汗位。他危言耸听，使桑昆对这种前景感到担心。最后，扎木合说：

“倘不及时消除此险，久后难料其与汝何？若汝等攻铁木真，我愿与横袭之！”

阿勒坛和忽察儿这两个蒙古人的叛离者也情绪激动地说：

“我等为汝杀诃额仑母之诸子，弃其尸于荒野乎！”

在这些人的鼓动下，桑昆立即派了几名特使去说服他的父亲，想让他的父亲也同意他的看法。他责备他的父亲对成吉思汗的勃勃野心充耳不闻，视而不见。他提议向成吉思汗发动突袭。但王汗很不愿背弃自己的誓言，他对桑昆派来的使者说：

“汝等奈何以此谋我儿铁木真耶？彼屡次救我等，曾救我性命焉。汝等奈何以此等恶言中伤彼耶？若我背弃所立之誓言，天将不佑我乎。扎木合乃朝三暮四，狂言无忌之人也，彼诚善辞令，然其言不值分文也。”

但是，桑昆并不因此而泄气，他亲自来说服其父，振振有词地说：

“汝尚健在之时，铁木真尚且不齿我等，汝若一旦不虞，彼安能容我受汝所遗，治此百姓耶？汝父忽儿札忽思昔日历尽艰险而创此国，将何以为继焉！”

听完桑昆所言，王汗仍不同意与成吉思汗决裂。他还特别表示，他不愿意发动这样的冒险战争。他说：

“我须发苍苍，已变白矣。我意欲平安度此残年……然汝不听我言……”

桑昆再三怂恿，其父仍执意不从。桑昆无奈，便愤然脱门而出。见儿子如此生气，老王汗的心软了，不想坚持反对儿子的主张了，决定让步了。他叫回桑昆，表示同意桑昆的要求，却要桑昆承担背弃誓言的责任及其一切后果。他对桑昆说：

“倘汝等确信可成，可好自为之。然须切记，汝等自己为之，切勿招我烦恼！虽然，我谓天必不佑汝等……”

这正是桑昆求之不得的表态。其间，他的盟友，特别是扎木合，已经派人前去放火烧了成吉思汗的牧场。但这一把火还不是双方敌对行动的开始。桑昆打算用计突然抓住敌人。同年（公元 1203 年）春，他想出了一条诡计：假装同意成吉思汗以前提出的两家结亲的要求，邀请成吉思汗来食不兀勒札儿，即邀他参加实际上是一个陷阱的订婚筵[1]。桑昆以为凭此计即可擒拿成吉思汗本人。

成吉思汗接到桑昆的邀请，丝毫没有怀疑到其中有诈，即带了 10 个人动身前去赴宴。途中，他投宿于蒙力克老人家。读者一定还记得，蒙力克是成吉思汗的父亲生前的心腹。处事谨慎的蒙力克问明成吉思汗的来意，便指出他此行未免太轻率，他说：

“昔日汝为子聘察兀儿别乞之时，彼等下觑我等而不许矣。今何忽招汝食不兀勒札儿耶？强自作大者，奈何反特许而招之耶？其意真欤？伪欤？我甚疑

---

[1] 不兀勒札儿：据载，蒙古古俗，订婚筵上要食“不兀勒札儿”（羊的颈喉部），含义是两家婚事不准再反悔。后来没有了订婚筵时，就在结婚仪式上举行这个吃“不兀勒札儿”的节目。新妇的嫂们和弟们，为了看新婿的热闹，故意把“不兀勒札儿”煮得夹生一点，甚至在椎骨中插入小木棍，使新婿掰不断骨节。这时傧相就来帮助新婿动刀子了。发生这种情况，则上述女方人员就表示反对，以为是违背了礼节，要罚酒，要新郎叩头赔礼，闹闹嚷嚷，却也有趣。闹得不可开交时，女方的某个长辈则出面收场。其实常常是这些所谓长辈就是闹事的幕后操纵者，多是新妇的叔叔、婶婶之类。本书这里所说的食“不兀勒札儿”，不是指这种“食不兀勒札儿节目”，而是指还存在“订婚筵”风俗时，在订婚筵上吃“不兀勒札儿”。——译注

之！我子不可赴此筵！汝但推言‘时值春季，马匹瘦弱，须饲我马，马肥即来’可也。”

听蒙力克老人如此说，成吉思汗甚觉有理，遂起身返回，只派他的两名亲信家人不合台和乞剌台代他前往王汗处致以歉意。

一看只有不合台和乞剌台代替成吉思汗前来赴宴，桑昆心里也就明白了：计谋已被识破……

两牧民救成吉思汗

圈套既已失败，被王汗允许可以自由行动的桑昆遂决定对成吉思汗发动突然袭击。如果成吉思汗在组织防御以前遭到突如其来的打击，他就可能被包围，被擒获，被杀害。

一天晚上，克列亦惕部的主要头目召集作战会议，作出决定：第二天一早开始行动，突袭成吉思汗。会议决定，要严格保守秘密。

当晚散会后，克列亦惕部的一个头目（阿勒坛之弟），也容扯连回到家里，对他的妻子和几个儿子谈到这件事，他说：

“我等共议明晨突袭铁木真矣。有告此议于铁木真者，必获重赏！”

“汝其住口矣。”他的妻子说，“若有人闻汝之所言，必招祸也！人必以汝之所言当真也！”

然而，恰恰就在他们议论此事时，负责看守牧场马群的一个名叫巴歹的仆人送马乳来到帐篷前，偶然听见了主人的谈话。巴歹闻言，即转身回去将所听到的话告诉了同伴乞失里黑，乞失里黑同他一样也是一个看马人。他听巴歹如此说，便亲自跑到帐篷旁偷听。乞失里黑不听则罢，一听顿时吓呆了。当时也客扯连正在同其子纳邻客延讨论此事。纳邻客延当时一边磨箭一边说，如果有人听见这些话，就应该割掉他的舌头。过了一会儿，纳邻客延唤乞失里黑，叫他去牧场上把两匹最好的马（一匹名叫篾儿乞歹的白马和另一匹白口枣骝马）

牵来系好，并说天明以前就要骑此二马上路。

乞失里黑回到巴歹身边说：

“我已验明，汝适所言属实也。我二人宜速告成吉思汗去！”

巴歹表示同意。他二人待天色完全黑定以后，宰杀并烤熟了一只羔羊，携之上马，借着夜幕的掩护，疾驰往告成吉思汗而去。

天明以前，巴歹和乞失里黑赶到成吉思汗营地，对人说要紧急求见成吉思汗。他俩被带到成吉思汗面前，说：

“险矣，汗！彼等已议定要围汝营，擒汝身矣！”

成吉思汗闻言，立即对身边的亲信下达命令，命他们立即行功，放弃一切有碍于急行军的东西（他扔下了部分简陋的器具物件），叫醒所有的人。转眼间，全体人马已整装集合完毕。成吉思汗上马，率众向东，即向去年被他征服了的前塔塔儿人住地哈拉哈河流域和大兴安岭山梁分支山区奔去。

红柳林附近的恶战

成吉思汗率众来到卯温都儿山以后，派出一支部队充当后卫，由忠志之士者勒篾指挥。者勒篾是兀良哈惕部人，是成吉思汗的心腹爱将。派出这支后卫部队后，成吉思汗继续率部东撤，第二天下午，成吉思汗来到合剌合勒只惕沙碛附近，在这里停下休息，吃点东西。这里已是哈拉哈河流域，属于过渡性地区。西面是盐碱沼泽和一片片沙地，戈壁滩的流沙一直深入到草地。东部是草地，越往东接近兴安岭，野草越稠密。再往东，草地过后，就可见到一丛丛柳树和小榆树，接着是挺拔的杨树和美丽的桦树。这些杨树和桦树表明，已到覆盖兴安岭斜坡和远处山顶的大森林的边缘了。只有那些被大风扬起然后又散布在草地直至山坡上的片片流沙可以使人们想到，东南部毗邻地区是戈壁沙漠。

成吉思汗及其部众歇息没有多久，就看到远处有两人骑马飞奔而来。这两个人是一蒙古部首领阿勒赤歹手下的牧马人，一个名叫赤吉歹，另一个名叫牙的儿。两人飞马来到成吉思汗面前急报说，方才他们俩正在一片青草地上放马，忽见远处出现一团灰尘，沿着忽剌安不鲁合惕（即“红柳林”之意）向卯温都儿山方向接近。根据这两位牧马人的报告，成吉思汗判断：毫无疑问，敌人追上来了。他叫人把马牵来，同时命令全体上马。在追随他的队伍中，兀鲁兀惕部和忙忽惕部这两个部落的人马威风凛凛地排在前列。在各蒙古部落中，这两个部落的人最骁勇善战，其首领和成吉思汗一样都是神秘祖先的后裔。

克列亦惕军队已经靠近，此时已可以看清楚他们了。敌人（克列亦惕部）做好了战斗准备，摆好了阵势。王汗骑在马上问扎木合道：

“彼厢簇拥铁木真之貌若勇士者其有谁耶？”

“彼等整队以待者，”扎木合答道，“即兀鲁兀惕人与忙忽惕人也。盖彼等其战也，队伍井然有序，战而不乱，或进或退，翻旋变化，浑然一体焉。彼等百姓，自幼演习刀枪，武艺娴熟，其旄纛或黑或花。此乃我等宜提防之百姓也！”

听扎木合如此说，王汗就决定派一支精锐部队来对付兀鲁兀惕人和忙忽惕人。这支精锐部队就是由合答吉率领的只儿斤部落。王汗接着部署道：

“继只儿斤勇士之后，命阿赤黑失仑率领土绵土别干人冲之。继土绵土别干人之后，命斡栾董合亦惕之诸勇士冲之。继斡栾董合亦惕人之后，命豁里失列门率我千员护卫冲之。继千员护卫之后，我王汗率大军冲之可也！”

这里有一个有趣的插曲。此时，王汗请扎木合担任全军总指挥，但扎木合拒绝了。这是扎木合（他心里清楚，在过去的战争中，他从没有战胜过成吉思汗）谦虚呢，还是王汗的这一提议使他对克列亦惕军队的战斗力产生了怀疑？按说，扎木合应该愉快地接受王汗的这一提议。这场战争原本就是他扎木合挑起来的。长期以来，正是他施展阴谋诡计，最后导致成吉思汗和王汗这两个老盟友不睦。但扎木合这个怪人向来反复无常，他现在又想推翻与王汗的联盟。此时，扎木合心里也可能在想，对于他扎木合来说，王汗只不过是一个偶然机会促成的盟友，而按照蒙古的习惯法，成吉思汗现在尽管同他扎木合不睦，却仍然是他的“盟兄弟”，是他的安答。在他与过去的安答成吉思汗之间，无论什么事都无法抹掉过去的契约。这时，可能是出于这种奇怪地忠实于童年友谊的心情，扎木合派人前往成吉思汗处，把克列亦惕军队的组织部署情况和进攻计划统统告诉了成吉思汗，并传语成吉思汗说：

“安答勿惧。其宜免之！”[1]

考虑到敌人在数量上占优势（成吉思汗的叔叔答里台，还有阿勒坛和忽察儿几位亲王的叛投敌军必定要削弱他的力量），成吉思汗对兵力作了周密部署。他首先点将兀鲁兀惕部首领主儿扯歹说：

“主儿扯歹伯父，汝其云何？我意遣汝为先锋。”

主儿扯歹闻言，以马鞭擦着马鬣，正准备领命，突然斜刺里钻出忙忽惕部首领忽亦勒答儿薛禅抢先说道：

“我愿为先锋！”

忽亦勒答儿薛禅当场保证，誓把自己的旌纛插到敌人后方高地上去。为了表示不胜即死的决心，他提出一个请求：万一他阵殁，希望成吉思汗为他抚恤孤儿。主儿扯歹不甘示弱，便大声说：

“在成吉思汗面前，我兀鲁兀惕部与忙忽惕部愿同为先锋，共冲敌阵！”

在他俩的指挥下，兀鲁兀惕人和忙忽惕人排好了队形。他俩的队伍刚摆好，敌方先锋只儿斤部就冲过来了。

这是当时最可怕的恶战之一。只儿斤人猛攻上来，兀鲁兀惕人和忙忽惕人立即狠狠反击，击败了只儿斤人，接着便追杀过去。正当他们挥剑追击只儿斤人时，他们自己却遇到了阿赤黑失仑率领的土绵土别干人的截击。阿赤黑失仑挺枪冲过来直取忽亦勒答儿薛禅，来势十分凶狠，一枪就将忽亦勒答儿薛禅刺下马来。忙忽惕人一见，立即翻身来救忽亦勒答儿薛禅，团团将他护定。与此

[1] 扎木合派人把情报送给成吉思汗以后，便离开了战场。他很狡猾。他先通过桑昆促使王汗发动战争，然后又施计离开战场，同时鼓励成吉思汗不要怕，勇敢地打。其目的是要坐山观虎斗，希望他们两败俱伤，他好从中取利，自执牛耳。他这个计策居然能实现，主要是此次战争有其内在的必然性：蒙古部同克列亦惕部争夺霸权，必然爆发战争，扎木合只是促使这种战争提前爆发的外部条件。合剌合勒只惕沙碛（一作合兰真沙陀）之战是成吉思汗一生中最艰苦的战斗，他第一次单独同当时蒙古草原上最强大的贵族势力较量，虽经苦战，稍却王汗军，但终因寡不敌众，队伍溃散。但他并没有被吃掉。——译注

同时，主儿扯歹则率领兀鲁兀惕人再次发起攻击，击退了土绵土别干人。正待乘胜追杀，克列亦惕阵中冲出斡栾董合亦惕率领的一支人马，向他们扑来。但斡栾董合亦惕这支军队也被击败。紧接着，克列亦惕部阵中又冲出一彪人马，来势凶猛异常。这彪人马就是克列亦惕部王汗的千员护卫队，由豁里失列门率领。但这些护卫军也顶不住主儿扯歹发动的猛烈反击，遂退下阵去。

尽管克列亦惕部军队兵多将广，又处于攻势，却屡次失利。难道克列亦惕部军队要输掉这场战争吗？克列亦惕部汗位继承人桑昆心中十分焦急不安。正是他坚持要发动这场战争，正是他亲自去说服动摇不定的父亲王汗，促使王汗决心开战。而现在，他的军队发起的数次冲锋都被这些铁人击退了。桑昆心里一急，便不向其父打个招呼就率领他的最后几队骑兵向前冲去。他正一个劲地冲，突然迎面飞来一箭（据说是主儿扯歹所射），射穿了他的面颊。他一时疼痛难忍，跌下马来。克列亦惕部军队立即拥上去，将他团团护定。

成吉思汗的眼泪

太阳徐徐地隐没到西边的山岗后面去了。天色已晚，成吉思汗的蒙古军队开始后撤。可以说，他们现在是胜利者。但是，经过白天的恶战，他们的伤亡也并不下于克列亦惕军队的伤亡。

在成吉思汗的将领中，英勇的忽亦勒答儿受了重伤。鉴于夜幕已经落下，再加上成吉思汗的军队和克列亦惕部军队双方均已精疲力竭，只好停止厮杀。至少，成吉思汗并不抱全歼敌军的幻想。他作决定时向来头脑冷静，这是他的特点。本着这种冷静的态度，他果断地传令起营，放弃战场，借着夜色的掩护撤走。走了一段路以后，他才下令停止前进，就地宿营。

夜是那么黑，黑得叫人害怕。这些蒙古人一堆一堆地就地躺下过夜。他们都睡在战马旁边，睡着了手里还紧捏着缰绳，随时准备一有号令就立即跳起来上马厮杀。

这是令人焦虑不安的一夜，因为，成吉思汗此时无法知道他的军队的损失究竟有多大，甚至无法知道他身边的人还剩下多少。好容易熬到黎明，他便立即清点人数。在点到他最爱重的两个伙伴孛罗忽勒和孛斡儿出以及他心爱的儿子窝阔台的名字时，回答是一片沉寂。他们三人此时不在，使他痛苦万分。他捶着胸，仰天告曰：

"彼等三人，其生也，其死也，必不相离乎！"

如果读者喜欢的话，我们可以把这一句话说成："但愿我两名忠诚爱将同窝阔台在一起，或生或死，不致相离……"

成吉思汗话音刚落，就看见在晨光微曦中走来一人。走近一看，正是孛斡儿出。一认出是孛斡儿出，成吉思汗又捶胸仰天祷告，感谢长生天的保佑。孛斡儿出来到成吉思汗面前，报告他的经历说：

"正冲锋时，马被射倒，我遂徒步趋出。彼时克列亦惕人正翻身去救护受伤之桑昆。我见一驮驮马，倾其驮驮而立。我遂断其驮驮，上马，循汝离去之踪而行，方得来矣！"

少顷，又见一骑马人来。但见此骑马人身后，似有另一人之两腿从马背上垂下。及至来到近前，方看清同一匹马上有两人，视之，正是窝阔台和孛罗忽勒。孛罗忽勒叠骑于窝阔台身后，以手扶定窝阔台驱马而行。孛罗忽勒满嘴是血。原来，窝阔台颈部中箭，孛罗忽勒按照蒙古的医疗习惯，小心地用嘴吸出窝阔台伤口上的壅血，故而满嘴血污。见到他们这般情景，成吉思汗顿时感到心口一阵发紧，痛楚万分。这个铁一样坚强的男子汉此时心里一阵激动，眼泪不觉夺眶而出……

经孛罗忽勒介绍，大家方知他俩的遭遇。原来，窝阔台在战场上颈部中箭，伤及血管，血流不止，痛急坠于马下。孛罗忽勒一见，立即下马来保护他，将他扶到僻静处，将息照料，吸去伤口污血，陪着他度过了漫长的一夜。天破晓时，窝阔台因失血过多，在马上坐不稳，孛罗忽勒便将他扶上自己的马，自己骑于马臀上，从后面紧紧地抱住他，如此叠骑而来……

成吉思汗命人烧起一堆火，以热铁给他的儿子烙伤口消毒。年轻的窝阔台喝了一些马奶后，精力就恢复了。

“我等可往拾之如马粪！”

总的说来，这场战争并没有就此结束。当然，克列亦惕部已经遭到了很大损失。据刚从前线回来的孛罗忽勒报告说，他曾看见远处有烟尘飞扬。从他说的这一情况可以得出结论，克列亦惕部军队已顺卯温都儿山向忽剌安不鲁合惕（红柳林）方向而去。成吉思汗准备应付各种可能出现的情况。他说：

“彼等若来，我等必力战之。倘若我等为敌冲动而后退，则必再整捌以战之！”

但实际上成吉思汗心中并没有再战必胜的把握，所以，他又率部溯浯泐灰河和湿鲁格泐只惕河而上，来到答阑捏木儿格思之地，在那里下营。答阑捏木儿格思位于斡孛洛哈巴剌山和唆由勒吉山西面山坡上，即大兴安岭西坡上。这就是说，他已退到了蒙古地面的最东边陲，几乎被赶出了蒙古疆域，几乎被迫移居到了属于北京金王的东北，几乎是被迫逃到了异国他乡。但是，随着他逐渐接近大兴安岭，在走出位于下克鲁伦河流域和捕鱼儿湖地区的那片凄凉而令人伤心的草原时，他也确实又找到了牧草丰美的牧场和盖满山麓的越来越稠密的森林。他可以在那里使因被迫大撤退而精疲力竭的人马得到很好的休养，可以在那里养精蓄锐。

克列亦惕人也看到自己的潜师掩袭行动已经失败。由于突袭没能奏效，所以他们不得不考虑新的计划。就在这个时候，塔儿兀惕部之合答安答勒都儿罕抛下妻儿来投奔成吉思汗。他带来了关于克列亦惕部军营中人们精神状态的有趣的情报。据他说，王汗在营中责备他的儿子桑昆使他卷入了这场针对老盟友的不义战争，他认为桑昆脸颊中箭是受到的一种惩罚。王汗手下的将领阿赤黑失仑闻言，便竭力鼓励王汗说：

“汗乎，汗乎！休矣乎！未有子时，汝冀其有，念咒作法而求告。今汝已有子矣，我等必护之卫之。”

阿赤黑失仑还提醒王汗说，蒙古人的很大一部分（据他说是一多半）在阿勒坛、忽察儿和扎木合属下，站在克列亦惕部一边。至于“其余跟随铁木真而逃出之蒙古人，已穷途末路矣，单骑树蔽矣”[1]。

这一句话是颇值得我们注意的，因为，这一句话充分证明，被赶出蒙古草原的成吉思汗已被迫退到大兴安岭森林边缘地带藏身。

最后，阿赤黑失仑对王汗说：

“彼等若不敢来，我等可往彼处去。我等可往拾之如马粪，襟裹而来乎！”

成吉思汗并不因为合答安答勒都儿罕带来了如上消息而放松警惕。为防万一，他又带领部众撤离答阑捏木儿格思，顺哈拉哈河而徙。哈拉哈河发源于斡孛洛哈巴剌山和唆由勒吉山，向西注入捕鱼儿湖。他停下来点了一下人数，只剩下 2600 人了。他把这 2600 人分作两队，一队 1300 人由他本人率领，沿哈拉哈河左岸而行；另一队 1300 人（其中包括兀鲁兀惕人和忙忽惕人）沿哈拉哈河右岸而行。两支人马且行且猎，以猎养生。忙忽惕部首领忽亦勒答儿身负重伤，伤犹未痊，成吉思汗在分兵以行之前嘱咐他要多加小心珍重。但忽亦勒答儿性情急躁，行军中按捺不住，坚持要参加围猎，结果金疮并发而卒。成吉思汗闻讯，只好命人将他这位忠勇将领葬于哈拉哈河畔之斡峏讷屼山山坡之上。

在哈拉哈河入捕鱼儿湖之河口地区，居住着另一个蒙古部落——翁吉剌惕部。该部落两位首领一名帖儿格，一名阿篾勒。读者当还记得，成吉思汗的妻子孛儿帖就是出生于这个部落。他派主儿扯歹前往这个部落联系。他对主儿扯歹说：

“倘若翁吉剌惕人尚记起彼等与我等之姻亲关系，我等则宜招降之。若彼等欲反，我等则攻之！”

交涉结果，可能是美人孛儿帖的名字对翁吉剌惕人的思想起了作用，也可能是他们认为自己力量弱小，不足以同成吉思汗对抗，翁吉剌惕人归顺了成吉

[1] 单骑树蔽，即每人只有一匹马，没有备用马了；夜里无帐篷过夜，只有露宿树下了。古代蒙古人远行或出征时，都有备用从马，没有备用从马，很难行远或战斗到底。——译注

思汗，没有采取任何抵抗行动，同意成吉思汗在这里休整军马。

成吉思汗诉状

成吉思汗把人马安排在统格溪之畔，在那里扎营休整。统格溪很可能就是位于捕鱼儿湖与阔连湖之间的一条小溪流。由于水源充足，这里的草地牧草丰美，柳树成丛。在这里住了一段时间后，成吉思汗的部队已是人强马壮，又焕发出勃勃生机。成吉思汗喜而言曰：

“我营于统格溪援之东岸已有日矣。此地水草丰美，我等战马已肥矣。”

于是，他决定派阿儿孩合撒儿和速格该者温二人为使，前往王汗、桑昆、扎木合、阿勒坛和忽察儿等处，当面逐点控诉他们的不义行径。那时蒙古人尚无文字，所以交涉传信无法采用书信形式，只能派人直接向对方陈述。

成吉思汗派人当面斥责王汗等人的背信弃义行为。他命使者传达的那些控诉之词后来被人们称为“成吉思汗诉状”。“成吉思汗诉状”表面上很直率，话语里充满了激情和昔日情谊的回忆。但实际上，成吉思汗诉状是一份措词颇为巧妙的宣言书。他传语克列亦惕部王汗说：

“我父汗，汝何故与我反目，起兵吓我耶？我之坐床被汝拆毁，我家之炉灶被汝毁灭矣……汝其为外人所挑而敌我欤？我父汗，我二人曾共语云何？我二人曾于勺峏合勒浑山附近之忽剌阿纳屼惕连丘共语曰：‘若为有齿之蛇啖之，则勿中其啖焉；我二人必当面澄清，剖诉，未澄清剖诉之前，不可遽离。’夫两辕之车，折其一辕，则牛不能曳焉；两轮之车，折其一轮，则车不能行焉。我非汝车之一辕乎？我非汝车之一轮乎？”

接着，成吉思汗在其“诉状”中历数他的父亲也速该和他本人屡次帮助克列亦惕部王汗的事例（这些事例笔者在前文中已提及）。在谈到这个问题时，成吉思汗毫不客气地指出了王汗为人残忍的一面。他指出，王汗曾亲手杀死自己的亲弟弟台帖木儿和不花帖木儿二人，因此被叔叔赶下台，幸亏成吉思汗的父亲也速该出面干预，王汗才得以重登汗位。后来，王汗再次被其弟额儿客哈剌赶下台（额儿客哈剌曾被其兄王汗追杀而逃往乃蛮部），这次则是他成吉思汗本人出面帮助王汗恢复汗位。

成吉思汗还以令人悲伤的友好的口气回顾说，在共征乃蛮部回师的路上，在激战前夕，王汗深夜单独撤军，背信弃义地抛弃他成吉思汗。但这种背信弃义的行为并没有妨碍他成吉思汗宽宏大量地再次援助自食恶果的王汗。最后，成吉思汗还指出，在共同的战斗中，他成吉思汗曾征服了其他蒙古部落（他声言是为克列亦惕部王汗征服这些蒙古部落）。他说：

“我父汗，我好比赤忽儿忽山上之鸷鸟，曾飞越捕鱼儿湖，为汝征服朵儿边部和塔塔儿部此等蓝爪白羽之鹅雁；曾为汝飞越阔连湖征服合答斤部、撒勒只兀惕部和翁吉剌惕部等此等深蓝爪浅蓝羽之雁雀矣。”

这就是说，在他成吉思汗充当克列亦惕部王汗的附庸期间，他的实力的加强应被看成是他的保护人王汗实力的加强。

成吉思汗以同样的口气传语扎木合，斥责这位昔日的安答出于根深蒂固的嫉妒之心，施展阴谋诡计，巧言构谗，离间他同王汗之间的关系等种种恶劣行径。他指出：

“汝不能直接战而胜我，遂唆使父汗离我也。”

他还提及一件有趣的往事说：

“昔日，我等往父汗处饮。我先起而饮，汝由是嫉我而谗我也。今日汝可单独于父汗处饮矣。”

这最后一句形象而一针见血的话显然是影射扎木合想取代成吉思汗充当克列亦惕部王汗的义子。

成吉思汗又传语已抛弃他而前往投奔克列亦惕部怀抱的阿勒坛和忽察儿说：

“汝等曾拒绝称汗（他二人很可能是最有资格称汗的人），故让我称汗，将我推上汗位矣。汝忽察儿为捏坤太石之子，众劝汝为汗时，汝固辞焉。汝阿勒坛，因汝父忽图剌汗曾主国，故众曾劝汝继乃父主国为汗，汝亦固辞焉。我本人出身非贱也，我乃把儿坛把阿秃儿之孙也，然我亦曾劝汝等为汗，汝等亦固辞焉。因汝等推我为汗，我始为之。”

说到这里，成吉思汗便向这两位曾推他为汗而又抛弃他的亲王重申臣民对当选汗应负的义务。他说：

“设若汝二人之一为汗，战阵中所掳之美女与所得之良马，我必悉数献之也；其于草原与荒山所猎之狡兽，我亦必择其最佳者而献之也！”

最后，成吉思汗竭力想唤起这两位蒙古亲王作为蒙古人的连带情感，他呼吁他们保卫先祖之地——土拉河、斡难河和克鲁伦河三河发源地，要他们“勿使他人营于三河之源……[1]”。

对王汗之子、克列亦惕部王储桑昆，成吉思汗则说：

“我亦汝父之子也。我乃彼着衣而生之子，汝乃彼裸身而生之子也。然汝父抚我二人之意等耳。汝惧我行将插入汝与父汗之间而嫉恨我也……”

成吉思汗接着以同样的口气要桑昆不要与他争执而打搅“父汗”晚景。他还隐晦地揭露桑昆欲在王汗健在之时称汗，即揭露桑昆想推翻王汗，自己取而代之。

成吉思汗派人转达的以上这些言辞都表明，这是一系列老练而巧妙的外交行动。他给昔日的各位盟友的传话是很有分寸而得体的。对王汗，他说话时把自己放在忠实的附庸和义子的地位，从而突出了他遭到攻击和损害的不合理性和不公正性，也表明了他在遭到损害后仍对“父汗”满怀“孝心”。与此同时，他竭力在年老的王汗与其合法继承人桑昆之间散布不信任情绪，怀疑桑昆有弑君之心。对投靠王汗的几位蒙古亲王，他则责备他们背叛祖先和臣民，从而使这几位亲王为自己的背叛行为感到羞愧。他含蓄地鼓励他们回到他的麾下，为把克列亦惕人赶出蒙古草原而斗争。在这些表明最无可指责的忠诚和最令人感动的诚意的言辞后面，充满着足以逐渐瓦解敌方联盟的暗示和影射。

事实上，成吉思汗的这些言辞几乎在当时就立即起到了这种瓦解作用。当

[1] 三河之源：三河即斡难河、克鲁伦河和土拉河。这三条河流发源于不儿罕合勒敦山。不儿罕合勒敦山区是蒙古族的祖先历代休养生息之圣地。说不要让“他人”来居住该地，这个“他人”主要是指王汗及其克列亦惕人而言。其用意当然毋庸解释。——译注

听了“义子”成吉思汗仍然充满孝心的话以后，王汗感到十分内疚地说，“古曰：‘离吾子者即离而道也’，斯言极是”，“我心痛焉”。他当即发誓道：

“我若再对我子铁木真怀恶意，犹如此出血！”

说毕，他抽出削箭刀刺破自己的小指，取一桦皮小袋盛其血，交与成吉思汗派来的使者。

但是，桑昆显然对成吉思汗话中的影射之意感到愤怒，因而拒绝和解。他对其父王汗说：

“彼何时称汝为汗与父耶？彼谓汝为害亲兄弟之屠夫矣！”

桑昆盛怒之下又要对成吉思汗发动无情的战争，他命令部下说：

“必勒格别乞与脱朵延二人听着：可即树战旗，命人饲肥战马，准备厮杀。事已无可疑矣！”

正像古典悲剧中的这种角色一样，桑昆当时甚至还轻率地说出了如下注定他要遭厄运的话：

“唯刀剑其裁决乎！胜者必占领败者之国而为至高之汗也！”

巴勒注纳湖之苦水

成吉思汗派往敌方联盟的两位使者之一速格该者温，因妻儿尚在王汗处，故惧而未返回成吉思汗处。另一位使者阿儿孩合撒儿只好只身返回，向成吉思汗报告了敌方对他的和平建议的态度。

得悉这些消息后，成吉思汗遂向北撤退，退入巴勒注纳（“浑浊的水塘”）湖畔[1]，在那里下营。巴勒注纳湖可能在斡难河与音果达河之间的阿加河附近，也可能在此以东额尔古纳河北岸与塔雷湖之间。这里，即巴勒注纳湖所处地区，

[1] 巴勒注纳湖，这是蒙古历史上曾发生重大政治事件的历史名地。有的书中也译作“班朱尼”。成吉思汗率部来到这里，荒远无所食，只得射野马以为粮，饮浑水以止渴。后来这事作为成吉思汗艰苦创业的佳话载入了史册，共饮巴勒注纳湖水者，后来都成了著名的功臣。——译注

西北部是多树木的草原，有许多铁线莲属植物和萱草属植物，间有一丛丛桦树和柳树，土质为黏土和沙土。东部靠近塔雷湖一侧也是一片草原，多生苦艾，地质为盐土。在当时季节，巴勒注纳湖几乎干涸无水。据后来的波斯的传说记载，成吉思汗曾在这里被迫从泥沙中挤水饮用。在这种艰苦条件下，将士们仍忠实地追随着他。成吉思汗有感于将士们的这种忠诚，举手仰天发誓说，今后必与诸将士共甘苦，如背此言，将有如巴勒注纳湖中之混浊泥水。说毕，他便喝了几口泥水，然后把杯子递给将士，将士们也当场发誓永不离开他。成吉思汗的这些追随者后来成了史家所说的巴勒注纳湖派。他们的一片忠诚后来得到了成吉思汗的慷慨奖赏。

毋庸讳言，此时成吉思汗已经退到了蒙古地面的最东北边界通古斯种族人居住的泰加森林边缘地带。然而，就在这种艰难的环境中，成吉思汗的事业开始有了转机。而此时，他的对手们却开始衰败没落，以王汗为中心的联盟正趋于土崩瓦解。这些游牧人，为了满足仇杀的欲望，为了得到战利品，他们可以暂时地团结在某个被推举完成此等任务的战争指挥者周围。但是，除非他们所拥立的战争指挥者是一个超群的杰出人物，除非这个人物是一个像成吉思汗那样刚强的人，否则，他们就会在一旦达到目的之时散伙，离开他们前不久还听其指挥的首领。特别是在对手顽强的抵抗使劫掠之日无限推迟因而不能肯定得到战利品之时，他们便会如鸟兽散。此时他们心中只有一个念头：抛弃不善于带领盟友去夺取胜利的运气不佳的首领。读者一定还记得，昔日由扎木合及其朋友们拼凑起来反对成吉思汗和王汗的“季节性”联盟就是这样分崩离析的。现在，扎木合本人和其他闹分裂而离开成吉思汗的蒙古人对王汗的权威又感到厌倦了。在对王汗不满的人们中，有成吉思汗的叔叔答里台，他现在已为自己背叛成吉思汗而感到后悔；有合法的“觊觎汗位者”阿勒坛和忽察儿；还有总惯于耍阴谋的扎木合本人。他们现在已不能忍受凌驾在他们头上的任何霸权，于是策划道：

“可于黑夜袭而擒彼王汗，我等自立为王，不受克列亦惕人之辖，亦不受铁木真之治。”

但是，王汗觉察了他们的阴谋，抢先采取了措施。扎木合、阿勒坛和忽察儿急忙逃走，差一点儿落网。他们三人逃往蒙古西部投靠了乃蛮部。与他们逃走的路线相反，答里台却选择了向东逃的路线，投到成吉思汗帐下，希望得到成吉思汗的宽恕。成吉思汗果然原谅了他，而且态度真诚，因为，据我们掌握的史料，此后他们叔侄之间并没有发生过任何令人不愉快的事。与此同时，蒙古部落之一豁罗剌思部首领搠斡思察罕也率部主动来投成吉思汗。

此后不久，来了一名穆斯林商人。此人名叫阿三。阿三在汪古惕部营地（中国山西省长城附近）逗留了几天后，一路行至额尔古纳河。他骑着一头白毛骆驼，赶着一千只羊，沿上额尔古纳河而下，想换取一些貂皮和松鼠皮之类的皮货。在外贝加尔湖泰加森林边缘地区，收购这类皮货是很容易的事。他绕道来到巴勒注纳湖畔饮牲口，在那里与成吉思汗相遇。他们之间似乎不久即建立了友好的关系。后来，有三个穆斯林（阿三，扎法尔·忽扎，达尼失门德·哈吉卜）成了“巴勒注纳派”忠臣。

更有价值的是成吉思汗的亲弟弟拙赤合撒儿也来到了巴勒注纳湖畔。在这以前，他是当了克列亦惕部的俘虏呢，还是像别人一样投靠了克列亦惕部？这一点我们无从得知。可以肯定的一点是，他在克列亦惕部一心想回到成吉思汗身边，遂设法避开克列亦惕人的监视，离开妻子和三个儿子（也古，也松格和秃忽），罄身而出，带着几名同伴来寻其兄。他的妻儿留在克列亦惕人手中，自然命运难卜。他先来到合剌温硕敦山。此山在孛罗赤出沃克山附近（孛罗赤出沃克山位于斡难河与音果达河之间，山上有一些雪松和落叶松）。合撒儿寻兄不得，遂在荒山中流浪，饿急了只好食用随身带的毛皮和弓弦，狼狈非常。他和几名同伴最后艰苦流浪到了巴勒注纳湖畔，得与成吉思汗相逢。见到亲弟归来，成吉思汗十分高兴。随后，兄弟二人策划了导致克列亦惕部王汗上当受骗的计谋。应当承认，这一计谋是相当狡猾和不光明正大的。

兼夜行军，突袭制胜

按照成吉思汗的主张，合撒儿派合里兀答儿和察忽儿罕二人为密使前去哄骗克列亦惕部王汗。合撒儿叫来这二位密使，面授道：

“汝二人见王汗，可以我言告王汗曰：‘父汗，我四处寻觅我兄铁木真，未得见其踪迹也；我呼而唤之，不闻其回声也。我夜无栖身之帐篷，聊以星空为穹也；我寝无所措头颅，但以秃地为枕也。我之妻儿尚在父汗处，心中悬念也。倘得父汗赐我希望与保证，我其复归父汗处也。”

合撒儿编造这样一派谎言，目的是骗王汗，使王汗放松警惕。成吉思汗事先已告知合里兀答儿和察忽儿罕这两位间谍，他二人先行一步，大军随后就到。他命此二人完成使命以后立即返回到下克鲁伦河之阿儿合勒苟吉与他会面，向他面呈搜集到的情报。

密使派出以后，成吉思汗便调动全军，从巴勒注纳湖畔起程，来到下克鲁伦河河谷，扎营于阿儿合勒苟吉，等待密使返回。

且说合里兀答儿和察忽儿罕二密使于大军起程前几天出发，昼夜兼程，顺利来到王汗处。二人见了王汗后，即按合撒儿的吩咐向王汗转达了合撒儿的话。此时王汗已确信成吉思汗早已逃得无影无踪，便高枕无忧，升起他的金帐，盛宴为乐。他接见了合里兀答儿和察忽儿罕两位密使，对合撒儿的话深信不疑，当即表示欢迎合撒儿回来。他对二位密使说：

“汝二人可传语合撒儿，令他但来无妨，无须顾虑也！为令彼放心来归，我遣亦秃儿坚前往接应，以此为信可也。”

于是，作为和解和原谅的保证，王汗派亦秃儿坚为使，带去一只牛角，角内盛有些许他王汗的指血（就像他前不久刺破手指，盛其血送与成吉思汗一样），送与合撒儿，以达诚申信。亦秃儿坚领了钧旨，上马前去寻合撒儿。合里兀答儿和察忽儿罕正要返回复命，便上马同亦秃儿坚并马而行。

三人来到阿儿合勒苟吉附近，亦秃儿坚并没有发现那里驻扎着成吉思汗的大军。或者更准确地说，他最后才发现了成吉思汗大军，但为时已太晚，已来不及返回克列亦惕部营地去报警了。这一点是非常重要的。他那么晚才发现成吉思汗大军，究竟是什么原因呢？一种说法是，合里兀答儿一直在注意观察远方的目标，因而首先看见了成吉思汗的军旗。他担心亦秃儿坚也会看见那面军旗，担心亦秃儿坚看到军旗后会突然拨回马头逃回去报告，便心生一计。他突然滚鞍下马，假称一颗钉子扎进了马蹄，请亦秃儿坚帮忙按住马蹄，以便拔出钉子。如此这般，合里兀答儿便擒住了亦秃儿坚。但据《蒙古秘史》记载，事情却比这种说法更多周折。《蒙古秘史》记载说，在接近阿儿合勒苟吉时，亦秃儿坚突然发现了成吉思汗大军，便立即掉转马头，打马飞奔回逃。合里兀答儿和察忽儿罕也立即回马往追。合里兀答儿的马跑得快，转瞬间便追上并超过了亦秃儿坚。但合里兀答儿胆怯，不敢与之相搏而擒之，只好催马拦住亦秃儿坚的马头。其间，察忽儿罕已纵马从后追来，弯弓搭箭，一箭射中亦秃儿坚坐骑的臀部。那马中箭，疼痛难忍，一阵乱跳，将亦秃儿坚掀下马来。合里兀答儿和察忽儿罕二人一齐扑上来，擒住了亦秃儿坚并将他解押到成吉思汗面前。成吉思汗命令将俘虏交与合撒儿处置。办事干脆果断的合撒儿并不与亦秃儿坚答话，当即抽刀，手起刀落，斩了俘虏。

合里兀答儿和察忽儿罕向成吉思汗报告说：此时王汗无备，正设金帐大筵，可速往袭而围之！成吉思汗然其言，下令进兵。全体骑兵得令上马，兼夜疾进。主儿扯歹和阿儿孩二人为先锋，队前开路。

当时克列亦惕部驻扎在者折额儿温都儿山附近之折儿合卜赤孩峡口。他们万万没有料到成吉思汗会来突袭，遂仓促抵抗。但他们抵抗得很顽强，足足抵抗了三天三夜。成吉思汗的军队将他们团团围住，猛烈进攻。最后，克列亦惕人疲惫不堪，只好缴械投降。除了王汗和桑昆等几人以外，克列亦惕人全部落网。王汗和桑昆带少数几个人在战斗中乘夜色逃脱。

如前所述，成吉思汗的这一胜利应归功于他事先制定了非常正确的战略：精心隐蔽地夜行军；完全出敌不备地发动攻击；像铁桶一样将敌人紧紧包围在一个隘口里。这是成吉思汗取得的第一个重大胜利，而且可以说，在他一生取得的重大胜利中，这一次是最具有决定性意义的大胜利，因为，正是这次胜利最后确立了他在牧民中的霸权。

大获全胜以后，成吉思汗便犒赏三军。首先受到他犒劳的是巴歹和乞失里黑这两位牧民。在克列亦惕部潜师奔袭成吉思汗前夕，这两个牧民曾及时给成吉思汗报信，因而有救驾之大功。成吉思汗慷慨地酬谢此二人：将王汗的金帐及帐内一切应有什物，金制酒具器皿，王帐里的仆人（均是属于克列亦惕部之汪豁只惕人），都赏给巴歹和乞失里黑。更有甚者，他二人还得到了“带弓箭”和“吃喝盏”的特权。这可能是指他们有权拥有带弓箭的贴身护卫队，有权带兵器赴王室宴会，有权在王室宴会上拥有供自己斟酒的酒壶。最后，巴歹和乞失里黑还得到了同样令人羡慕的如下特许权：战时可以随意取其所获战利品，猎时可以随意取其所捕杀之猎物。最后这一特权是特别令人羡慕不已的，因为在当时，除了个别情况以外，臣民所缴获或所捕杀的全部战利品和猎物，都必须统一登记上交，然后由汗或其他首领统一分配。除了实物等奖赏以外，成吉思汗还发表了热情的讲话，感谢他二人。他说：

“巴歹和乞失里黑有救我性命之功！缘他二人之功，获长生天之护佑，我得以战胜克列亦惕部而至此高位矣。久后我子孙之子孙，居我位者，须代代省此二人为我所立之功劳也！”

成吉思汗竟如此善于笼络人心，得人死力。

曾进行过英勇抵抗的克列亦惕人现在已老老实实归顺了成吉思汗。他们中有一名将官，名叫合答黑把阿秃儿，是克列亦惕部下属之只儿斤部人。他在此次战争中的前后态度是很具有代表性的。合答黑把阿秃儿在战败被擒，被押到成吉思汗面前时说：

“我所以连战三日三夜者，乃为本汗故也。我何可舍弃本汗而令其遭擒焉？是以尽我所能，拼死力战，以尽可能久地拖延时日，使本汗得以乘隙逃远也。而今，若赐死则死之，若蒙恩赦，则愿忠实为汝效力。”

成吉思汗向来敬重敌人阵营中的忠志之士。他听完合答黑把阿秃儿之言，便说：

“仅顾自己逃生而不顾主子安危，绝非大丈夫之所为。此人对主子忠心耿耿，真乃大丈夫也。”

成吉思汗高度赞扬合答黑把阿秃儿的忠勇精神，下令赦免之。他委任给合答黑把阿秃儿的职务进一步体现了他这位征服者的宽宏和高尚的胸怀。读者当还记得，在同克列亦惕人首次交战时，他手下的优秀战将之一忙忽惕部首领忽亦勒答儿身负重伤，不久即死去。但成吉思汗并没有忘记这位英勇的将领的孤儿寡妇。此时，为报答忽亦勒答儿的捐躯，他命合答黑把阿秃儿带领只儿斤部百人于忽亦勒答儿之妻儿处效力。并规定：合答黑把阿秃儿之子孙当为忽亦勒答儿之子孙效力，代代相传下去！

为酬报孙勒都部塔孩把阿秃儿之功，成吉思汗赏给他一百名只儿斤人。其他克列亦惕人（诸如昔日克列亦惕部落联盟下属之董合亦惕人和土绵土干人等）都分别被赏赐给了各位有功将士。

这也是成吉思汗对克列亦惕人采取的预防性措施。他竭力分化瓦解他们在政治上的统一，将他们分而治之，使他们融入蒙古族。他把克列亦惕部各家作为仆人或被保护者分属给蒙古各氏族。然而，念及过去曾同克列亦惕人并肩战斗过，成吉思汗对这些克列亦惕人又相当同情，因而在具体实施这些措施时并不是那么严格。事实上，读者从本书后文的叙述中就会看到，后来有许多克列亦惕人在成吉思汗的军事和行政机构中担任了重要职务。同塔塔儿人的命运和后来乃蛮人的命运相比，应当承认，克列亦惕人在不幸战败以后所得到的待遇是比较宽厚的。

克列亦惕部公主的命运

在处理战败的克列亦惕人问题上，成吉思汗表现得比较温和和宽容。他之所以持这种态度，很可能还有其他的原因。克列亦惕部亲王之一，王汗的亲弟弟札合敢不一直同成吉思汗保持着友好关系。在成吉思汗讨伐篾儿乞惕部时，札合敢不曾离开其兄来为他助战。那是札合敢不同成吉思汗的首次合作。王汗曾杀害了其他几个弟弟，这一点是札合敢不无法忘记的，所以他多次反对王汗，甚至一度同克列亦惕部的几位贵族（额勒忽图儿，忽勒巴里，阿邻太石）一起策划推翻王汗的阴谋。阴谋败露之后，札合敢不无路可走，只好逃往乃蛮部避难。因此，这次征服克列亦惕部以后，成吉思汗特别宽待他，仍让他管辖原属于他的那部分克列亦惕人。札合敢不有二女，一名亦巴合别乞，一名莎儿合黑塔尼别乞。成吉思汗纳亦巴合别乞为侧室，幼子拖雷纳莎儿合黑塔尼别乞为妇。这种双重的姻亲关系进一步巩固了成吉思汗同札合敢不之间的融洽一致的关系。不过，这里要先交代一点，那就是，此后没有多久，札合敢不就对这种特别优待感到不满足了，甚至策划反对成吉思汗，最后同成吉思汗分道扬镳了。成吉思汗命主儿扯歹去解决札合敢不。主儿扯歹采取诱敌深入的办法，设埋伏擒获了札合敢不。

成吉思汗虽曾纳札合敢不之女亦巴合别乞公主为侧室，但最终并未将这位公主占为己有。他不久就将亦巴合别乞送给了主儿扯歹，就像他以前曾送给主儿扯歹一匹好马一样简单随便。不过，他这样做也是神灵所使。一天夜里，成吉思汗在可怜的亦巴合别乞身边休息。他做了一个非常可怕的噩梦。于是他认为这是上天的警告。所以，他从噩梦中惊醒过来以后，便对亦巴合别乞说，他对她一直是满意的，但上天刚才托梦给他，命他将她让给另外一个人。他请亦巴合别乞不要怨恨他。说完，成吉思汗便朝门口大声问今晚是谁在此带班站岗。当时主儿扯歹正在站岗，便在门外应声说是他主儿扯歹。成吉思汗命他进门来，对他说要把亦巴合别乞公主赐予他为妻。主儿扯歹大惊，一时说不出话来。成吉思汗见状，便说此话当真，君无戏言，叫他不必惊慌。然后，他又转身走向亦巴合别乞，亲口证明她品行端好，无可指摘，贞洁如初，美貌殊群。他把亦巴合别乞住的这座帐殿及其所属仆人、衣物、用具和马群全都作为礼物留给了亦巴合别乞。他只向她提出了两个要求：把她作为嫁妆带来的两百名年轻仆人留给他一半。在其父送给她的嫁妆中，还有两名烹调技术十分高明的司厨，一个名叫阿失黑帖木儿，另一个名叫阿勒赤黑。成吉思汗要求亦巴合别乞将阿失黑帖木儿送给他。

相反，亦巴合别乞的妹妹莎儿合黑塔尼别乞作为成吉思汗之子拖雷的妻子却成了成吉思汗家族中的一员。莎儿合黑塔尼别乞聪明、稳重，有政治头脑，50 年后，她在成吉思汗家族中发挥了头等重要的作用，确立了蒙古帝国的最后方针。她是蒙哥汗、忽必烈汗和旭烈兀汗的母亲。此外，还应该指出一点，她是一位虔诚的聂斯脱利派基督教徒，她保护了基督教堂。在蒙古帝国（无论是在中原、波斯，还是在北亚），基督教长期受到保护和欢迎，这在很大程度上应归功于其祖先是克列亦惕人的蒙古帝国的各位王后。

“汝竟踏碎此死者之头颅矣！”

征服克列亦惕部之后，成吉思汗率部前往阿卜只阿 · 阔迭格儿山附近过冬（公元 1203—1204 年冬）。阿卜只阿 · 阔迭格儿山靠近“骆驼草原”，位于蒙古东部克鲁伦河河口与哈拉哈河之间。

在这段时间里，克列亦惕部君主、不幸的王汗和他的儿子桑昆的结局十分悲惨。经过三天三夜的抵抗，他们的军队最后都放下了武器。他二人在部下纷纷缴械投降前夕侥幸逃了出来。王汗慌慌张张向西逃窜，最后来到了捏坤河河畔。这条河是克列亦惕部和乃蛮部的界河，其东是克列亦惕部地盘，其西是乃蛮部地面。河水湍急，从杭爱山奔腾而下，由北向南注入位于戈壁滩边缘的一个咸湖。该湖的周围生长着芦苇和柽柳之类的植物。王汗来到捏坤河河边，正渴得嗓子里直冒烟，便一头扑进河里大口喝水。喝毕起身，正准备上路，抬头看见附近有一个乃蛮望哨所。这个哨所由乃蛮部的一名将官看守，守将名叫豁里速别赤。这时豁里速别赤也发现了王汗，便过来将他抓住。王汗急忙解释，说自己是克列亦惕部王汗。但是，豁里速别赤根本不相信他的话，怀疑他是一个草原劫掠者或奸细，便不分青红皂白赏他一刀，结果了他的性命。

然而，自称是克列亦惕部王汗的不速之客被豁里速别赤斩杀的消息很快就在乃蛮人中间传开了。乃蛮王塔阳闻讯，将信将疑，一定要弄个明白，要了解死者是否真是王汗。乃蛮王后古儿别速对此也很好奇。关于这个古儿别速，有些资料说她是塔阳汗之母，而另一些资料则又说她是塔阳汗之妻。实际上，她很可能是塔阳汗的父亲的妃子之一。塔阳汗的父亲死后，古儿别速也就成了乃蛮新汗家族中的“名誉王后”。不管怎么说，古儿别速是一个才智过人的女人，在乃蛮部诸头领中似乎享有很高威望[1]。听说被杀的那个逃难者确实是王汗，古儿别速甚觉遗憾，她说：

“王汗乃昔年年迈之大汗也。可取其首级来。若果是王汗之首级，我等当祭之。”

塔阳汗也责备豁里速别赤杀害王汗，他说：

“为何杀此年迈之大汗耶？汝本该带活王汗来见我也！”

塔阳汗命豁里速别赤将王汗头级取来，装入遗骸盒，置于大白毡上，就像让王汗坐于王位一样。古儿别速叫人取来王室宴会用的酒，命乐师奏哀乐，并亲自奉盏祭王汗的头。谁知这王汗之头一经受祭，竟然微笑（或者说是冷笑）起来。塔阳汗一看，觉得这种微笑是对他的侮辱或者是一种不祥之兆，便将王汗头扔在地上，抬起一脚，将那头颅踏碎。塔阳汗手下最优秀的将领可克薛兀·撒卜剌黑当时在场，见塔阳汗如此之亵渎行为，甚觉恐怖，便道：

“汝竟踏碎此死者之头颅矣！近者犬吠之声甚恶，此兆大祸将至，毁灭在即也！”

且说王汗的儿子桑昆，他并不那么相信乃蛮部的慷慨宽容，逃出后便同其父分手，选择向东南方向逃窜的路线。他在东南荒凉的沙地和碎石滩上流浪着（蒙古人称戈壁滩为“川勒”）。从一个有水源的地方流浪到另一个有水源的地方，靠猎取野味充饥，饥一顿，饱一顿，情形很惨。一天，桑昆发现远处有一群野马。那些野马受到虻蝇骚扰，烦躁不安地站在那里。桑昆见状，便下马伺而进之，欲有所获。此时桑昆身边有一名马夫，名叫阔客出，随他流浪到此。

[1] 据载，塔阳汗是亦难赤必勒格之子。亦难赤必勒格死后，塔阳和古出古儿·不亦鲁黑两兄弟不睦，遂二人分治乃蛮。古儿别速是亦难赤必勒格之宠妃。亦难赤必勒格死后，她尚年轻，胡作非为，导致乃蛮亡国。——译注

阔客出对这种穷苦的流浪生活早已感到厌烦，于是乘此机会，骑上桑昆的马，打马而逃，前去投奔成吉思汗。阔客出在逃走之前，曾同其妻谈到自己的打算。其妻竭力劝阻他，要他对桑昆尽到做奴仆的责任。但阔客出根本不听，舍其妻而去。他来到成吉思汗面前，竭力表白自己如何舍弃桑昆前来相投，以为自己是有功之人。然而，听了阔客出的表白以后，成吉思汗不禁勃然大怒道：

“此人竟舍弃其本汗于荒野，只身而来也。此等不忠不义之徒，焉可信用耶？”

成吉思汗立即下令斩了这个不忠于主人的马夫。与此同时，他命令，今后若见到阔客出之妻，宜奖赏之。

桑昆的马被阔客出抢走，只好徒步流浪。经过艰苦跋涉，他来到唐兀惕（或称西夏，在中国甘肃省额济纳一侧）地界，在那里充当草寇，劫掠度日。不久，他被唐兀惕人驱逐出境。桑昆无奈，只得向西流窜到库车绿洲附近畏兀儿人居住的地方，在那以劫掠为生，最后为畏兀儿人所杀。克列亦惕部的最后一个王位继承人就这样完蛋了。

“然地上则只可有一汗也！”

克列亦惕部落联盟已被征服。这样，继占领了蒙古东部地区之后，成吉思汗又占领了蒙古中部地区。现在，整个蒙古地面就只剩下乃蛮部落联盟盘踞的蒙古西部地区尚未被成吉思汗征服了。在乃蛮部统治的蒙古西部地区，东有杭爱山，西有准噶尔盆地，中有阿尔泰山（延伸入蒙古境内部分）以及上额尔齐斯河。克列亦惕部与成吉思汗争战，乃蛮部按兵不动，不加干预，眼看着克列亦惕部被摧毁。现在该轮到乃蛮部被摧毁了。

乃蛮部先王亦难赤必勒格在世时曾是一位颇有威望的君主。他去世以后，其子塔阳继位。同其父相反，塔阳汗却是一位颇有争议的没有威望的君主。他手下的将领可克薛兀·撒卜剌黑在责备他亵渎王汗首级时就曾严厉地指出了他的不肖。可克薛兀·撒卜剌黑当时还特别引用亦难赤必勒格生前曾说过的话指斥塔阳汗无能。他说：

“亦难赤必勒格汗曾言曰：‘我之古儿别速妃尚年少，而我已老矣。我之子乃低能之辈，彼能主我之百姓而使百姓免遭祸殃乎？’我塔阳汗汝其懦矣乎，除放鹰狩猎二事，余无所能也。”

最后这一句话是乃蛮部诸将官对现在这位君主的评价。可克薛兀·撒卜剌黑毫不隐晦地当面道出了诸将私下发表的这一看法。

但是，尽管塔阳汗在人们的心目中是那么懦弱无能，此时他却预感到了成吉思汗日益增长的力量所构成的威胁，并开始对这种威胁感到坐卧不安了。他说：

“天上可有日月二星，然地上则只可有一汗也！”

他决心趁现在还为时不太晚立即起兵打垮成吉思汗。但是，谨慎的古儿别速却竭力劝塔阳汗改变这一计划。她这样做并不是由于她尊重蒙古人，恰恰相反，她十分蔑视蒙古人，认为他们是蛮人。当时她对塔阳汗说：

“此等味恶而衣垢之鞑子，远离我国而居，乃我等之幸也。使彼等远居可也！可于彼处寻其略清俊之女，作为媳妇取来，使其挤牛乳羊乳。然须先教彼等学会盥其手足，而后方可使之挤牛羊乳也！”

这是突厥乃蛮人对上克鲁伦河流域的蒙古人的鄙视之词[1]。乃蛮人在同畏兀儿的交往中已初谙文明，而且已部分信仰了景教。但是，这番话也反映出，古儿别速是一位深思熟虑的有头脑的妇女，她更担心的是塔阳汗的计划会招致蒙古人大举入侵她的国家。

但是，塔阳汗并没因此而放松发动战争的准备工作。他强自作大，吹嘘说他要亲自攻入蒙古族居住的地盘，去“取其箭筒弓矢来”！为了寻求盟友，他派了一位名叫脱儿必塔失的密使前往汪古惕部去游说。像乃蛮人一样，汪古惕人也属突厥种族人，而且也信仰景教。汪古惕部营于中国山西省北部绥远地区，

[1] 乃蛮人信仰景教，故而对蒙古人有此偏见。——译注

万里长城以北不远处。塔阳汗遣脱儿必塔失致语汪古惕部首领阿剌忽石帖勤忽里，希望他从南面进攻蒙古人，用牧民的形象说法就是希望他做塔阳汗的“右手”，共同夹击成吉思汗。

从种族上来说，汪古惕人同乃蛮人属同一种族（突厥种族）；从宗教信仰来说，两部都信仰景教，所以汪古惕人应同乃蛮人亲近。但是，阿剌忽石帖勤忽里却倾向了成吉思汗。他接待了塔阳汗派来的密使以后，立即派一位名叫月忽难（是基督教徒名“让”的变化形式）的人为密使去见成吉思汗，通报了塔阳汗的意图，他派月忽难致语成吉思汗说：

“塔阳将攻汝，汝其慎之！彼扬言欲取汝之弓失来。塔阳欲我为他右手而共攻汝，我已拒之矣。然汝宜提防彼之来犯也！”

当时成吉思汗正围猎于秃勒勤扯兀惕附近帖篾延之野（“骆驼草原”），得悉阿剌忽石帖勤忽里所遣月忽难来告变。成吉思汗闻知此变，当即止猎，在猎场上召开会议，商议对策。多数将领认为，此时正值春季，在这种季节，战马太瘦弱[1]，不足以临大战，因此应该推迟远征（主张推迟到1204年夏季或秋季）。但是，成吉思汗的最小的弟弟帖木格斡惕赤斤却主张立即远征乃蛮部。他说：

“汝等谓马正瘦焉？岂可以此为由乎？然我之马正肥也。人来告变，闻此等言语，我等何可宁坐而待之耶？”

帖木格斡惕赤斤担心诸将不远征而让乃蛮人来乘奇袭之便，收突袭之效。于是强调说：

“我等伐彼，届时世人当言：‘蒙古人擒塔阳汗矣’。如此，四方必称颂我等之勇武，我等可获盛誉矣！”[2]

---

[1] 布雅内·德拉科斯特曾记载说：“5月底，蒙古人离开原来营地，进入平原。平原上新长出的小草可以使在6个月的恶劣气候中饿得精瘦的牲畜逐渐复原。在土拉河畔，到处可以碰到瘦得叫人可怜的牲畜群。这些可怜的牲口从我们面前走过时，耷拉着脑袋，闭着眼睛，肚子干瘪，没精打采，其状甚为可怜。那些小牲畜毫无我们在国内常见到的小牲畜那种欢蹦跳跃，生气勃勃的劲头。”（见布雅内·德拉科斯特所著《在古代突厥人的圣地》第27页）。——原注

[2] 据剌失德哀丁记载，此番话不是帖木格斡惕赤斤所言，而是成吉思汗的叔叔答里台所说。——原注

成吉思汗的另一个弟弟别勒古台也表示同意帖木格斡惕赤斤的看法。他说：

“乃蛮人出大言欲取我等之箭筒弓矢也，我等带箭筒弓矢之大丈夫岂可容此等之辱乎？彼以其国大民众而出此大言，我等当就此大言而伐之，伐而取彼等之箭筒弓矢也！”

接着，别勒古台指出：乃蛮部战败以后，必定弃下财物，亡命于深山密林之中。届时即有许多战利品等我蒙古大军去缴获，诸如无数的牲畜，塔阳汗的金帐，等等。“我大军一到，乃蛮各部必登深山逃命也。宜即伐之，此乃当今唯一可取之方略也！”

成吉思汗很赞赏两位弟弟的这种战斗热情，遂善纳二人所言道：

“有汝等如此忠勇之良伴，何愁不胜乃蛮焉？”

成吉思汗下令罢猎，率部自阿卜只合阔帖格儿起程，向位于斡儿讷兀附近哈拉哈河畔之客勒帖该合答山挺进。来到客勒帖该合答山之后，成吉思汗命令全队停止前进。他在那里对军队进行了改组和整顿，特别是对他的卫队进行了改组和整顿[1]。

进兵杭爱山

前文已经说过，成吉思汗善纳两位弟弟所言，同意了他二人提出的进攻乃

[1] 成吉思汗本来就把“国土广大，百姓众多”的乃蛮作为下一步夺取的目标，如今他们来犯，正是攻取的最好机会。此时蒙古部各支旧贵族已被一一消灭，簇拥在成吉思汗身边的全是听命于他的那可儿，无人能与他分庭抗礼了。所有的部众都是他的臣民，不再分属于各家贵族了。这就使成吉思汗有可能进一步健全军事组织，提高汗权。他对军队进行整顿：一、将所有军队按千户、百户、十户统一编组，分别委派各级将领；二、设立扯儿必官（即统领或常侍），任命六名亲信那可儿为扯儿必；三、成立护卫军：设八十宿卫，七十散班，四百箭筒士；从千户、百户或白身人的子弟中拣选身材好的做护卫，命阿儿孩合撒儿选一千名勇士管领着。这样，千户制和护卫军的建立，使成吉思汗的军队成了一支纪律严格和高度集中的武装力量，与昔日贵族联盟时代那种每家“一圈子”各自为政的松散组织形成了鲜明对照。这套制度不仅加强了成吉思汗的权力，而且确定了追随他的那可儿们的那颜阶级地位，从而激励他们更忠诚勇猛地去为他的“帝业”战斗。——译注

蛮部的建议。但是，在具体进行战争准备问题上，他却从容不迫，并不急于马上进攻。他一直等到夏初，战马开始变肥之时，才下令开始行动。

是年（公元1204年，“子年”）夏初十六日，既望之时，成吉思汗举行了庄严的出征祭旗仪式。这个“旗”称为“秃黑”，是成吉思汗家族的旗帜——九足白旄纛，旗边缀有九角狼牙。牙端悬有九条白色牦牛尾（但据蒙古的传说，悬的是九条枣红马尾）。在信仰萨满教的人们心中，这种祭旗仪式具有决定性的重要意义，因为这种军旗是该部族的保护神的附身之处，因此出征前要庄严地祈求保护神在战争中保佑攻战顺利。[1]

祭旗仪式结束后，成吉思汗一声号令，全军启动，溯克鲁伦河谷而上，浩浩荡荡向西进发。者别和忽必来二人为先锋官。大军穿过上克鲁伦河地区，进入上土拉河流域，接着进入鄂尔浑河流域和杭爱山山脉东部分支地区，顺利抵达撒阿里之野（即“驴背草原”）。

这片草原是一片丘陵起伏的地区，探险家布雅内·德拉科斯特曾多次提到过这片草原。德拉科斯特曾在同一季节（约6月中旬）沿当年成吉思汗远征乃蛮时的进军路线寻幽探微。在那里，在6月中旬，人们仍能感觉到春天的气息，至少在上土拉河沿岸是如此。德拉科斯特少校曾写道：

在人们的想象中，这片草原定是一片荒凉。但实际上并非如此。在这片草原上，所见皆芳草萋萋，百花点缀。那金灿灿的是十字花科和毛茛；那呈凝重的淡紫色的是百里香、轮锋菊或鸢尾属；那洁白无瑕的是繁缕；那天鹅绒般灰白的是火绒草。真是五颜六色，斑驳缤纷，足以赏心悦目，爽人精神。

从土拉河南岸到鄂尔浑河南岸，丘陵连绵不绝。这些丘陵皆呈圆形突起，

---

[1] 成吉思汗出征时的祭旗仪式是这样的：部队整顿完毕以后，8名身着盔甲、双背弓箭的武士牵来9匹儿马，分别拴在9个木桩上。成吉思汗全副盔甲站在高大的汗车上。角号过后，他拔出佩剑，向天一挥，那9匹儿马便刷地被劈下半脸，9股马血哧哧地冲上半天。然后，把马血涂在军旗上。祭旗仪式结束，部队出动。——译注

因而这片草原有撒阿里之野（即“驴背草原”之意）之称。德拉科斯特在注明6月21日和6月25日的文章中还写道：

丘陵起伏，绵延不断，无边无际，一色枯黄。这里土质多沙，草浅短，半枯黄，时而可见。再往西去，是一片浅黄色的草原，地面略有起伏，偶尔可见干涸的盐碱沼泽地，形成草原上的大片大片的白斑，在阳光下辉耀。

过了这片丘陵地带，在多尔泽格根佛教寺院附近，是一些呈线向排列的山丘，然后是生有矮树丛的沙丘，最后就是作为鄂尔浑河门户的杭爱山脉山梁分支。

蒙古大军先头部队刚过“驴背草原”就发现了乃蛮人设在杭爱山上的观察哨所。原来，在蒙古军队抵达鄂尔浑河时，乃蛮部塔阳汗也率领军队从阿尔泰山地区进发到了杭爱山山区，在那里安下了营盘。两军相对，交战在即。开始，乃蛮人信心十足。他们俘获了从蒙古军中跑出的一匹瘦马，便据此推断，蒙古军队的所有的战马都瘦弱不堪。这种推断部分是真实的，因为蒙古军队从哈拉哈河流域到杭爱山，长途跋涉，严重消耗了马力。同乃蛮军队相比，成吉思汗的军队在数量上处于劣势，因为，应塔阳汗之请，成吉思汗的所有宿敌都赶来为乃蛮人助战，从而大大扩大了乃蛮军队的势力。前来给乃蛮人助战的有：篾儿乞惕部首领脱黑脱阿别乞；少数拒不服输的克列亦惕人（以阿邻太石为首）；斡亦剌惕部首领忽都合别乞；顽固不化的扎木合；朵儿边、塔塔儿、合答斤、撒勒只兀惕等部之残余。总之，所有新近之残兵败将，所有顽固敌视成吉思汗的分子，此时都聚集到了塔阳汗周围，企图作一番垂死挣扎。

蒙古军主力部队在撒阿里之野停下。前面不远就是庞大的乃蛮联军。在这种情况下，成吉思汗的部将朵歹扯儿必劝他务必小心谨慎。朵歹扯儿必献计道：

“我军在数量上居劣势矣，更兼长途行军，人马疲惫，不宜速战也。可驻此撒阿里之野，稍事歇息，待人马体力恢复，再战不迟。为迷惑敌军计，可于白日多立假人于野；待到黑夜，人各爇火五处，以火惊敌。乃蛮军势虽大，然其主帅塔阳为人懦弱，未曾经历战阵。我今以火惊之，彼必谓我军甚众。彼惊而不敢来攻我也。如是之际，我马已饱。然后我军可驱彼哨望，令其逃归。乃蛮大营见状，必惊惶混乱，我军则乘彼混乱而攻之，直逼彼中军，大刀砍杀可也。”

成吉思汗闻朵歹扯儿必之言，连声称此计甚妙。后来的事实证明，这的确是一条非常高明的计策。成吉思汗下令依计而行。

夜幕降临。杭爱山上的乃蛮瞭望哨，忽然发现远处整个撒阿里之野燃起无数堆篝火，彼此辉映。乃蛮瞭望哨见此大惊，不禁低声相语道：“谁言彼蒙古军人马少焉？彼露营之篝火多于天上繁星也！”

乃蛮望哨不敢怠慢，急忙驰回中军禀报。塔阳汗中军帐扎在杭爱山中合池儿河畔，得哨兵此报，心中惴惴不安，便派人与其子古出鲁克商议，主张采取且待时机的战略，甚至主张战略退却。他派人传语其子说：

“近闻彼蒙古骑兵之马匹瘦弱疲惫，兵力不多。然彼营之篝火多于天上繁星，可知彼军颇众也。我今若与之战，必难立胜。况彼乃久经战阵之师，必不惧我之冲锋，虽冲亦不能令彼惧而眨眼也；彼乃坚韧之军，纵被刺破面而流黑血亦不动也。当今之计，若与之战，岂是明智之举耶？因之，我军宜整搠而退，退至阿尔泰山山后，彼必来追。然我军战马肥壮，耐奔驰，而彼军战马瘦弱，以瘦追肥，必疲惫不堪。待彼力竭，我军回马泼面而冲之可也。”

塔阳汗的这一计划无疑是很明智的计划。但是，很可惜，他的部下并不欣赏。乃蛮部汗位继承人，塔阳汗之子古出鲁克非常鄙视他父亲的上述方案，而且据此指斥他父亲懦弱胆怯。他当着塔阳汗派来传信的人说：

“巾帼塔阳又心怯而出此言矣！彼言蒙古军甚众，然众从何来耶？蒙古人之多半非已随扎木合在我处乎！我父未曾经历战阵，素来深居宫中，有甚见识？最远但至孕妇撒尿之处所，乳犊吃草之牧场耳！”

使者只好将古出鲁克所言如实回报塔阳汗，塔阳汗闻儿子如此讥讽之词，很觉伤心，便说：

“古出鲁克真乃自负之小儿也！但得两军厮杀，死神临头之时，彼亦不失其勇乎！”

塔阳汗部下主要将领之一豁里速别赤也来当面侮辱他道：

“汝父亦难赤必勒格，生平临阵，只向前进，从未令士卒脊背向敌，从未使马尾向敌也。今汝为主子，奈何未战而心怯如此耶？早知汝怯懦如此，莫如让虽属巾帼之古儿别速妃来统帅大军也！可克薛兀·撒卜剌黑老矣，惜哉！汝懦弱之塔阳汗，未战而已畏缩矣。”

豁里速别赤愤愤说完，一击箭筒，慨叹一声，跨马飞驰而去。

在这种压力下，塔阳汗只好让步，遂下令：

“命终有一死，身难逃辛劳，此乃人之命运也。命运如此，吾其战乎！”

塔阳汗下达进攻的命令以后，便自合池儿河岸起营，顺塔米儿水而下，至鄂尔浑河岸。渡鄂尔浑河，继续前进，来到纳忽山东坡。纳忽山似乎就是哈剌和林和豁搠才旦以北的纳莫合山或附近的山崖之一。乃蛮军队最后来到察乞儿马兀惕之地。成吉思汗派出的前哨发现了乃蛮军主力部队，立即回马驰报：敌人来了。

成吉思汗的以人肉为食之狗

成吉思汗得悉敌至，立即下令驱走乃蛮之瞭望哨，接着即进行战场部署，摆列战阵，准备厮杀。从他的部署我们可以看出蒙古军队的战术原则。用他当时使用的战术术语来说，这些原则就是：“进如山桃皮丛，摆如海子样阵，攻如凿穿而战”[1]。成吉思汗自为先锋官，令其弟合撒儿将中军，命其另一个弟弟帖

[1] 进如山桃皮丛，摆如海子样阵，攻如凿穿而战：这是成吉思汗兵法的极重要的基本原则。成吉思汗之所以成为世界征服者，其战术思想的灵活高超是原因之一。在后来的征战中，这几条原则是经常被应用的。因此，有必要简单介绍一下这几条军事原则：

“进如山桃皮丛”：“山桃皮”是一种灌木丛。这一句的意思是说，像山桃皮灌木丛一样，分小队低姿势联络前进。关于这一点，《黑鞑事略》中有如下记述：“其行军，尝恐冲伏，虽偏师，亦必先发精骑，四散而出，登高眺远，深哨一二百里间，掩捕居者行者，以审左右前后虚

木格斡惕赤斤将殿军。部署完毕，开始战斗。这时，乃蛮军队的进攻愿望已经发生动摇。塔阳汗率领部队放弃察乞儿马兀惕之地，退向纳忽崖扎营。蒙古军前锋部队遂随后追杀过来。

在大规模交战前的几次小冲突中，乃蛮军不大顺利。见到这种情景，塔阳汗心中很不安。当时，已成为成吉思汗的最顽固敌人的扎木合正在塔阳汗身边。蒙古史诗以优美的诗句记叙了当时塔阳汗同扎木合关于蒙古军队情况的几段对话。塔阳见一支蒙古军队冲来，便问扎木合道：

彼驱我前锋兵将，
有如群狼之驱群羊，
直逼牢圈栅栏，

实，如某道可进，某城可攻，某地可战，某处可营，某方有敌兵，某处有粮草等，皆责办于哨马回报”，“哨马星散摆布，忽遇风尘之警，哨马响应，四向探刺，如得其实，急报头目及大势军马也。”这就是“进如山桃皮丛”原则的应用情况。

“摆如海子样阵”：即摆开大海一样的庞大阵势，从四面八方进行包围。《黑鞑事略》中对这一原则的应用情况是这样记述的：“其阵利野战，不见利不进，动静之间，知敌强弱。百骑环绕，可裹万众；千骑分张，可盈万里。摧坚陷阵，全藉前锋，衽革当先，例十之三。凡通敌阵，则三三五五四五，断不簇聚为敌所包。大率步宜整而骑宜分，敌分亦分，敌合亦合。故其骑突也，或远或近，或多或少，或聚或散，或出或没，来如天坠，去如电逝。谓之鸦兵撒星阵，其合而分，视马箠之所向；其分而合，听姑诡之声以为号。自迩而远，俄顷千里。”

“攻如凿穿而战”：即像用凿子攻木一样，长驱直入，直逼敌之中军。这一原则的应用是：“其破敌，则登高眺远，先相地势，察敌情伪，专务乘乱。故交锋之始，每以骑队，径冲敌阵。若一冲即动，则不论众寡，长驱直入，员敌十万，亦不能支。若一冲不动，则前队横过，次队再撞。若不能入，则后队如之。方其冲敌之时，乃迁延时刻，为布兵左右与后之计。兵既四合，则最后至者，一声姑诡，四方八面，响应齐力，一时俱撞。此技之外，或臂团牌，下马发射，一发中镝，则两旁必溃，溃则必乱；从乱疾入；”“敌或坚壁，百计不中，则必驱牛畜，或鞭生马，以生搅敌阵，鲜有不败。敌或森戟外列拒马，绝其冲突，则环骑疏哨，时发一矢，使敌劳动。相持少久，敌必绝食，或乏薪水，不容不动，则进兵相敌。或敌阵已动，敌不逮击，待其疲困，然后冲入”。“或驱降俘，听其战败，乘敌力竭，击以精锐。或才交刃，佯北而走，诡弃辎重，故掷黄白。敌或谓是诚败，逐北不止。冲其伏骑，往往全没。”

这三条原则是互相联系，浑然一体的原则，不能机械地割裂开。这三句话生动、形象地概括了极重要的军事原则，是成吉思汗从实际斗争中总结出来的。由于生动而形象，所以很便于那些不识字的将领和士兵理解和接受。——译注是何等之人耶？

扎木合回答塔阳汗说：

此我铁木真安答兮，
所养凶猛之四狗。[1]
平日系之锁链兮，
战时喂之以人肉。
此四狗之为状兮，
凶猛顽强无敌手。
额为青铜额兮，
口为铁凿口。
舌如锥样尖兮，
心是铁铸就。
马鞭利如剑兮，
所向风云吼。
渴饮白露可度日兮，
奔驭狂风任自由。
争战厮杀是其喜兮，
生吞活剥食敌肉。
此时各脱所系链兮，
馋涎已滴顺嘴流。
者别、忽必来已催马至兮，

[1] 四狗：成吉思汗有九大功臣，为“四骏”，“四狗”，加上锁儿罕失剌。“四骏”是：孛斡儿出，木合黎，赤剌温，博儿忽。“四狗”是：者别，者勒篾，忽必来，速别额台。蒙古人说话习惯上喜欢用比喻，并不是说这些将领真是什么“马”或“狗”。之所以用“马”或“狗”来称这些将领，大概是取马或狗对主人的忠诚和在战斗中的勇敢等特点。——译注

速别额台、者勒篾不落后，
欲知彼等何许人兮，
此乃铁木真之四狗。

听扎木合如此形容者别等四将，塔阳汗不禁毛骨悚然，遂下令被蒙古军攻击的军队从山两侧后撤，登山而阵。蒙古军一见敌军后撤，大喜，于是立即组织大包围。塔阳汗回头一看，见蒙古军包围而来，便又问扎木合道：

彼有如晨放之驹也，
似已咂其母乳而绕其母而戏也。
彼狂奔扬尘而至者，
是何等之辈也焉？

扎木合见问，于是又应声答道：

此乃兀鲁兀惕之人也，
忙忽惕之民也。
彼驱手持刀枪之武士，
似驱猎物于林也。
彼夺武士带血之刀枪，
骑于武士之身也。
既骑武士之脊背，
即手刃武士之颈也。
既杀持械之武士，
复掠其资财以奔也！

塔阳汗闻言，又下令全军继续往山上撤。来到半山腰时，他停下来问扎木合道："继彼等之后，为饿鹰之捕食而来者，是谁人也？"扎木合又答道：

此乃我安答铁木真也；
其身乃生铜所铸也，
刺之以锥亦不可入也；
其体乃熟铁锻成也，
刺之以针亦不可进也。

"我铁木真安答，恰似饿鹰之捕食，如此奋锐而向汝扑来也，汝其见之乎？汝曾扬言：若蒙古人胆敢至汝面前，汝必尽屠之，不留其羖攊羔之蹄皮。而今，彼已来矣，汝其观之乎！"

塔阳汗越听越害怕，越看越胆怯，只好继续往山上撤。他禁不住又问扎木合道："继彼之后，那急奔而来之将又是何人也？"扎木合回答说："此乃诃额仑之一子，诃额仑养之以人肉焉。其人也：

身高三尺许，
顿餐三岁牛。
披挂三重甲，
力过三牤牛。
整吞带弓人，
不足碍其喉。
整咽带弓人，
尚不足胃口。
方其盛怒时，
开弓射敌酋。
箭发隔山外，
十数人命休。

大弓箭飞九百寻，

力大自非寻常人。

雄壮悍如大蟒，

拙赤合撒儿是其名！”

塔阳汗一听，不觉心惊肉跳，继续丧魂落魄地往山上爬。爬了几步，回头往山下一望，远远看见蒙古军后队也在开始向这个方向运动，禁不住又向扎木合打听那蒙古军后队将领是何人。扎木合又答道：“此乃诃额仑之幼子帖木格斡赤惕斤也。其为人也，

性喜懒散不喜劳也，

起居劳作任自由也。

未晚上床昏昏睡也，

日上三竿梦悠悠也。

莫道人傲无刚勇也，

刀枪丛中不落后也。”

此时，丧魂落魄的塔阳汗已退到山顶了。扎木合此时如何呢？他此时心中作何想呢？显然，他已经看出，这一场战争乃蛮人是输定了，乃蛮人完了。那么，面对这种局面，朝三暮四的扎木合是否又想接近成吉思汗？或者，换一句话说，此时他是否真的又想起了过去同成吉思汗的友谊？不管怎么说，有一点是确实的：他抛弃了乃蛮军队，设计离开了塔阳汗。在离开乃蛮部之前，他遣使向成吉思汗传话，表白自己有功于蒙古军队。他派人致语成吉思汗说：

我已极言汝军壮矣，

塔阳为我言吓昏矣，

彼已登山免为阵矣，

官兵已无争战心矣，

我弃乃蛮扬长去矣，

安答勉之战必胜矣！

蒙古军之围攻与塔阳汗之丧命

红日西下，黄昏来临，夜色已近。成吉思汗下令停止攻击，待明日再战。但在夜色笼罩之前，他命令部队将纳忽山团团围住，以免敌人乘夜脱逃。乃蛮人不知，想借夜色掩护逃走，结果，愿望化为泡影。当此之时，他们在黑夜中东奔西突，想趁此黑夜寻一条生路，结果互相践踏，许多人从山上滚落沟壑，跌碎筋骨，堆垒狼藉，积如烂木。

第二天一早，厮杀又开始进行。蒙古军队向盘踞在山上的乃蛮军发起冲锋。塔阳汗身负重伤。豁里速别赤和王汗的几个亲信士卒竭力想劝塔阳汗振作起来，冒死指挥战斗。但无济于事：这位不幸的乃蛮王此时重伤在身，已不能动弹。豁里速别赤向塔阳汗大声吼叫道：

“汝之妻妾，尤其古儿别速，正盛装待汝凯旋矣，彼等欲汝率军争战也！”

但此时即使以夫人之期待相激也无济于事了，因为塔阳汗已奄奄一息，行将气绝了。豁里速别赤无奈，只好对在场的武士们说：

“彼已无力站立矣。在彼气绝之前，我等宜翻身力战，以令彼亲见我等乃为彼英勇战死也！”

豁里速别赤说毕，便同一些勇士下山，与蒙古军厮杀，终因寡不敌众，全体力竭而亡。在他们战死前，成吉思汗见他们在绝望之中尚如此奋勇，曾要免他们一死。但是，他们拒绝投降，拼死厮杀直至生命的最后一息，死后手中尚紧握刀枪。成吉思汗向来认为，武士效忠主子，乃是一种最高美德。豁里速别赤等人战死之后，成吉思汗当众对他们的忠勇行为赞叹不已。

塔阳汗之子古出鲁克却得以逃脱。他带着少数几个人逃进了塔米儿山谷。

这条山谷，地势甚是险恶，先是一片沼泽地和洼地，接着是狭窄的山沟，两边是雄伟的花岗岩石山崖，山沟里长满了高大的落叶松。这位乃蛮王子企图在这条易守难攻的峡谷里藏身。但不料蒙古军队竟又追了上来。古出鲁克无奈，只好放弃这个藏身地，仓皇逃走，另寻栖身之所去了。

成吉思汗的军队一直打到阿尔泰山山梁分支地区，灭了强大的乃蛮部落联盟。乃蛮部王后古儿别速被俘，被押到成吉思汗面前。古儿别速先前曾作鄙视蒙古人之言，所以成吉思汗斥责她道：

“汝非谓我蒙古人味恶而衣垢钦？今何以来耶？”

但成吉思汗并没有杀古儿别速，而且还纳她为妾。塔阳汗生前的掌玺大臣塔塔统阿及其家属也都被俘。这个塔塔统阿原是畏兀儿人，后来在成吉思汗手下受到重用[1]。这样，成吉思汗就完成了征服乃蛮人的计划，当时得以逃脱的乃蛮人只有古出鲁克及其亲信，此外还有古出鲁克的叔叔不亦鲁黑属下的一些部族。

曾追随扎木合反对成吉思汗的各蒙古部落，例如札答阐部（或称札只剌惕部），合答斤部，撒勒只兀惕部，朵儿边部，泰亦赤兀惕残部，翁吉剌惕残部等，都归顺了成吉思汗。扎木合被部下和这些部落抛弃了。现在，他像古出鲁克和不亦鲁黑一样，过着悲惨的落魄流浪生活。

---

[1] 塔塔统阿：据载，塔塔统阿是一位健美而博学的长者，除懂畏兀儿文以外，还会讲汉语、金语、蒙古语。当时中军合撒儿接待此人时，对此人十分尊敬，把此人连同印玺送到成吉思汗帐下。成吉思汗已事先听说有此人，心已怀敬重，听说塔塔统阿已到，便穿上迎宾的汗袍，排列仪仗，奏乐以迎。成吉思汗封他为掌玺大臣，命他立“白纸青册”，记载国事。按成吉思汗的解释，白纸的“白”，意即“纯洁”；“青册”的“青”，示缝补蓝天之空隙。他自称蒙古为‘呼和蒙古勒”，意为蓝色的蒙古。后来，塔塔统阿遵照成吉思汗的旨意，用畏兀儿文字母，创造了蒙古文字，叫做蒙古畏兀儿文字。三四十年以后，蒙古产生了用这种畏兀儿蒙古文写的历史、文学巨著《蒙古秘史》（写于公元 1240 年）。在此巨著以前产生的“青册”（写于 1204 年），传说执笔者就是塔塔统阿，他为世界留下了第一部蒙古史。因而，他对蒙古文化的贡献是巨大的。（后来，元世祖忽必烈又命国师八思巴采用藏文字母例制蒙古新字，作为元朝官定的蒙古文。但元朝灭亡以后，八思巴创制的蒙古新字没再使用了，而当年塔塔统阿创造的畏兀儿蒙古文经过改革，更趋完善。直到现在，我国蒙古族还使用这种字母。）——译注

美女忽阑提出的理由

在成吉思汗的蒙古军队同乃蛮军队展开大战的过程中，篾儿乞惕部首领脱黑脱阿一直站在乃蛮部一边，为乃蛮军队助战。但在战斗结束时，脱黑脱阿却率部逃走了，从而逃脱了同乃蛮部一同覆灭的命运。同年（公元1204年）秋，成吉思汗挥军追击脱黑脱阿，同脱黑脱阿激战于合剌答勒忽札兀儿河上游。经过激战，篾儿乞惕部主力退入撒阿里之野（“驴背草原”），在那里全部被俘，只有脱黑脱阿和他的两个儿子（忽都和赤剌温）及其少数亲信又一次逃脱[1]。当时塔阳汗之子古出鲁克和其叔叔不亦鲁黑率少数残兵败将扎营于蒙古边陲，脱黑脱阿等人便逃到那里加入了他们的队伍。忽都的妻室秃孩夫人和朵列格捏夫人落入了成吉思汗之手。成吉思汗将朵列格捏夫人赐给三子窝阔台为妇。

篾儿乞惕人长期同成吉思汗作对，屡次交战。篾儿乞惕部落联盟下属之兀洼思篾儿乞惕部对这种战争已感到厌倦，其首领答亦儿兀孙不愿意继续把自己的命运同脱黑脱阿的命运连在一起，于是在塔儿河停止逃逸。为了得到成吉思汗的谅解和好感从而同成吉思汗和解，他决定把自己的女儿忽阑献给成吉思汗。

答亦儿兀孙带着女儿忽阑来见成吉思汗，途中遇到成吉思汗部下的一名将领、巴阿邻部之纳牙阿。纳牙阿问明情由，决定亲自带他们父女去见成吉思汗。他对答亦儿兀孙说：

“值此兵荒马乱之际，四处不乏歹徒也。汝父女只身前往，倘被歹徒遇见，彼必杀汝答亦儿兀孙，汝之爱女亦必为之乱也。”

为慎重起见，纳牙阿留他们父女住了三日三夜，然后方带他们来到成吉思汗帐前，一路上倒也顺利平安。对于他们姗姗来迟，成吉思汗甚觉蹊跷。他确信纳牙阿在留住此父女二人期间已将忽阑奸污，所以要将纳牙阿问斩。纳牙阿抗争道：

“我一心侍奉主子，所得敌人之美女良马，一律奉献，从不隐匿。若有歹

[1] 赤剌温：这个赤剌温是脱黑脱阿之子，与成吉思汗的“四骏”之一赤剌温同名。——译注

心，甘愿受死！”

成吉思汗不信，定要严加勘问。忽阑见此，便出面说情，担保纳牙阿无罪，并说若无纳牙阿将她父女留住三日三夜，她本人肯定早已落于歹徒之手了。这位精细的姑娘最后补充说：

“此外，但检查我之童贞可也。天命所遣，父母所生之我之肌体仍贞洁如初，未曾被犯也！”

成吉思汗准忽阑所奏，即日试之。据蒙古史家说，经过仔细检查，结果完全与忽阑所奏相同。成吉思汗遂息怒，对忽阑宠幸优渥。读者从本书后文会看到，忽阑后来成了成吉思汗的宠妃之一，而且她之得宠非同一般，在成吉思汗远征河中地区时，竟只有她忽阑一人有幸伴驾。此时，至于纳牙阿，成吉思汗当然也就恢复了对他的信任，并公开宣布说：

“此乃可靠可信之人也。将委之以大任乎！”

成吉思汗恨之入骨的篾儿乞惕人

在成吉思汗的追击下，篾儿乞惕部首领狼狈逃走，答亦儿兀孙等人投降。但他同篾儿乞惕人的斗争还在继续。大多数篾儿乞惕人已投降，成吉思汗将他们编入自己的军队，命他们在军队中看守辎重。但是，一俟成吉思汗离开，这些篾儿乞惕人便抢掠由他们负责看守的辎重财物，然后携带这些财物反叛而去。他们回到他们的故土贝加尔湖南岸下色楞格河流域，在深山密林中立寨，准备顽抗。兀洼思·儿乞惕人也反叛而去，立寨于忽鲁合不察儿山口。兀都亦惕·儿乞惕人立寨于台合勒山之最深远处，砍倒树木，阻塞要道，准备抵抗到底。成吉思汗闻说这些篾儿乞惕人反叛而去，立即命锁儿罕失剌之子沉白为将，率领左军前往征讨围剿。沉白轻而易举就荡平了上述篾儿乞惕人所立之山寨。为了防止这些森林狩猎人再次滋事，成吉思汗命蒙古军将领将他们瓜分，从而解散了这些篾儿乞惕部落。

前文说到，在这段时间，篾儿乞惕部首领脱黑脱阿及其儿子们已同其多数百姓失去了联系，在蒙古西部边陲同乃蛮部王子古出鲁克过着流亡生活。成吉思汗率部穷追，追至阿尔泰山前。当时已是冬季（1204 年至 1205 年冬），成吉思汗便驻冬于阿尔泰山山麓。这时战场已移至乌兰达班·塔井兀剌群山。这些山岭峻拔高耸，峰顶海拔高达 4000 米。这是阿尔泰山的蒙古部分和俄国部分的交界处。科布多河发源于山东侧，向东流去，灌溉着一大片湖泊地区。山西侧是额尔齐斯河之支流不黑都儿麻河的发源地。乌兰达班·塔井兀剌山地区非常荒凉。北部靠近科布多河一带很贫脊，只在海拔 2000 米至 2400 米的山上有一些落叶松。但在南部山区，山上的森林则一直下延到海拔 1090 米处，主要有雪松、欧洲山杨、杨树、柳树和冷杉。

脱黑脱阿和古出鲁克来到不黑都儿麻河畔，即今苏联塞米巴拉金斯克州内塞米巴拉金斯克市与阿尔泰斯克堡之间，集合起剩下的一些力量，企图凭借险要的地形重振旗鼓。1205 年春，成吉思汗率军追来，两军又展开战斗。脱黑脱阿正战斗时，不知何方飞来一箭，正中要害，当即身亡。在此危急时刻，他的两个儿子来不及埋葬也来不及运走他的尸体，匆忙间只好砍下他的头，向遗体作最后的告别，携其头逃去。篾儿乞惕人和乃蛮人向西南方向鼠窜，许多人在抢渡额尔齐斯河时落水而死（时值春暖，积雪融化，河水暴涨）。少数侥幸渡过河的人，都争相逃命，各奔东西，星散而已。乃蛮部汗位继承人古出鲁克一直向南逃奔，越过准噶尔草原，翻过天山，沿畏兀儿人地界库车一侧面行，过哈刺鲁之地（即今巴尔喀什湖东南之谢米列奇耶），最后来到哈剌契丹帝国（伊塞克湖以东今俄国土耳其斯坦境内）。在那里，命运为他作了出人意外的安排。

至于篾儿乞惕人忽都、合勒和赤剌温这三位王子，他们先逃到畏兀儿地面，想控制和占领别失八里、吐鲁番、库车等肥沃的绿洲。但是，畏兀儿王巴尔术派兵把他们驱逐出了界外。这一帮篾儿乞惕人便向北流窜，来到巴尔喀什湖草原，在塔尔巴哈台之叶密立河流域与“饥饿草原”之间又悲惨地流浪了十来年。

据我们掌握的部分资料记载，公元 1217 年的一天，成吉思汗忽然想起了这些幸存的敌人，遂命令他手下最优秀的战略家速别额台前去征剿。他对速别额台说：

“彼等惨败之后，已是带套之野马，中箭之伤鹿，逃奔在外。汝今率领一支军马，前往剿灭彼等。如若彼等变为禽鸟飞上天，汝即变成苍鹰上天捕获之；如若彼等已似旱獭般钻入地之下，汝即像锹凿将彼等全部挖出；倘若彼等已化为鱼群潜入深海，汝应化为拖网将其一网打尽。在到达彼地之前，汝须翻越巍峨险峻之高山，跨越水深浪阔之江河。山高路远，行程多艰，故汝当惜战马于未瘦之日；途路漫漫，宜节行粮于未尽之时。须知马既瘦则虽借而无用，粮至尽则虽节而已晚。草原茫茫，不乏鹿兔；关山重重，必多雁禽。不可纵军卒逐禽兽以为乐，不可驰战马无节制而行猎。须知行军之际，为补军粮之不足而行猎乃就地养兵之道，为竭未尽之余兴而逐兽乃贻误军机之举。如若汝等于行军途中行猎无度，则势必未见敌影，而战马已瘦，未及交锋，而士卒已疲。切勿令军卒套其鞍，不可使其搭辔闸口以行。套其鞍，则未战而伤马，闸口以行，则临阵难驰驱。凡违汝号令者，若系我之相识之人，可解来我处，由我裁处；若非我之相识之辈，汝可执而棒笙之，军法从事。”

接着，成吉思汗毫不掩饰地说明了他要派兵剿灭篾儿乞惕部残余的原因。这一有趣的供认充分表明，童年时期的不幸遭遇给这位世界征服者留下了多么辛酸痛苦的难忘的记忆。他对速别额台说：

“这帮篾儿乞惕人，我早已恨之入骨矣！彼尝逼我逃入不儿罕台勒敦之山，阻绝路口，意欲生擒我而围我于此山之中。彼时我尚年幼，心中甚惧……当今之日，我誓擒彼等！纵需数年数月之久，我也要穷追不止，纵在天涯海角，我也要往追剿灭。务必穷追至长之端，深之底，尽灭彼等而后已！汝今代我出征，我之心亦随汝征也，如此思之，必获长生天之护佑而必胜！”

为了使速别额台所串领的军队能顺利通过阿尔泰山和塔尔巴哈台山区，成吉思汗命工匠为他们打造了一种经得起山路颠簸的铁车。速别额台率领一支如此装备起来的军队，从扎木河经塔尔巴哈台直至垂河（即今之楚河）北岸巴尔喀什湖西部“饥饿草原”，穷追猛打，消灭了篾儿乞惕部残余，圆满地完成了成吉思汗交给他的使命。

成吉思汗对敌对的蒙古部落篾儿乞惕部的仇恨可说是根深蒂固的，这一点很值得我们注意。因为，很多问题可以因此而得到解释。首先，这是一个牧民之于对森林狩猎人，草原牧民对泰加森林中的猎人的由来已久的仇恨。其次，这是一种个人的仇恨。不要忘记，篾儿乞惕人曾掳掠过成吉思汗的妻子。成吉思汗可能也认为长子术赤就是篾儿乞惕人之后。

事有凑巧。当时兀都亦惕·篾儿乞惕部的最小的王子忽勒突罕篾儿干也当了成吉思汗的蒙古军队的俘虏。有人恰恰把这个俘虏带到术赤面前。忽勒突罕篾儿干是一位杰出的弓箭手，他的年轻和机敏使术赤不禁产生了同情和怜爱之心。受一种同情心的驱使，术赤要求成吉思汗赦免忽勒突罕篾儿干。但成吉思汗对篾儿乞惕部已是铁石心肠，坚决不准术赤所请。篾儿乞惕部的最后一位王子就这样像其亲属一样被斩首了……

篾儿乞惕人虽也是蒙古族人，但他们是属于那些不能被容忍的蒙古人，他们已不能成为统一的新蒙古民族的一员了。

成吉思汗与扎木合的高乃依式的对话

在乃蛮部被粉碎以后，乃蛮人的盟友、成吉思汗个人的对手、前对立汗扎木合已众叛亲离，落到了一种人人得而驱之的处境，过着流亡生活。他躲进唐努山中，以劫掠为生，跟随他的仅5人而已。唐努山脉山口和顶峰海拔高达2000米至2900米，其上积雪皑皑，终年不化。唐努山位于科布多湖泊地区与上叶尼塞河流域稠密的西伯利亚泰加森林地区之间。这个被驱逐的扎木合就这样来到了他的故土的边陲。唐努山是一个猎物众多的地区，山上长满了雪松、落叶松、冷杉以及其他的树木。在这浓密的森林里，各种各样的动物多得不可胜数。在这里，除了其他动物以外，有互相杂处的西伯利亚驯鹿和蒙古鹿，有大北方的麝香黄鹿，有草原上常见的野羊。扎木合来到这片森林，以狩猎和冒险为生，过着朝不保夕的饥一餐饱一餐的悲惨生活。正当他处于这种可悲境地之时，发生了一个决定他命运的悲剧事件。

一天，扎木合猎了一只野羊。他点燃柴火，把羊放在火上烤熟，准备饱餐一顿。正当他大口啃着烤熟的羊肉时，早已对这种穷酸生活感到厌倦的他的 5 个随从突然向他扑来，把他抓了起来。他们用绳子将他牢牢捆住，将他押送到了成吉思汗处。

被捆绑交给成吉思汗的扎木合对等待着自己的命运并没抱任何幻想。他在同成吉思汗对话时仍以君王的身份讲话。他首先要求成吉思汗给不忠于主子、擒拿并押送他而来的那几个叛徒以应有的惩罚。他对成吉思汗说：

"卑微的乌鸦竟捕捉高大的野鸭，下贱的奴隶竟擒拿其主子。呵，我汗安答，汝怎可容此等卑劣之徒效命于汝之帐前？"

大家知道，成吉思汗生平最憎恶叛徒。他最看重的一条原则是军人的忠诚与服从。当时，在他心灵的深处，很可能还对童年时期的伙伴保留着一种隐隐约约的友情。所以，在处理眼前的这个问题时，他的第一个行动就是满足扎木合的要求。他大声说：

"此等侵犯其主子的奴隶，怎可免他一死？此等卖主求荣之辈，能得到谁的信任？这等小人，应连同其子孙以及其子孙之子孙，统统斩首！"

成吉思汗说毕，即命人当着扎木合的面将那 5 个背叛主人的奴仆斩首示众。

成吉思汗不仅满足了扎木合提出的惩罚叛徒的要求，而且还对扎木合本人表现出宽宏大量的胸怀。宽宏大量仍是他性格的特点之一。他表示愿意原谅扎木合的一切过错。策划阴谋，背叛朋友，始终对成吉思汗抱敌视态度，所有这一切曾使札只剌惕部首领扎木合成为一系列反成吉思汗行为的主谋，成吉思汗此时都愿意忘记。他现在只想提及他与扎木合在童年时期结成的伙伴情谊，只想谈及他俩曾并肩战斗过的经历。这种并肩战斗的往事很可能就是指他俩还年轻时，扎木合曾帮他夺回孛儿帖夫人一事。他对扎木合回顾着这些美好的往事，劝这位战败的敌人与他重结昔日友谊的纽带。成吉思汗叙说着，回顾着，言辞

与口气中带着激情，展示出一颗高尚的心。他命人传语扎木合说：[1]

“当初，我二人亲密无间，犹如一车之二辕而不可分也。嗣后，汝忽生离之心，弃我而去。所幸者，汝今已归来矣。我切望我二人重归于好，相伴如初。当此之时，我二人可相与共处，共忆已被忘却之谊。汝虽曾离我而去，然我心之中，汝仍是我之安智，我之义弟，未尝忘之也。当我二人于战场相对之时，我亦知汝心甚痛伤焉。我与克列亦惕部争战于合刺合勒只惕沙碛之时，汝非曾遣使告我以王汗军马之部署与意图欤？此乃汝助我也，我未尝忘也。再后，与乃蛮军对阵之际，汝曾盛赞我军之威，播恐惧于敌酋之心中，将乃蛮死之以言、诛之以口。此乃汝再次有功于我，我亦未曾忘也。”

在这种高乃依式的对话中，扎木合以令人钦佩的贵族尊严与高贵态度拒绝了成吉思汗向他提出的重归于好的建议。他回答成吉思汗说：

“昔者，我二人年幼之时，曾于豁儿豁纳黑川结为安答。那时，我二人食则同餐，寝则同衾，共进不消之食，共语不忘之言。后者，我二人为外人所唆，为他人所戳，彼此离析，互相敌对，互放相侵之箭，互发相辱之言。但我忆及往昔之誓言，顿觉羞愧满面；忆及往昔誓约，羞于再露面于汝之营地。念及曾以语相疾，故而慑于目睹我安答仁义之容颜。方今之日，安答怜我悲哀，赦我过错，既忆及旧日之谊，复提出相友之议。然而，当初为汝友时，我虽有善始之举，但后来与你敌对，却已失却善终之心，未能生死相依，不弃不离。伟哉，安答！方今之日，汝已一统天下，四方之内，莫非汝之疆土；牧猎各部，尽是汝之臣民。苍天已指汝为王；万民已尊汝为汗。天下已非汝莫属；国统已由汝承奉。当此之时，友与伴有如我者，于汝又有何益哉？故我二人之间，已不可复为友矣……当此之际，若复为友，则我将成为汝衣领之虱，裙裾之刺也。若再为汝之友，则恐将扰安答夤夜之梦、白昼之心也。我曾不义，弃我安答。从今而后，自日出之地至日落之所，已无人不知我所为矣。幸哉，安答！汝乃天之骄子，人中俊杰，一世之雄。汝有聪明仁慈之母，多才多能之弟，有七十三

[1] 当时成吉思汗并未同扎木合直接见面对话。据载，当时扎木合站在帐外，两人的对话是由合撒儿传达的。——译注

勇士犹如七十三匹战马听汝驱驰，故得以君临天下，成此大业。呜呼，安答！相形之下，我只得甘拜下风矣。呜呼，我一向不幸！自幼遗于父母，既无兄弟，更无心腹。天命有归于安答，安答得天而独厚，故处处占我先也。呵，安答！此时此刻，汝应摆脱似我这等袍袱和刺头，如此，汝方可心安矣。但如若决意令我死，则请不流血而死[1]。若然，则我死后，可葬我于此处高地，我必久佑汝之子孙之子孙。我生于高贵之家族，今日虽死，乃死于安答更为兴旺家族之威灵下，死而无憾。愿安答勿忘我之所言，可朝夕思之。此时，请速死我！”[2]

当有关的人把扎木合的这番话转达给成吉思汗时，成吉思汗伤感地说：

“我安答扎木合虽异其行，然毋庸讳言，彼并无害我性命之心也。彼阅历甚广，老于处世。观彼之言，可供我等学者甚多。扎木合安答实乃可学之人也……然彼今已厌于求生矣……”

成吉思汗回顾了与扎木合昔日的情谊，劝扎木合与他重修旧好，想以此来救扎木合一命，但遭到了扎木合的拒绝。成吉思汗无奈，只好顺从扎木合拒绝和好，只求一死的愿望。这时，他又表现出政治家和法学家严格照章办事的性格特点。他说：

“像扎木合这等人物，不可无正当理由而死之。今彼欲死，兹言其可死之由如下：昔者，当给察儿劫拙赤答儿马剌之马后，彼扎木合妄行攻伐，来与我战于答阑巴勒主惕之地，迫我避于哲列捏之峡，使我惊恐不安。方今之日，我不计前嫌，仍欲与彼为友，被竟拒之不取。我欲惜彼性命，彼又招之不取。今可

[1] 蒙古人认为，人的灵魂存在于血液之中。——译注

[2] 成吉思汗与扎木合两人的对话是一场短兵相接的政治斗智，两人的很多话都是反话。据有的专家认为，扎木合当时的本意是企图不死，而成吉思汗则要做到杀得有理。两人的思想活动都很复杂，而且都很了解对方的意图。成吉思汗不提扎木合的不义行为，只讲昔日友谊与誓言，其实是在责扎木合背弃誓言，意在让扎木合自己求死。扎木合针对成吉思汗的谴责，谎称说二人反目是由于外人挑唆。同时，他也深知成吉思汗最恨背弃誓言的同族人，所以他说自己的出身同成吉思汗不同，不是孛儿只斤氏人，即使有敌对行动，也只是由于力量较量，他是因力量占劣势而致败，因此没有死罪。他要求快杀是试探，要求全身而死则是不要杀之意。然而这是不可能的，成吉思汗怎么能饶这个给他带来那么多灾难的扎木合呢？果然，成吉思汗一听说扎木合求死，即顺水推舟，满足了扎木合的“要求”。——译注

如其愿！可不流血而死之，勿露弃其尸骨，宜厚葬之。”

一声令下，部下即遵命而行。就这样，这位曾与成吉思汗分庭抗礼的札只剌惕部首领，这曾一度使成吉思汗前途难卜，命途多舛的人物，被厚葬到了一个高地。根据阿尔泰山地区萨满教徒的说法，扎木合的灵魂将从那里永远地保佑他的战胜者的后裔[1]。

以上就是从一些资料中总结出来的关于这一事件的情况。但是，据传说，扎木合的下场不仅仅是如此令人伤感，而是更为悲惨。按照传说的说法，当时成吉思汗不愿亲手处死这位昔日的安答，便把他交给侄儿阿勒赤歹去处理。阿勒赤歹受理扎木合一案后，对这位不幸者施加了非常残酷的刑罚，下令逐一砍去扎木合的四肢。扎木合在受刑时说，这样处置他是应该的，因为如果命运使他成了蒙古的主人，他也会如此处置自己的敌人。为了加速这种残酷的处决过程，他主动将自己的四肢关节处置于刽子手的刀刃下。

1206年即位大典：蒙古帝国宣告诞生，成吉思汗奖励功臣

现在，除了边远地区还残存着一些无足轻重的分裂叛离分子以外，成吉思汗已经控制了整个蒙古地面，成了蒙古的主宰。这时，他让所有部落重新推举或者说确认他为汗。为此，他于公元1206年春在斡难河之源召集“忽里台”。“忽里台”就是“盛大聚会”的意思[2]。他命人在大帐前树起九足白旄纛，作为新诞生的蒙古帝国的国旗，再一次让人们给他加上了“汗”的称号[3]。萨满教徒

[1] 据传说记载，后来在北方草原，生长了一种草，幼时青青如翠，可以食用，牧民称之为“帖哈忽仑”（意为“鸡腿菜”）。这种草长大以后，浑身是刺，牛不吃，马不啃，人更不喜欢它。枯老时随风滚动，到处飘游，绊脚、扎手是其能事。这种草，蒙古人叫它“扎木合”，传到汉地以后，便称“扎木柯”了。据说这种草就是扎木合的化身。——译注

[2] 公元1206年：这年是丙寅年，是成吉思汗即位之元年，是蒙古史纪元的正式开始的年代，史称元太祖元年。——译注

[3] 据有关资料载，九足白旄纛原是孛儿只斤氏的标志。旗上绣有“鹰”的图案，旗边缀有九角

阔阔出或曰帖卜·腾格里（即“通天巫”之意，他让人们如此称呼他）以自己的权威批准成吉思汗称汗，为成吉思汗加冕。之所以如此，是要表示成吉思汗称汗是顺应天意（“苍天”是古代突厥人和古代蒙古人的至高无上的神灵），是长生天指定这位新的君主作为它在地上代表统治万民。“成吉思汗”这一称号也反映了这一确认：“成吉思汗”者，乃“赖长生天之力而为汗者”也[1]。

在这种“加冕”仪式结束后，成吉思汗便大封功臣。他每封一人，都要充分赞扬和肯定一番受封人的功绩和贡献。各位功臣都被一种上进心和荣誉感激励着。幼时被从战场上捡来，后被诃额仑夫人收为义子的失乞忽秃忽担心自己不如木合黎或孛斡儿出那样受宠于主人，便性急地向成吉思汗表白自己的忠诚之心，他说：

“我之功难道比别人少么？我之效力难道比他人少么？我自于摇车中时，即已在汝之高阈矣。除一心为汝效力以外，我未尝心怀异志也。我自幼即卧于汝之身旁，汝亦待我如同汝之幼弟。方今之日，汝将降何恩于我，以示汝仍爱幼弟我耶？”

成吉思汗闻言，便回答失乞忽秃忽道：

“汝诚为朕之六弟耳。赖长生天之护被，统天下，治举国之民。方其成就大业之际，汝曾为朕耳目视听矣。汝今可清点户籍，分遣众人。各部安置，悉听汝命。惩彼贼盗，勘彼诈情。死其所当死，惩其所当惩。”

这样，失乞忽秃忽就担任了最高判事官的职务。他的决定都被收入了“青册”（在白纸上用蓝墨水写成的文件。据佩里奥特说，这种青册后来成了类似于《蒙古札撒》的一种判例汇编）[2]。成吉思汗降旨道：

猿牙，牙端悬有表示力量的九条白色牦牛尾（不是马后）。这个“九”，是表示吉祥。成吉思汗首次称汗是成为蒙古部乞颜氏的统帅，这次即汗位则是成为蒙古国的大汗了，犹如前次即位是成为“诸侯王”，这次即位则是成为“天子王”。——译注

[1] 关于“成吉思”一词的词义，众说纷然。《蒙鞑备录》有云：“成吉思者，乃译语天赐两字也。”这是说法之一。本传记此处依据的是这一说法。——译注

[2] 成吉思汗任命其养弟失乞忽秃忽为大断事官。大断事官是蒙古国的最高行政官员，相当于当时中原官制中的丞相。失乞忽秃忽又译作“胡土虎”，所以后来汉族人称他为“胡丞相”。——译注

“失乞忽秃忽依据朕之旨意所断之案，当书之青册，传至子子孙孙。无论何人，均不得更改青册所载！”

成吉思汗郑重地感谢蒙力克“父”，感谢蒙力克曾谏阻他陷入克列亦惕部设下的陷阱。因为当时，这位后来的世界征服者正在走向“红焰之火，游涡之渊”。

成吉思汗对孛斡儿出的赞扬最为动人。他历数孛斡儿出自帮助他追回被盗之马群（本书开始部分已叙述过此事）以来忠心耿耿为他效力的功绩。他回顾追寻马群那天，尚非常年轻的孛斡儿出如何同他一见如故，如何见义勇为，挺身而出，弃马群于郊外，舍父亲于家中，伴他去追回马匹。他说：

“伙伴有求，汝即不假思索以应……时汝父纳忽伯颜年老在家，汝为彼之独子；其时汝与朕素不相识。然闻朕有难，汝即放弃一切而伴朕矣……其后，朕与塔塔儿人相拒而宿于答阑捏木儿格思时，是夜霪雨霏霏，通宵不停，汝为使朕夜眠，张毡衫而立，不使雨水淋朕，彻夜未移半步。朕今得以登此大位，有赖于汝孛斡儿出与彼木合黎二人之助力，有赖于汝二人之良言。朕行是时，汝二人则尽其力，勉朕行善；联行非时，汝二人则直言谏止，劝朕择善而行之。”

根据他二人立下如此大功，成吉思汗便使他二人居于众人之上。

关于成吉思汗即位之后论功行赏，大封功臣的情况，后来的传说中除了上述朴素而庄重的赞扬之词以外，又增加了一些颇具传奇色彩的细节（这些细节见于蒙古历史学家、成吉思汗家族成员萨囊薛禅的著作中）。据说，成吉思汗在1206年举行即位大典大封功臣时，他对功臣一一赞扬，个个封赏，故意忘记了孛斡儿出一人。那天日落时分，成吉思汗退回到王后孛儿帖的帐内。孛儿帖王后责备他不该忘记孛斡儿出的功劳。她对成吉思汗说：

“孛斡儿出非陛下之始终相随之忠仆吗？彼非陛下年轻时之朋友吗？彼非陛下困苦时最可信赖之人焉？奈何忘之焉？”

“朕佯为忘之耳！岂可真忘此等功臣吗？”成吉思汗回答孛儿帖王后的责备说，“朕所以佯为忘之者，乃为使嫉妒孛斡儿出之人大惊而心服口服也。盖朕深知孛斡儿出之为人：当此之时，即使孛斡儿出以为朕已忘被之功劳，亦断不致因此而生怨朕之意与恨朕之心，且必言朕之善也。”

成吉思汗说毕，立即派人到孛斡儿出处打探，窃听孛斡儿出此时在说些什么。那么，孛斡儿出回到家里说了什么呢？当时，他一回家，他的妻子就向他埋怨成吉思汗忘恩负义。孛斡儿出听了妻子的话即反驳道：

“我为汗效力而来，并非为求封赏而来。即使我汗令我饥饿而死，我也要尽我平生之力为我汗效劳。我此生此世别无他愿，只愿我汗之金帐永固，仅此足矣！”

密探听了孛斡儿出夫妻的对话，立即返回据实禀报成吉思汗。第二天，成吉思汗再度召集大会，当众赞扬和感谢孛斡儿出对他的一片忠诚之心。他说：

“爱卿孛斡儿出！当朕处于困苦潦倒之际，手乏弓落之时，汝为朕忠实之友伴矣。汝孛斡儿出英勇顽强，从不知畏惧为何物。争战之时，死神当面之际，抗拒死神，为朕友伴者，乃汝孛斡儿出也。自伴朕以来，身经百战，置生死存亡于度外者，乃汝孛斡儿出也。今之在场之人，无人敢与汝论高低，无人可与汝争功劳。诸位亲王，各位大臣，万民百姓，汝等切记朕言：彼孛斡儿出当居众人之上！”

接着，成吉思汗又嘉奖木合黎。他说木合黎早在他营于豁儿豁纳黑川、舞于忽图剌汗生前常在其下欢舞的大树下时，就已以天神之吉告，预言他必得天下而至此高位。成吉思汗在回顾了木合黎的功绩之后，即赐木合黎以国王（借用汉语“国王”一词）称号，并降旨说，木台黎“札合剌温硕敦山之左手万户”[1]。

另一个蒙古部落巴阿邻部首领豁儿赤在成吉思汗的事业开始出现转机时也曾预言成吉思汗今后必得天下而居高位。精细的预言者豁儿赤当时曾对成吉思汗说，如果事态的发展果真应验他之预言，他要求成吉思汗赐给他 30 名美女作

[1] 木合黎国王：木合黎被封为国王，其实这里的“国王”不过是特别大官之意，其地位仅居于汗位之下，相当于宰相。据有关专家推测，这里的“国王”是个汉词，大概是经过契丹语或女真语而来的借词。成吉思汗封他为国王，领万户（左手万户）。与他同时被封为万户官的孛斡儿出为右手万户。——译注

为这一预言的报偿。现在，形势的发展果如他所言，成吉思汗便履行当时对他许下的诺言，让他在被征服的各部落中自己挑选 30 名美女为妇。除此以外，成吉思汗还另外给他以丰厚的奖赏，让他管辖西北地区各“森林狩猎百姓”，即命他管理自西伯利亚泰加森林地区直至上额尔齐斯河流域一带的各部落。

成吉思汗并没有忘记主儿扯歹所建立的盖世大功。他当众赞扬主儿扯歹在合剌会勒只惕沙碛战斗中冲锋陷阵、扭转战局的功绩。那天的战斗，形势危急，胜败难卜，但由于主儿扯歹奋勇冲锋，亲手一箭射伤了克列亦惕部桑昆之面颊，从而一举阻止住了敌人的攻势。成吉思汗赞扬他说：

“那日鏖战，若非汝主儿扯歹一箭射中桑昆之颧，则朕未知其何如矣！自彼时起，赖长生天之意志，帝国之门扇即已为朕开启矣！”

成吉思汗还说，在向哈拉哈河流域的撤退中以及后来在同克列亦惕部展开的决定性大战中，坚韧不拔的主儿扯歹曾给了他大力支持。他激动而振振有词地赞扬说：

“比及撤退而顺哈拉哈河而徙之时，朕视汝主儿扯歹有如遮护之高山；争战之日，朕视汝为朕之护身之盾牌焉。”

前文已说过，作为皇帝给有功之臣的最高奖赏，成吉思汗把他的妃子之一克列亦惕部亦巴合别乞公主赐给了主儿扯歹，此时他补充说：

“汝曾助联合离之百姓，聚溃散之民众。朕念汝多功，故将亦巴合别乞赐予汝为妻。”

接着，成吉思汗开始奖赏他的“四狗”。这“四只凶猛的狗”指的是忽必来、者勒篾、者别和速别额台这四员大将。成吉思汗对这四员大将说：

“汝等四人曾为联压强者之颈，劲者之臀而使彼不得动弹。争战之日，只须朕一声号令，汝四人即勇往直前，所向披靡，破彼有如坚铁之岩石，断彼湍急难涉之深水。”

成吉思汗说到这里，情绪激动，提高声音说：

“每当争战之时，但有此等之勇士立于阵前，朕即可心安神定，不惧强敌也。”

成吉思汗就这样一一点名奖赏着。所有被点到的人，他都首先赞扬一番，历数其功绩与贡献，然后给予封赐。此时轮到被奖赏的是格你格思部之忽难。成吉思汗夸他警惕性高，有如“黑夜之雄狼，白昼之乌鸦”。他还夸奖阔阔搠思，迭该和兀孙三人能忠实地向主人反映情况，能“不讳其所见，不匿其所闻”。他赞扬和感谢者勒篾的父亲札儿赤兀歹老人当初把年轻的者勒篾送给他，要者勒篾给他充当“守阈之奴，守门之私仆”。他说：

“值朕出生之时，汝札儿赤兀歹老人即赠朕以貂鼠之扃。朕与者勒篾生于同时，生则共生之，长则共长之……”

他还赞扬司厨汪古儿说：

“汝汪古儿和汝之敞失死惕人与伯牙兀惕人曾有如绿篱之护朕，朝夕辛劳。汝汪古儿忠心跟随朕，雾中未尝迷，战中未尝离，与朕湿则共湿之，寒则共寒之。”

作为奖赏，成吉思汗同意汪古儿聚集其已经离散了的伯牙兀惕部落并担任该部的首领。

成吉思汗对被从战场上捡来，然后由诃额仑母收养的失乞忽秃忽、孛罗忽勒、曲出和阔阔出这四个人发表了特别充满感情的讲话，他说：

“汝四人当初被弃于敌营，母后拾汝等而鞠养如同亲生。母后提汝等之颈项，俾为与人齐者；提汝等之肩甲，俾与男儿齐者，盖欲使汝等为其亲子之友与影也。汝等今已长大成人，成为朕与兄弟等之友矣。”

这位征服者肯定地指出，他的这几位义弟过去为他尽忠效力，知恩报恩，已经通过自己的实际行动报答了诃额仑母的养育之恩。他还特别举了孛罗忽勒的例子来说明这一点。他说：“汝孛罗忽勒之尽心尽力伴朕也，征战之中，霪雨之夜。对敌之时，临战之隙。未尝使联空腹而宿，未曾令朕无饮而歇。朕但一呼，汝即应声；朕但一招，汝即在侧！”

成吉思汗接着回顾了孛罗忽勒夫妇如何救他的长子窝阔台和幼子拖雷性命的情形。当他的幼子拖雷落入一塔塔儿人之手，即将被其杀害之时，孛罗忽勒之妻挺身而出，救拖雷于将死之际。在同克列亦惕部首次展开大战时，他的长子窝阔台身负重伤，孛罗忽勒冒死搭救窝阔台于垂危之时。成吉思汗回顾了这些情节之后下结论说：

“汝孛罗忽勒有救朕二子性命之大功，此乃善报母后辛劳鞠养之恩之举也！”

值此庆功封赏之时，成吉思汗也没有忘记那些在最艰苦危难的日子里为他的事业献出了生命的将士。他特别提到了忽亦勒答儿和察罕豁阿。他说：

“朕之爱将与安答忽亦勒答儿为朕效力而殒命矣。察罕豁阿在争战中已为扎木合所杀矣。他二人均为朕驱驰而捐躯矣。他二人之子孙及其子孙之子孙，从今往后当取孤子之俸！”

成吉思汗除让他二人子子孙孙取孤子之俸以外，还恩准察罕豁阿之子纳邻脱斡里勒收聚其捏古思部落的人。

最后，成吉思汗还特别充满感情地对锁儿罕失剌致以谢意。读者定还记得，在成吉思汗还很年轻的时候，曾遭到泰亦赤兀惕人的迫害。正是锁儿罕失剌帮他摆脱了枷锁，使他逃出了泰亦赤兀惕人报复的魔掌。现在，成吉思汗对锁儿罕失剌说：

“汝之此功，朕未尝片刻忘记。朕于夤夜之梦中，于白昼之心中，常思及汝锁儿罕失剌的救命之恩。汝已自泰亦赤兀惕处来投朕，虽稍来迟，然终已来矣……而今朕意降恩于汝。汝需要什么，自管照直说来，朕必应汝所求。”

锁儿罕失剌要求成吉思汗把原篾儿乞惕部所据之地色楞格河流域赏给他作为牧场，免交赋税。成吉思汗当即准其请。此外，锁儿罕失剌的两个儿子赤剌温和沉白还得到了保留其狩猎时所得之全部猎物以及争战时所缴之全部战利品的特权。

就这样，世界征服者成吉思汗在公元1206年春暖花开之时，在其斡难河上游出生之地，在蒙古诗人们争相讴歌的草地与森林之中，在欢庆胜利、即位开国之日，激动地回顾着所经历的苦难年月和创业的艰难历程，热情地赞扬和慷慨地奖赏着为他今日的荣誉作出了巨大贡献的诸多忠勇之士。

成吉思汗的怯薛军

接着，成吉思汗便着手进行改组整顿御林军的工作。他降旨道：

“昔者，朕仅有担任白昼警备任务之侍卫七十人，负责夜间警备任务之宿卫八十人。今赖长生天之助力，得天地之赞助，匡普天下之百姓，俾入朕一统之制。今当拣选十户官、百户官、千户官、万户官之子弟人为卫士，俾满万数而为怯薛军。”[1]

这支精锐的怯薛军有着严格的纪律，同时也享有非同一般的特权，一个普通的怯薛军人的地位甚至高于千户官。这支军队的每个成员都由成吉思汗亲自挑选，他们必须忠诚地为他服务，不辜负他对他们的信任。据蒙古古代诗人记载，一天，成吉思汗在对那些老卫士发表讲话时以华丽的语言赞扬和鼓励他们说：“朕之忠心耿耿之众卫士，汝等竭诚效君王，鬓发各已苍！云夜卧于外，星夜巡宫旁。飘飏风雪里，谨护朕营帐；倾泻大雨中，护朕编壁房；棘针风骚骚，透衣雨冰凉。但为朕眠安，谨守终夜长。众敌伺于周，汝等拒之荒。相戒不瞬目，刀剑放光芒。但得君命招，应声立朕旁！朕今登极位，赖众苦勤王！”

成吉思汗对卫士们大加赞扬后，便将他们整编分队，分别给各队赐予崇高的称号。这些称号就像拿破仑军队中的称号一样使这些卫士感到十分自豪和骄

[1] 怯薛军：这是《元史》音译词，类似的译语还有“怯薛歹”，“怯薛者”，“怯薛之长者”。怯薛军相当于汉语所谓“御林军”，“禁军”，有的著作中译为“内廷府士”。分为侍卫（值白班）和宿卫（值夜班），各委以首领，地位很高，权力很大。其职责范围不仅仅是值白班和夜班。以宿卫为例，《元史・兵制》就曾记载说：“宿卫者，天子之禁兵也……宿卫之事，其用非一端。用于大朝会，则谓之围宿军；用之于大祭祀，则调之仪仗军；车驾巡行用之，则曰扈从军；守护天子帑藏，则曰看守军；或夜以之惊非常，则为巡逻军；用岁漕至京师用之以弹压，则为镇遏军。今总之为宿卫。”警卫之职叫做“怯薛”（值班），警卫人员叫做“怯薛歹”，正在执行怯薛任务的人叫做“怯薛者”。地位享于千户，是指正在执行怯薛任务的“怯薛者”（这表明了成吉思汗的不可侵犯性），而不是指一般的值班人员“怯薛歹”。怯薛军中的军官称为“怯薛之长者”。总之，他们的职责，平时是保卫大汗的金帐和分管汗廷的各种事务，战时则跟随出征。护卫制度是：宿卫值夜班，箭筒士和侍卫值白班，各分为四队，每队轮流值三昼夜，周而复始，因此称为“四怯薛”。四怯薛之长分别由成吉思汗最亲信的四骏（一作四杰）孛斡儿出，木合黎，亦剌温，博儿忽担任，并许其世袭。——译注

傲，在这些卫士的心中激起了一种竞相报效皇上的崇高热情。例如，由斡歌列扯儿必率领的七十名白班侍卫被封为“大侍卫”；由阿儿孩合撒儿率领的勇士被封为“老勇士”；由也孙帖额和不吉歹率领的弓箭手被封为“大弓箭手”。

成吉思汗还要求他今后的继承者也必须遵循他的安排，给这些老卫士以特别恩宠。他说：

“朕之子孙之子孙，久后居朕位者，必当忠于朕之遗训，善待汝等，尊汝等为帝国之守护神！”

成吉思汗还进一步指出：

“朕之弓箭手犹如遮天蔽日之密林。朕必以甘饴养之，以锦衣衣之，以宝马骑之，以水草丰美之牧场封之，不使其牧场生有害之荆棘！”

除了奖赏立功开国的各位将士以外，世界征服者成吉思汗还想到了在他的领导下业已统一起来的蒙古族百姓。据他的后裔、蒙古历史学家萨囊薛禅记载，成吉思汗在谈到蒙古族人民时曾说：

“与朕同甘苦，共患难，英勇卓绝之蒙古百姓，艰辛危难中忠诚随朕创业之蒙古百姓，朕必当善遇之，使之居于天下所有百姓之上！”

至于这些蒙古百姓的理想，始终不过是狩猎和游牧。他们时而表现得那么淳朴而善良，时而又表现得那么凶暴而残忍。到蒙古去旅行的探险家们是这么看的，成吉思汗本人也曾作如是观。他曾说过：

“朕之蒙古百姓之为人也，平常之日温顺柔和犹如两岁之小鹿，节日宴乐之时无忧无虑犹如初习奔驰之幼驹。然于争战之日则有如猛与雄鹰之赴敌，白昼引而待发则有如老狼之窥伺猎物，夤夜警觉则有如乌鸦之相戒不寐。”

在西伯利亚泰加森林中

整个蒙古，东起大兴安岭，西至阿尔泰山，所有居毡帐而游牧的牧民，现在都成了成吉思汗的臣民，成了接受其统一号令的统一体。其臣民定居而生的中原初伊朗等帝国即将领教这些以游牧为生的牧民的勇猛与强悍。但是，在挥军南下，征服各文明国家之前，草原的主宰，牧民的皇帝成吉思汗打算先征服居住在西伯利亚泰加森林中的北方狩猎人，以解除他的后顾之忧。

居住在北方的森林狩猎人，从人种角度来看，都是纯粹的蒙古种族人。但是，由于他们的生活环境和条件不同于牧民的生活环境和条件，因而他们的生活方式与牧民的生活方式大相径庭。据一位波斯历史学家记载，这些森林狩猎人不像其他蒙古人那样住在毡帐里，他们也没有牲畜。他们在绵延广袤的深山密林中以狩猎为生，对牧民相当蔑视。他们借以栖身的处所只不过是一些用树枝搭成的简陋的棚屋，屋顶上盖以宽大的桦树皮。隆冬季节，他们狩猎于林海雪原，脚上绑着雪鞋，手中握着木杖，将木杖插入雪中，以为支撑。他们就这样在林海雪原中行走，犹如船夫将撑竿插入水中在水上行舟一样。

蒙古各森林狩猎部落中最大的部落是生活在贝加尔湖以西的斡亦剌惕部，附属于这个部落的还有不里牙惕部。不里牙惕部落至今还非常兴旺。斡亦剌惕部生活的地区除了巴拉干草原以外，是一片广阔的森林地区，森林中的主要树木有桦树、杨树、欧洲山杨、雪松、落叶松和冷杉。在这些高大的树木遮蔽的地面上生长着厚厚的苔藓，鲜艳的杜鹃花和地衣之类的植物。这个地区的河流有上勒拿河，上安加拉河以及安加拉河的一些南岸支流（例如比耶莱阿河和奥卡河）。这片森林中的主要动物有驼鹿、驯鹿、狼以及珍贵的毛皮动物诸如熊、紫貂、白鼬和灰鼠等。森林狩猎人常猎取珍贵的毛皮动物，剥其皮，然后用毛皮与外界贸易，收入颇丰。

斡亦剌惕部过去曾参加过反对成吉思汗的联盟。但是，当成吉思汗战胜诸路强敌，接着派其长子术赤前至失必儿之地[1]征服各森林狩猎部落时，斡亦剌惕部首领却主动来投降，甚至同意为术赤率领的征讨部队充当向导。这样，术赤就顺利来到了斡亦剌惕人居住的已接受成吉思汗统治的失黑失惕之地。

术赤率军抵达失黑失惕之地以后，接着即挥师西向，向古之吉尔吉斯人，

[1] 失必儿，即今西伯利亚。——译注

今之图巴人各部落（突厥部落）居住的上叶尼塞河流域挺进。这些部落居住的这片地区北有萨彦岭，南有唐努山，除了乌卢客姆河南岸和下肯乞克河流域是草原以外，这是一片群山起伏的地区，从8月份起山上就盖满了白雪。同时，这也是猎物众多的地区，在雪松、落叶松、白冷杉和桦树林里，有驯鹿，肌肉强健的黄鹿、黑貂、白鼬、河狸和水獭等动物。长期以来，吉尔吉斯人，就像他们的后裔今天的图巴人一样，驯养了大批驯鹿。他们用驯鹿皮做御寒遮体之衣被，就像他们用桦树皮做棚舍木屋之瓦盖一样。

正像其邻居斡亦剌惕部和不里牙惕部一样，吉尔吉斯各森林狩猎部落也没有抵抗术赤所率领的大军。他们的头领诸如也迪亦纳勒，阿勒迪额儿和斡列别克都顺从地率部归降，并献上白隼、白马和黑貂之类的礼物。术赤班师时，把各森林狩猎部落的首领带来谒见成吉思汗。世界征服者成吉思汗大喜，特别嘉奖斡亦剌惕部首领忽都合别乞，因为忽都合别乞是率部归降在先。作为特别酬谢的表示，成吉思汗将他家族中的两位公主许配给忽都合别乞的两个儿子亦纳勒赤和脱列勒赤为妻：扯扯亦干公主被许配给亦纳勒赤，拖雷之女豁雷罕公主被许配给脱列勒赤。这种“姻亲政策”最终确保了这些森林狩猎人对游牧民的皇帝成吉思汗的臣从。

到此为止，在全部森林狩猎部落中，只剩下秃马惕部落没有归顺了。秃马惕部落的居住地可能在林木茂密的额尔库尔山山区奥卡河上游（也可能在斡亦剌惕部住地以北西马河与奥卡河汇合处附近奥卡河与伊札河之间），巴拉干草原西北部。可以肯定的一点是，秃马惕部居住地是一片山区，而且是西伯利亚泰加森林的树木最稠密的林区。格列纳尔在描述这一林区的情况时曾写道：

除了行人常走的羊肠小道以外，泰加森林就像热带森林一样茂密而难以穿行。要想从这种稠密的森林中通过，就必须手持利斧，披荆斩棘而进，否则就寸步难行。因为，在深而茂密的野草中常夹杂着金合欢属植物和野生醋栗树，草丛中常隐蔽着横七竖八的倒木的树干，足以绊人步履。在这种遮天蔽日的森林里，行人举目所见，尽是树木草丛，根本无法见到位于前方稍远处的高地。

林中没有任何标记，乍一看，山谷与溪涧毫无区别，行人无法辨认哪里是幽深的山谷，哪里是暗流奔泻的深涧。据说，有些猎人一脚踏入这可怕的森林就迷了路，并永远同其伙伴失去了联系。

成吉思汗命令孛罗忽勒统领一支军队去征服秃马惕部落。当时，秃马惕部落的首领新亡，由其遗孀孛脱灰塔儿浑继任为首领。从表面上看，孛脱灰塔儿浑并不是那种令人生畏的女首领。孛罗忽勒并没预料到会有什么不测，放心大胆地策马行于大军的前列。一天夜里，他正带领人马行进在密林中的一条羊肠小道上，不防秃马惕哨兵突然从暗丛中窜出，向他扑来，孛罗忽勒仓促间躲闪不及，被一刀刺死。得悉义弟被杀的消息，成吉思汗顿时怒不可遏，欲御驾亲征，为孛罗忽勒报仇。经过孛斡儿出和木合黎再三谏阻，成吉思汗才放弃亲征的打算，派朵儿伯惕部之朵儿伯多黑申去镇压秃马惕部落。遵照成吉思汗的严以治军的旨意，朵儿伯多黑申串部谨慎而行，来到泰加森林边缘。他在那里做了个假动作：虚张声势，部署进兵，摆出一副要顺着通常应走的小路和隘口行军的架势。但行不多远，他突然改变行军路线，踏上一条野兽走过的普通小道。他命令士兵手执刀斧，披荆斩棘，劈路登山而进。就这样，部队避开敌人的注意力，神不知鬼不觉地突然出现在一个山头（可能是卡腊加斯群山中之一山）上。他们居高临下，透过森林空隙，发现了居住在山下（可能在图隆斯克或尼什内乌丁斯克附近）的秃马惕部落。当时秃马惕人正在那里举行盛筵，根本不知道也没有料到成吉思汗的军队会突然来到他们面前。朵儿伯多黑申乘敌不备挥军冲下山，不费吹灰之力就降服了秃马惕部落。

原来，秃马惕人不但杀了孛罗忽勒，而且擒获了蒙古将领豁儿赤那颜和已经归顺了成吉思汗的斡亦剌惕部首领忽都合别乞。但朵儿伯多黑申此次袭击来得如此之突然，以至于秃马惕人还没来得及处置豁儿赤和忽都合别乞就全体当了俘虏。在这之前，豁儿赤被秃马惕人擒获的情况非常有趣。读者当还记得，成吉思汗曾答应让豁儿赤在各部落中挑选 30 名美女。豁儿赤仗着有成吉思汗的恩准，便不客气地来到秃马惕部落女眷中行使自己的权力。但是，秃马惕部妇女们根本不听他这一套，便七手八脚地将他捆了起来……现在朵儿伯多黑申率领的蒙古军队降伏了秃马惕部，豁儿赤当然也就得到了解放。成吉思汗命令从秃马惕妇女中挑选 30 名美人送给豁儿赤，豁儿赤被擒之辱从而得到了补偿。关于给忽都合别乞的补偿，成吉思汗做得更绝：他将秃马惕部“王后”孛脱灰塔儿浑本人赐给了忽都合别乞。与此同时，成吉思汗将 100 名秃马惕将士赐给不幸的孛罗忽勒的亡灵，命令他们奉侍孛罗忽勒之遗骨。

神权与王权的较量：通天巫的野心

成吉思汗征服了草原上的各游牧部落和泰加森林中的各狩猎部落，从而控制了整个蒙古地面，成了整个蒙古的主宰。他认为，这是他个人和他的友伴们发愤图强，英勇战斗的结果。正像后来人们所说的那样，蒙古帝国是“建立在马背上的帝国”。但是，一些巫师或萨满们对成吉思汗登上宝座也起了辅助作用，蒙古史家在谈到成吉思汗的平生业绩时，常常要引用一些萨满教徒的预言就是证明。在当时，在佛教传入蒙古以前，萨满教徒对属于阿尔泰语系的各语族居民的思想具有很大的影响。

在这些萨满教徒中，影响最大的是蒙力克之子阔阔出。本书开始部分已经介绍过晃豁塔惕部之蒙力克在成吉思汗青年时期所起的作用。他曾接受也速该把阿秃儿临终时的遗命：前往翁吉剌惕部寻找铁木真。他不辱先主遗命，成功地把铁木真领回家中。确实，他后来曾一度恶劣地抛弃了年轻的铁木真，很久以后才又投奔成吉思汗家族。但同样确实的是，后来他又第二次救了世界征服者成吉思汗的性命：阻止成吉思汗屈身投入克列亦惕部人设下的陷阱。由于蒙力克过去曾为成吉思汗立下了以上大功，所以他现在在成吉思汗手下居于头等重要的地位。蒙力克一家在当时享有很高威望。他有 7 个儿子，第四子阔阔出成了当时最令人生畏的巫师。

阔阔出拥有巨大的神奇的“权力”。他的名字前常被冠以“帖卜腾格理（即

‘通天’之意)”一词，这就足以说明他当时的地位有多么高[1]。不是有人说他常骑有灰白斑点的大马登上天庭同上帝面谈吗？他曾在1206年举行的开国大典上扮演过重要角色：为蒙古帝国皇帝成吉思汗加冕。据波斯历史学家记载，以天（即天帝）的名义确认铁木真拥有“成吉思汗”这一帝号的正是这个阔阔出。可以肯定的一点是，在如何对待阔阔出的问题上，成吉思汗的态度是非常谨慎的，这种谨慎甚至发展到了在一定程度上向阔阔出让步妥协的地步。这也许是由于成吉思汗很欣赏阔阔出为蒙古帝国的效劳，也许是由于他惧怕阔阔出拥有的那种神奇权力。然而，这种局面长期发展下去是必然会带来麻烦的。通天巫阔阔出拥有巨大影响，这就越来越使他觉得自己很了不起从而目空一切。现在，阔阔出甚至要求，有关一切军国大事的决定，成吉思汗都应破例事先同他商议和讨论。他坚定不移地认为，是他使成吉思汗登上了汗位，成吉思汗得以登上宝座应归功于他的咒语。他差不多自认为可以同成吉思汗平起平坐了。在6个兄弟的坚决支持下，阔阔出越来越表现得有恃无恐和肆无忌惮。

一天，阔阔出七兄弟相聚，竟一齐动手殴打成吉思汗的亲弟弟合撒儿。合撒儿是无与匹敌的力士和箭无虚发的弓箭手[2]，他们竟敢殴打合撒儿，这足以说明通天巫的神权甚至威慑住了皇室。当时，合撒儿没有直接还手，他径直来到成吉思汗面前，跪陈冤情。但是，成吉思汗听完合撒儿的禀报以后，竟对合撒儿大发脾气。他这种怒火难以掩饰地表现了他在这个问题上进退两难的矛盾而尴尬的心情。他怒冲冲地对合撒儿说：

“人非言汝为无与匹敌之勇士乎？今何以败之耶？”

见成吉思汗持如此态度，合撒儿不禁含屈堕泪。他没有再说半句话，委屈地起身而去。他感到自尊心受到了严重伤害，便离去足有三日之久，没来见成吉思汗。

但事情并没有就此完结。阴险的阔阔出来见成吉思汗，煽风点火，企图挑

[1] 帖卜腾格理：“帖卜”是蒙语“通”或“透”的意思。“腾格理”是蒙语“天”的意思。由于阔阔出是巫师，所以这里合在一起可译为“通天巫阔阔出”。——译注

[2] 据传说，合撒儿力大无比，可以像折断一塞箭那样轻易地将一个人折为两段。——原注

起成吉思汗对其弟合撒儿的不信任情绪。他对成吉思汗说：

“我以长生天之名义特来向陛下转达长生天之旨意：成吉思汗将继续主此帝国。然长生天亦云合撒儿将可主国。依我之见，陛下若不早图合撒儿，则事未可知也……”

这一阴险的暗示在成吉思汗心中留下了极为深刻的印象，引起了他对合撒儿的极大注意。根据通天巫的暗示，成吉思汗确信，长生天已向他披露：合撒儿正企图取他而代之。想到此，成吉思汗当夜即跨马来到合撒儿住处，将合撒儿逮捕了。

但是，事发后，合撒儿的两个亲信[1]急忙赶到诃额仑母住处向诃额仑母禀报刚发生的情况。诃额仑母闻讯，立即叫人牵来一头骆驼驾车，当夜驱车上路，奔成吉思汗大帐而来。她兼夜而行，黎明时分就来到成吉思汗帐前。这时，合撒儿双手被绑，冠带被褫，正在成吉思汗面前接受严厉的审问。成吉思汗定要治他阴谋篡位之罪。看到母亲突然闯进帐来，气势汹汹，脸色阴森可怖，成吉思汗顿时吓得手足无措，窘迫狼狈至极。诃额仑母径直走到合撒儿面前，亲手给合撒儿解开绳索，又把冠带还给合撒儿。然后，她怒不可遏，盘腿往地上一坐，三两下解开胸襟，掏出一对干瘪的乳房，使其垂于双膝上，大声对成吉思汗等人说：“看见了吗？汝等所哺之乳在此。合撒儿何罪之有耶？汝奈何一定要毁自家骨肉耶？汝等幼时，铁木真仅能尽此一乳，合赤温和帖木格二人可尽另一乳。唯有合撒儿能一人尽我双乳而宽我胸膈，宽我胸膈而使我心安。铁木真有能，其能在心计谋略；合撒儿则有力，其力在善射[2]。合撒儿善射，曾使敌人胆寒，故而能为汝降服众敌。而今飞鸟已尽，汝欲毁良弓，敌人已灭，汝即不容合撒儿么！”

---

[1] 这两个人一个名叫古出，另一个名叫阔阔出，与通天巫阔阔出同名。——原注

[2] 合撒儿之善射是尽人皆知的。据蒙古历史学家萨囊薛禅记载，一天，成吉思汗要他射一只秃鹫。百发百中的射手合撒儿问：“你要我射中秃鹫的哪个部位？”成吉思汗说：“要射中其头部黄纹与黑纹之间。”合撒儿即张弓搭箭射去，秃鹫应声一头栽了下来。经过查看，箭射中的部位恰恰是成吉思汗所要求射中的部位。——原注

诃额仑母这样严厉地斥责着成吉思汗。听完母亲的斥责，成吉思汗十分惶恐不安。他说：

“受母之怒责，惧则惧矣，羞则羞矣，吾其退也……”

成吉思汗又羞又惧，不敢正视这位高尚的老妇人的燃烧着怒火的眼睛，慌忙退走了。他让合撒儿恢复了自由，再也不敢动合撒儿了。然而，他并没有因此而忘记通天巫对他说过的关于合撒儿欲篡位的诽谤之词，那些话仍然萦绕在他的脑际，纠缠着他的心。于是，他背着母亲褫夺了合撒儿的大部分封地和特权，原分给合撒儿的百姓也被褫夺得仅剩下 1400 人。诃额仑母得悉这一情况后，精神上又一次受到了打击。据蒙古史家记载，自此以后，诃额仑母的健康状况每况愈下，很快就恶化了……[1]

成吉思汗剪除通天巫

总而言之，阔阔出成功地使成吉思汗疏远了自己的得力弟弟合撒儿，使合撒儿失去了成吉思汗对他的宠信。这样，阔阔出就达到了分裂皇室的目的。显然，成吉思汗是顺从阔阔出的意愿，向阔阔出作了让步，因为，他惧怕阔阔出的影响。这一事件发生以后，险恶的萨满阔阔出拥有的“精神权力”得到了巩固，他的世俗的威望也因此而进一步提高了。许多原是成吉思汗的属民的人都跑到阔阔出那里去了，阔阔出的属民人数从而大增。这一演变的明显迹象是，成吉思汗之幼弟帖木格斡惕赤斤的一些属民也放弃效忠其主人的义务和责任，去投靠阔阔出了。帖木格斡惕赤斤派了一位名叫莎豁儿的亲信将官前往阔阔出

[1] 成吉思汗的家族是蒙古国的最高统治集团，称为“黄金家族”。按照蒙古人自古以来分配家产的传统，成吉思汗把一部分百姓分配给弟弟和儿子们，并划定了各自领有的牧地范围，蒙古语称为“农土”（营盘地）。大部分百姓归成吉思汗本人所有。当时分给合撒儿的百姓有 4000 人。此次成吉思汗虽然碍于母命，没有杀合撒儿，但后来他却背着母亲褫夺了合撒儿的大部分特权和封地。诃额仑得知此情，心里非常难过，忧虑成疾，不久就“不享天年而提前死了”。——译注

处去招回逃去的百姓。莎豁儿奉命来到阔阔出处要人，但阔阔出不但不放人，而且把莎豁儿揍了一顿，在莎豁儿背上绑了一副马鞍，让他负鞍步行回去见帖木格斡惕赤斤。第二天，帖木格斡惕赤斤亲自出马，来到通天巫处要领回属民。但是，通天巫及其六个兄弟当即把他包围起来，以殴打相威胁，强迫帖木格斡惕赤斤给他们跪下赔不是。当然，最后他们还是放回了帖木格斡惕赤斤，但并没有交还其任何属民。

翌日清晨，成吉思汗还没起床，帖木格斡惕赤斤突然闯进他的营帐，扑通一声跪在他的床前，向他哭诉自己受到的侮辱。成吉思汗听完帖木格斡惕赤斤的哭诉，一言不发，似乎被可怕的通天巫吓呆了。正在这时，他的夫人孛儿帖使他下定了决心。孛儿帖夫人当时起坐于寝处，以衾领遮其胸，对成吉思汗大声说：

“彼阔阔出及其兄弟们何可如此放肆耶？前者，彼结党殴打合撒儿，今日又强迫帖木格翰惕赤斤跪下赔罪！如此放肆，成何体统耶？我等今处于何地耶？陛下今尚健在，彼等尚胆敢殴打陛下之如松如柏之胞弟，久后陛下如大树之躯忽倾之时，彼等将如何待我等？如风卷乱草和百鸟归飞而投于陛下之百姓届时将处于何境？如此下去，陛下以为届时彼等会让我等之子孙主国么？陛下何可坐视彼等残害陛下之胞弟而无动于衷耶？”

孛儿帖越说越伤心，忍不住珠泪涟涟，啜泣不止。听完孛儿帖这一番精辟雄辩的言辞，成吉思汗心里感到十分震动，顿时如梦方醒。这时他才感到他的王朝的命运正在受到威胁。想到此，他对通天巫的带有迷信色彩的恐惧立刻烟消云散，他又恢复了人们熟悉的那种敢作敢为的男子汉和果敢的政治家的形象。他干脆简短地对帖木格斡惕赤斤说：

“今日通天巫阔阔出来时，任汝处置之！”

无须更多的旨意，仅此一句话就足够了。帖木格斡惕赤斤满意地依言起身，拭干眼泪，走出门去。他找来三位以力大而闻名的力士，向他们授意如此如此，这般这般，安排妥当，专等阔阔出到来。不一会儿，蒙力克偕同其七子来拜见成吉思汗。阔阔出刚一坐下，帖木格斡惕赤斤即上前一把揪住他的衣领，对他吼叫道：

“昨日汝令我跪下求饶，今且较量较量！”

说毕，即拖阔阔出向门口走去。阔阔出也回手反揪住帖木格斡惕赤斤的衣领，二人相搏在一起。在相搏斗的过程中，阔阔出的帽子脱落于炉灶上，其父蒙力克立即拾起儿子的帽子，凑到嘴边擦了擦，置入怀中，他已预感到了事态将会如何发展。成吉思汗命令相搏之二人不要当着他的面搏斗，可出去较量勇力。帖木格斡惕赤斤事先已安排在门口的三个力士此时正站在门外等阔阔出。阔阔出一走出门，三个力士就扑上来，抓住他，把他拖到远处，折断其腰，然后将其尸体扔在“东厢车群之端”的一个角落。

帖木格斡惕赤斤处置了阔阔出以后，回到成吉思汗面前按照自己的方式报告刚才较量的结果，他说：

“我今欲与阔阔出较量勇力，但他竟拒绝角力，使计而佯卧不起，那样子真怪！”

蒙力克在旁边听见帖木格斡惕赤斤如此说，便明白了刚才二人相搏的结果，当即老泪纵横地对成吉思汗说：

“呵，我汗！自大地如土坷时，自江海如小溪时，我已相从陛下矣……”

然而，蒙力克的另外6个儿子却不像其父那样顺从忍耐，他们堵住门口，气势汹汹地把成吉思汗围在中间，甚至胆敢动手动脚，抓成吉思汗的衣袖。成吉思汗明白自己正处在危险时刻，便猛一拂袖，摆脱这几个人，怒不可遏地大声说：

“滚！让开路！让朕出去！”

成吉思汗脱身而出，冲出门，喝问卫士何在。弓箭手和侍卫应声而至，团团将他护定，在他周围组织了一圈人墙。

经过检查确信通天巫阔阔出已死之后，成吉思汗即命人将其尸体置于一帐篷内，命令关好帐篷的门和天窗，并命令卫士在帐篷周围看守。据蒙古传说记载，第三天拂晓时分，帐篷的天窗竟然打开了，阔阔出的尸体“自己从天窗口出去了”。

成吉思汗对这一奇迹的公开解释是：

“阔阔出殴打并无稽谗谮朕之胞弟，故而不得天佑。天已特其性命与躯体而去矣。”

但他却对蒙力克坦率地承认说：

“汝教子无方，致使彼等思欲与朕平坐。通天巫阔阔出自招其祸……知汝等如此性行，本应按阿勒坛、忽察儿和扎木合之例处置汝等八人！”

蒙力克及其幸存之六子闻言，吓得浑身战栗，面如土色。但成吉思汗又立即转威严为平易，口气缓和下来。作为一位天生的政治家，他的手腕是非常灵活而高明的，所以他不能无谓滥杀，特别是不能无谓地处死那些一直同他的家族有着紧密联系的人们。他以前曾向蒙力克一家作过“犯九罪而不惩”的保证。此时，他仍愿意重申这些保证。正像他现在对蒙力克父子强调指出的那样，他的话是神圣的。他对他们说：

“朝令夕改，夕毁朝言，此等之人必为世人耻笑。故朕息却雷霆之怒，仍遵前言，赦免汝等。然汝等若早慎其所行，谁能比诸蒙力克之子孙？蒙力克之子孙何处不可通行耶？”

世界征服者成吉思汗现在可以表现出宽容大度了，因为，自从萨满教徒通天巫阔阔出被处死以后，晃豁塔惕部的气焰已被压下去，其影响已一落千丈，一蹶不振。因此，本书后文也就没有必要再提到这个部落了。

摆脱了危险的阔阔出以后，成吉思汗另请一位本分可靠、令人放心的人担任大萨满。这个人就是巴阿邻部之兀孙老人。他降旨说：

“依蒙古之制，素有别乞（大萨满之旧称号）官之道。别乞之位高于其余所有贵人。兀孙老人今可为别乞官！彼当衣以白衣，乘以白马，坐于上座而受官民之敬仰，行祭祀，说讲年月之凶吉。”[1]

[1] 别乞之制：“别乞”即“长者或长老”之意。本书前文出现的各部酋长的名讳，往往缀有“别乞”字样，如“忽察儿别乞”，“脱黑脱阿别乞”等，都是长子系统的部族长，所以“别乞”即“长者或长老”之意。封兀孙老人为“别乞”，就是封他为蒙古国的保老。其地位甚为高贵，但并无实权，只是“岁中，月中”发表议论，主持一下祭祖典礼而已。蒙古建国以后的这种安排，反映着旧的部族制度的残存形式。至于别乞“衣以白衣，乘以白马”，乃是优礼有加之意，

进逼中原

成吉思汗消除了各部落中残存的反抗企图，成了组成今日之外蒙的广大蒙古领土的主宰。现在，草原上的游牧部落和泰加森林中的狩猎部都只承认一个主人：即成吉思汗；也只承认一面共同的旗帜：秃黑，即九足白旄纛。据说，这面大旗上附有军队的守护神。成吉思汗在统一了蒙古各部落，使其成为一个统一的民族以后，便率领这些业已统一起来的部落南下向中原进攻了。

在当时的中国境内至少有三个王国各自为政。当时统治中国北部的是两个"蛮人"政权。这两个"蛮人"政权占据的地盘并不一样大。中国北部的大部分地区早在此一个世纪以前就已被来自满洲的属于通古斯—满语族的民族占领了。这个民族名叫女真族，是今满族的祖先。他们占领中国北部大部地区以后，建立了一个王国，其国号借用汉字为"金"，国王称"金王"，定都中都（今北京）。金王坐镇北京，从那里统治着黄河流域最富饶的各省，即统治着从陕西和山西境内的黄土高原地区到滨海冲积大平原的广大地面。中国北部没有被金国统治的地区是今之甘肃省、贺兰山地区和黄河大拐弯处的鄂尔多斯草原（河套地区）。这些地区是今内蒙古自治区的一部分。成吉思汗南侵以前两个世纪时，与藏族有亲缘关系的唐兀惕人占领了甘肃、贺兰山和鄂尔多斯地区，在那里建立了一个多少带有中国色彩的国家，其国号借用汉字为"西夏"[1]。

并不是说蒙古国俗尚白，以白为吉。《辍耕录》曾推测说蒙古国俗如此，但也只是推测，不是肯定。《黑鞑事略》说蒙古的服色"衣以红紫绀绿，纹以日月龙凤，无贵贱等差"，并未言及白衣。可见别乞"衣以白衣，乘以白马"，是件稀罕事。

另，当时蒙古有些妇女的名讳也缀有"别乞"字样，如成吉思汗之女"豁真别乞"，桑昆之妹"察兀儿别乞"，札合敢不之女"亦巴合别乞"等等。这些妇女都不是什么部族之长，"别乞"在这里是"公主"之意。——译注

[1] 西夏：始祖拓跋思恭，乃朔方党项部后裔。唐末黄巢起义时，拓跋思恭入援唐朝，以功封夏国公，赐姓李。其地也称夏州，位于蒙古南境。传至元昊，拓地渐广，僭号称帝，定都兴庆，屡寇来边。金兴以后，西夏渐衰，且屡有内乱。李仁孝嗣位时，国势岌岌。金世宗发兵扶助，削平乱事，国乃不亡，此后便为金藩属。仁孝殁后，子纯祐嗣，仁孝从弟李安全篡位自立，国中又复不靖。适成吉思汗统一蒙古，决议南下，气息奄奄的西夏遂首当其冲了。——译注

成吉思汗南攻的战争是从进攻唐兀惕王国（或曰西夏）开始的。他于公元1205年，1207年和1209年先后三次率兵蹂躏西夏[1]。

从蒙古的心脏地区上土拉河流域到唐兀惕首都兴庆，至今尚存一条通道。这条通道由北而南，纵穿戈壁滩。在荒凉的戈壁滩上，没有任何要塞足以构成蒙古军队进军的障碍。格列纳尔曾这样记述戈壁滩的风貌：

在戈壁滩，砾石、沙和黏土构成坚硬而平坦的地面，活像一片跑马场。在这片干旱的平野上，只有浅灰色的蒿属植物和鸢尾等植物。贫瘠的土层上时而可见一些浅草，这种草从7月份起就开始枯黄，形成一片片黄色的浅草地。这时，远远看去，但见一片黄褐色的地面，几乎分不清哪里是浅草地，哪里是没有长草的光秃秃的地面。在天气晴朗的白天，整个这一片地面又呈观出一片灰白，微尘飘浮弥漫于低空，同灰白色的地面一起构成一片迷茫模糊的世界。只有在清晨，天空才逐渐明朗起来：先是浅蓝，渐而呈现出深蓝，最后是一片光明，只有远方有淡淡的雾霭。这时，地面上则呈一片赭石色，在这片赭石色的平野上，各种物体清晰可辨：这里有一块岩石，那里有几个帐篷；这里有一群马匹或羚羊，那里又有一支骆驼商队；骆驼商队绕一个土丘运动着，商队前面走着一个人，高高的帽子，宽大的靴子，步履轻健。在这些土丘、岩石块、动物和人的身影的烘托下，赭石色的背景显得格外分明。马匹，骆驼和车辆可以

[1] 成吉思汗即位元年，大将木合黎进谏夺取中原的计划说："先图西夏，次图金，再次图宋，逐渐进行，总有成功之日。"成吉思汗当即然其计说："就从西夏开始。"成吉思汗为什么决定先攻西夏，后攻金？因为，西夏与金相比，金毕竟是上邦。长期以来，漠北诸部（包括蒙古部）一直是金的藩属。据《史集》记载，在当时北方各族心目中，金朝的国君是"极其强大而尊严的"。因此，对于和金国启衅开战，成吉思汗显得更慎重一些。从战略上讲，西夏在金之西，北面与蒙古接壤。如果先攻金，西夏很可能被金拉过去充当盟国。那时，如果西夏出一偏师北进，直捣蒙古本部，将会对成吉思汗构成极严重的威胁。因此，为了全力攻金，必须首先剪除来自侧翼犄角威胁。从战术上说，从漠北统一战争中锻炼出来的蒙古军队，擅长于在开阔的原野上乘马鏖战。而南下进攻人口稠密的农耕定居区，必须攻克设防坚固的城堡壁垒。对蒙古骑兵来说，这还需要一个重新适应的过程，所以首先挑选一个比较弱小的对手是合适的。据说，当时金朝的一些早先投降蒙古的人士曾一再怂恿成吉思汗立即攻金，成吉思汗仍不为其言所动，坚持先攻西夏的战略。——译注

在这片到处无路但又到处是路的广阔土地上通行无阻，顺利前进，任其纵横。在这片表面干旱的土地上行走，牲畜断绝草料和饮水的日子是不多的。当然，在这方圆七百公里的地面的中心地带，很少有流水。但只要挥锹挖掘，就可以找到水。在有的地方只要挖两三米深，在另一些地方甚至只要挖两尺深，清澈的地下水就会冒出来，供人畜饮用。

当时，每年（几乎是每年）秋高气爽之际，“马匹肥壮之时”，蒙古人马便成群结队，长驱南下，顺利通过荒凉的戈壁滩，来到今甘肃一带乡村劫掠一番。一出戈壁滩，呈现在人们面前的是遍布甘肃省的大小绿洲。对于漠北牧民来说，这些大大小小的绿洲简直是一些出人意料的乐土和富庶之地。在这些绿洲的周围，到处是婀娜多姿的柳树，亭亭玉立的杨树，果实累累的果园，水草丰美的草地，麦浪翻滚的麦地，丰收在望的庄稼。从甘肃地区往东，是河套地区。蒙古人来到这里，认识了黄河。黄河的这一部分给人的印象是深刻的，它在这里转了一个大弯，就像一个外国人来到这块陌生的土地上迷了路，踯躅于荒僻的原野上一样。黄河在这里划了一个半圆，把河套平原同河套以外的草原分开了。在这里，有黄色的沙丘，盐碱地，布满淡水坑和咸水塘的牧场，稠密的荆棘丛。蒙古人对这一切当然早已司空见惯。

西夏的首都兴庆位于黄河畔，贺兰山与鄂尔多斯草原之间。这是一片绿洲，勤劳的人民在这里修建了布局巧妙的灌溉网。此外，这里还是重要的商业区。马可·波罗曾记述过这里的驼毛纺织业和毛织品出口的情况。成吉思汗来到这里，生平第一次接触到了定居人民的文明。此外，西夏的这个首都还是一个中国式的要塞。在这个防守坚固的要塞面前，蒙古骑兵感到无能为力，无力进行有效的包围和占领，因为，他们当时还没有有效的攻坚工具。成吉思汗不愧是一个天才，眼见强攻不下这座城池，便心生一计，命令掘开河堤，使河水改道，企图淹没而后占领西夏首都。然而，由于没有工程师，此计归于失败。

此时，唐兀惕人也已精疲力竭。位于西夏王国中心地区的各个绿洲，就像从中国到伊朗的古代丝绸之路上的商业城市一样，人们全靠经商为生。然而，战争阻碍了商业往来，因而这些地方的靠经商为生的唐兀惕人纷纷破产了。在这种情况下，西夏王决定同意蒙古国充当西夏的宗主国，西夏为蒙古国的藩属。就在这一年（公元1209年），西夏王把亲生爱女之一献给成吉思汗（在蒙古人眼中，西夏的姑娘都是非常美丽的），同时献上大批贡品，主要是大批骆驼。马可·波罗曾赞扬说，甘肃的白毛骆驼是中亚地区最漂亮的骆驼。

报仇雪耻：成吉思汗向金王宣战

成吉思汗征服了建国于贺兰山地区、鄂尔多斯草原和今中国甘肃省的唐兀惕王国（西夏），西夏已拱手向成吉思汗称臣。但是，整个西夏地面在当时只不过是中国地面的边界地区。为了踏进中原大地，蒙古人就必须向金国宣战，向在北京的金王宣战，进攻金国。

对于蒙古牧民来说，这是一场非同小可的大规模战争，因为，金王国当时统治着除甘肃省和河套平原以外的整个黄河流域，是当时最强大的王国之一。金王国的主人，那些昔日的女真人，尽管已被中原化，但他们在中原土地上仍保留着他们的祖先通古斯森林狩猎民族所特有的骁勇强悍的武士特点。此外，金人在中原土地上生活已有一个世纪之久，因而拥有中国古老的文明所创造的一切财富。在这种情况下，蒙古牧民同金人作战，将比在唐兀惕境内的战斗更艰难。他们将要对付防守坚固的要塞，而进行这种攻坚战，他们是根本没有经验的，是没有足够的条件的。再说，金国边境还有万里长城，长城脚下修筑有许多防御据点，这条长城从西向东，构成了金王国的一条连贯的防线。

但是，成吉思汗不仅仅是一位军事家，更主要的他还是一位政治家。为了攻打金国，他首先设法取得了居住在长城北侧的汪古惕人的帮助，从而得到了宝贵的盟友。当时，在长城北面，在今内蒙古地面，居住着一个半定居半游牧的属于突厥语族的汪古惕部落。这个部落很值得引起我们注意，因为汪古惕人信仰的是聂斯脱利派基督教。从以下两个方面来说，蒙古人来到这里可以感到自由自在和无拘无束。

首先，汪古惕地面的自然条件可以使蒙古人感到就像在自己的家乡一样自在自如，毫无身处异域之感。这里没有树木，到处是一望无际的草原。草原上还有一些河流，这些河流分别注入一个个具有海水咸味的泻湖。当地人称这片草原为“草地”，以区别于“麦地”。在这里，人们常常要在荒无人烟、令人焦虑的偏僻荒野走很久才能见到由 10 个到 20 个帐篷组成的居民点。在这种居民点附近，有成百的骆驼和马匹，有上千的长毛绵羊和山羊。

另一方面，成吉思汗早就同此地的主人突厥汪古惕人建立了联系。汪古惕部的首领阿剌忽石帖勤忽里在公元 1204 年曾有大功于成吉思汗。当时他曾拒绝参加乃蛮人策划的反对成吉思汗。为了酬谢他立下的这一大功，成吉思汗曾在 1206 年举行的即位大典上封他为蒙古帝国的达官贵人之一。更有甚者，笔者在后文中将谈到，成吉思汗还把自己的亲生女儿阿剌孩别乞讨许配给阿剌忽石帖勤忽里的继承人之一为妻。这是成吉思汗王室同汪古惕部王室间的首次联姻，后来，在整个 12 世纪中，两家又数次联姻。

这种裙带政策给成吉思汗带来了很大的好处。汪古惕部所据地盘在地理上处于非常重要的地位。而且，汪古惕部同金国早有契约关系，是中原长城的守卫者，是金国部署在长城外侧的哨兵。把汪古惕部笼络到手，成吉思汗就等于在战争开始以前就摧垮了敌人的前线防御，不费一刀一箭就把其帝国的势力扩展到了对方著名的防线——长城的脚下。

到公元 1207 年，成吉思汗已经做好了准备，制定了周密的计划，他可以以蔑视和傲慢的态度对待北京宫廷了。当时，金廷派了一名使节到成吉思汗处通报说，金主已崩，新主已嗣位[1]。这是非常重要的诏书，因为从法律上说，成吉思汗当时仍是金国的附庸。奉接诏制的成吉思汗听了金廷使节宣读的诏书以后，

[1] 当时金主璟崩殂，卫王永济嗣位。这个卫王曾在净州（今内蒙四子王旗境内）接受成吉思汗的岁贡。成吉思汗见他懦弱无能，对他颇为藐视。永济怀恨归朝，曾请兵攻打蒙古。这次成吉思汗又公开侮辱新登皇位的卫王永济。永济得报，更加愤怒，企图待成吉思汗再次入贡时，设计加害。成吉思汗得悉这个消息，遂决意与金断绝国交，预备对金用兵。其实，一切都在成吉思汗的计划之内。——译注

他心不在焉地问来使道：

“新君是谁人？”

“卫王。”来使回答说。

“我原以为中原皇帝是人间俊杰，是天上所做，”成吉思汗大声地说，“没想到竟是卫王。像他这般庸懦之辈也可为帝么？”

成吉思汗说完，向南面（金王国方向）唾了一口，抛下金国使节，上马扬鞭而去。金使见此，一时惊得目瞪口呆。

之所以会出现这种情况，是因为从血统关系来说，蒙古人同金人之间存在着深刻的鸿沟。而更深刻的原因是，金国皇帝曾侮辱过蒙古人，而且这种侮辱是不可补赎的。当时蒙古人谁都没有忘记，金廷曾可耻地对蒙古的几位汗施加酷刑，像处决罪犯一样把俺巴孩汗和斡勤巴儿合黑亲王钉在木驴背上，使其辗转惨毙。当时，这几个受刑者在咽气前曾大叫说他们的子侄甚多，必来报仇。现在，蒙古各部已经统一，给金王以严厉惩罚的时候到了。

公元 1211 年 3 月，成吉思汗在蒙古东部克鲁伦河河畔誓师，准备开始进攻金国。他的住在遥远的地方的附庸纷纷赶来向他致意。这些前来致意的附庸主要有：住在西部的属于突厥种族的亲王，一个是畏兀儿王（或曰亦都护）巴尔术，另一个是哈剌鲁王阿儿思阑。巴尔术统治的地区主要是吐鲁番和库车等绿洲。阿儿思阑则统治着巴尔喀什湖以南谢米列奇耶地区。成吉思汗把远征金王的战争当做全国性的对外战争加以准备。本着这种精神，他来到蒙古的圣山不儿罕合勒敦朝圣，祈求长生天保佑他出师胜利。他按照仪式，脱帽，解带搭于肩，三次以头叩地，然后起而祷告说：

“长生天在上，朕决意整顿军马，为被金王卑鄙残害致死之斡勤巴儿合黑亲王与俺巴孩汗报此血海深仇。天若许朕复仇，则助朕一臂之力，命下界所有人神齐集而助我一战。”

大战开始了。

然而，由于蒙古军队都是骑兵，由于他们当时不懂得工程技术，由于不善于进行有步骤的攻坚，成吉思汗的大军被阻在长城要塞前，长时间前进不得。

公元 1211 年和公元 1212 年，整整两年中蒙古军队奈何长城不得，只攻占了附近一些防备较差的弹丸小城。他们攻击的这个地区是一片地势起伏不平的地区，该地区从戈壁高原到渤海湾地势成阶梯状逐渐降低，中间被由西南到东北走向的山脉截断。这山脉顶峰有许多缺口，是立在北京前面的一种天然栅栏。在这些参差不齐的光秃秃的山峰上，长城绵延不绝，从渤海湾一直延伸到黄河边。在长城脚下，每隔一段距离就有一个要塞，例如北京西北的宣化以及山西北部的大同就是这一系列要塞之一。由于如上原因，成吉思汗在这段时期并没有取得辉煌的胜利，他费了很大的气力才攻占了一些小镇。对此，我们不应该感到惊讶。再说，他毕竟还是取得了一些胜利，例如在 1211 年 2 月至 3 月，在野狐岭（位于北京与张家口之间）的战斗中，他就打了胜仗。9 年后，长春真人从这里经过时，曾亲眼目睹当年厮杀后留下的布满地面的累累白骨。

正当成吉思汗的大军在金国边境停滞不前时，公元 1212 年春，发生了一个有利于成吉思汗的政治事件。原来，在属于通古斯—满语族的金人（女真人）占领北京以前两个世纪，北京被另一个少数民族契丹人占领着。契丹人统治北京达两个世纪，接着，金王的祖先从他们手中夺取了北京。金人和契丹人属于两个民族，金人属于通古斯—满语族，是今满族的兄弟，而契丹人则主要属于蒙古族。契丹人虽然失去了北京的统治权，但 3 个世纪以来他们一直住在中原土地上。所以，与成吉思汗的臣民们相反，他们几乎已完全被中国化了。但他们怀念昔日的光荣历史，一直想向战胜他们的金王复仇。果然，公元 1212 年春，契丹人的亲王之一耶律留哥带头发起暴乱，叛离金王，集合手下的契丹人，前来投靠蒙古人。契丹人的老家在今满洲南部辽阳地区。成吉思汗不失时机地利用刚发生的这一事件，派大将者别率领一支军队去攻辽阳。但辽阳城防坚固，者别首战失利。于是，者别佯装败退，且战且退，同时设埋伏于辽阳城附近。退了一段路程以后，者别突然回转马头，挥军反击，奇袭并占领了辽阳城。这样，耶律留哥就在蒙古人的支持下宣布称契丹王（辽王），充当成吉思汗的附庸。

蒙古军突破长城，侵入华北大平原

天才出于持之以恒。经过为时两年之久的顽强战斗，成吉思汗终于在公元1213年取得了决定性的胜利。

成吉思汗夺取了张家口与北京之间具有历史意义的通道。这是一条连接内蒙古高原和华北大平原的通道。成吉思汗一个“阶梯”一个“阶梯”地夺取，一个山隘一个山隘地攻占，最后终于完全控制了这条重要通路。

公元1213年7月至8月，成吉思汗攻占了这条通路上的第一个要塞城市宣化。宣化城位于一个黄土丘上，土丘周围是火山岩。这座城控制着长城侧翼防御工事到长城本身的一片地势起伏的地区。在宣化东南，位于这条通道上的另一个要塞是保安。成吉思汗的幼子拖雷，身先士卒，冲锋在队伍的前面，带头爬上云梯，登上城墙。紧接着下一个要塞是怀来。在怀来战斗中，成吉思汗大获全胜，蒙古军大肆杀戮金军。数年后，在长达15公里的地带，仍可见到满地白骨。怀来西南是居庸关（或曰南口峡谷）。居庸关是一个荒凉阴森的峡谷，长22公里。峡谷的两边是峭拔突出的山崖。这里修筑有一整套防御工事。居庸关整守完固，控制着从长城到北京的坡道。金人设重兵固守着这一天险。者别率领先锋部队，一直攻到居庸关峡口处。他先猛攻一阵，随后便按照蒙古军惯常使用的战术，拔寨佯败，迅速向宣化方向退去。金兵不知有诈，以为者别是真的败退，便轻率地出关追来。者别把金兵诱出关外，引至较远处，突然掉头反扑回来。这时成吉思汗亲自率领的大队中军也乘势冲杀过来，杀得金军“积尸如烂木”，金兵遂全军覆灭。这样，从怀来至南口峡谷，全线畅通无阻。成吉思汗乘势进兵，来到华北大平原门口，升中军帐于龙虎台。现在，展现在成吉思汗面前的是一望无际的华北大平原。这片广阔的平原从北京一直伸展到南京，从北到南延续八百多公里之遥，平原上良田广布，人口稠密。离龙虎台不远，大约30公里处，屹立着金国首都的宫殿和城楼，那就是北京……

在成吉思汗亲自率领的一支蒙古军队斩守关塞，来到华北大平原门口的同时，另外两支蒙古军也攻破了中原大地的另外两个大门。这两个大门一是位于北京方向的要塞古北口，一是位于北京西北方向的要塞大同。古北口控制着通往北京的峡谷涿鹿。大同是位于长城两线之间的要塞，海拔为1300米，俯瞰和保护着山西省。大同陷落以后，山西省也像北京地区一样遭到了入侵[1]。

在大同，蒙古军队碰到了因替蒙古人效劳而遭难的老朋友——汪古惕部的几位亲王。原来，汪古惕部首领阿剌忽石帖勤忽里在向成吉思汗报告了乃蛮部的阴谋从而为成吉思汗立了一大功以后不久，他本部的反蒙派就策划将他杀害了。他的遗孀和儿子逃到大同避难。蒙古军攻下大同以后，他们母子也就得到了解放。成吉思汗盛情接待了他们，对他们施以特别恩宠。他把亲孙女、四子拖雷之女许配给汪古惕部一位年轻王子涅古台为妻。后来，他又把亲生女儿勇敢而聪明的阿剌孩公主许配给汪古惕部的另一位王子。

对由于为他的事业效劳而丧命的朋友的儿子，成吉思汗常常表现出一种最令人感动、最具父爱色彩的爱。甚至在他对其民族的敌人表现得最严酷和最令人可怖的时候他也能做到这一点。

蒙古军队的胜利在北京宫廷内部产生了反响。公元1213年8月至9月，金王国内一名将领胡沙虎弑其君金王卫绍[2]，改立王室的另一成员为君，即宣宗。成吉思汗立即抓住金国宫廷发生政变和混乱的良机，于同年秋大举入侵金国，一直攻到金国的中心。他把军队分成左中右三路，三路大军一齐杀奔而来[3]。这一次，他的战争计划比以往任何时候都制定得明确而周密，计划的实施也更有步骤和有条不紊。

成吉思汗与其第四子拖雷率领中路军，主要目标是华北大平原。当时，部下纷纷要求攻入北京城。但成吉思汗头脑非常清醒冷静，拒绝了这一提议，因

---

[1] 成吉思汗此次进兵，打到了北京城下，金主永济大恐。禁军出城与蒙古军决战，战了一日一夜，蒙古军退至居庸关。时已隆冬，成吉思汗决定留兵守关，自率三子等旋国，再图后举。——译注

[2] 卫绍：即卫王永济。——译注

[3] 据《元史·太祖纪》记载："是秋，兵分三道。命皇子术赤，察合台，窝阔台为右军。循太行而南……皇弟哈撒儿（即合撒儿）乃斡惕赤斤等为左军，遵海而东。帝与皇子拖雷为中军……"——译注

为他认为，北京城城防坚固，蒙古军队还没有足够的装备足以使他们攻下这座城市。他决定只派一些部队围住北京，他自己则率领大军继续南进。

于是，蒙古军队进入华北大平原。读者可以想象，这些草原上的游牧民，森林中的狩猎人，一旦置身于这一望无际的大平原，目睹平原上的种种情景，他们心中该是多么惊奇。从北京城下，到黄河岸边，无边无际的华北大平原上到处都是浅黄的田地。几千年来，勤劳耐心的人民就一直在这片土地上开垦耕耘精耕细作，每一寸土地都得到了充分的利用。在这片大平原上，农场与农场相接，村庄与村庄相邻，稻田与黍地相界，高粱地与玉米田相间。蒙古骑兵在这些庄稼地和果园中纵横驰骋，庄稼在其铁蹄下纷披。他们所过之处，农场腾起浓烟，草垛化为飞灰。在这片广阔的地面上，只有十来个要塞城市凭借坚固的城防没被他们攻陷[1]。从北京西南的保定到河南北部的渭水，所有主要的城池都被蒙古军队洗劫一空。成吉思汗从北京向南，驰骋了 500 多公里。最后他之所以停止继续南侵，完全是由于黄河天险的阻隔，因为黄河水宽浪急，蒙古骑兵无法渡过河。

但是，成吉思汗的入侵并不仅仅限于河北境内。蒙古军队还向东南进攻，踏遍了山东境内的广大肥沃的平原，攻陷了山东首府济南。济南是中原 13 世纪时期的大城市，成吉思汗来到这里，可算是大开了眼界。山东的这个首府水源充足，文化发达。城内有湖泊，湖中有巨大的睡莲；城内有公园，园中古木森森；城内有“千佛山”，山上有无数始于 7 世纪的塑像；城中生产华美的丝绸，绸缎广售远销。成吉思汗攻陷济南以后，放弃东面的泰山不攻，率军越过北纬 35 度线，来到山东省南部边界水泊和围垦地地区。从公元 1194 年到 1853 年，黄河就是通过这一地区向东入海的。在那里，就像在河北一样，北京宫廷命令农民进城避祸。但是，蒙古军队按照他们后来一再使用的残酷惯伎，迫使俘虏和附近农村的居民包围城市。他们在攻城时，强迫这些俘虏和居民走在前列。

---

[1] 据《中国通史》记载：“1213 年秋到 1214 年春，蒙古三军几乎踏遍了金朝黄河以北华北平原的领土，只有中都、通、顺、真定、清、沃、大名、东平、德、邳、海州等十一城未下。”——译注

被包围在城中的军民，见到自己的同胞被驱赶在敌人冲锋队伍的前列，在抵抗时也就只好克制。就这样，除了几个真正无法攻破的城池以外，所有城市都相继陷落了。成吉思汗掳掠了大量金银财宝，丝绸牲畜以及成千上万的可怜的童男童女之后，才率军退到了长城脚下。

在成吉思汗率领的中路军洗劫华北大平原的同时，他的另外三个儿子术赤、察合台和窝阔台率领的第二支军队循太行山向南进攻。据我们掌握的史料记载，这第二支军队称为右路军。之所以称这支军队为“右路军”，是因为蒙古军队都是向南进攻。这支右路军循河北西部太行山东麓南下，经过保定，一直攻到位于河南省境内黄河以北的怀庆。接着，他们又通过太行山南部山口，登上黄土高原（古代的山西省）。

成吉思汗家族的这三位王子登上山西黄土高原，进入由北而南将山西一分为二的汾水流域。他们溯汾水河谷北上，攻占了位于汾水河畔的汾水附近的主要城市如平阳、汾州、忻州等。他们甚至还攻占了山西首府太原城，尽管太原城城墙高而坚，护城河水深而宽。在蒙古军入侵以前的历次战争中，太原城曾无数次阻止住了敌人的进攻。马可 · 波罗和其他 13 世纪时期的作者曾赞扬太原城十分繁荣，是冶金中心和葡萄种植中心。这样一个城市竟被蒙古军轻易攻陷，说明当时蒙古军队采取的战略曾使守城将士惊慌失措到了何种程度。太原城守城将士原以为蒙古军队会从北面，即从大同方向进攻，所以他们的注意力全集中在北线。当他们发现蒙古军队突然出现在南面时，顿时惊惶万分，不知所措。蒙古军攻陷这座城池以后，即纵情洗劫，毁掉农场，屠杀农民，烧掉粮食。然后，他们打马北去，经代州和大同，返回长城脚下，在那里收藏好缴来的战利品。之所以要将其战利品收藏在那里，是因为那里是他们的朋友汪古惕部的地盘，远离南方定居居民，处于大草原的边缘。

成吉思汗的弟弟合撒儿率领的第三支军队（左路军）也是从北京出发。这支军队沿海岸，过平州，向东北方向进攻。他们沿路攻陷了山海关和涿鹿，接着又去征服金国的开国诸王（女真人）的家乡，即上满洲的洮儿河、纳水（即嫩江）、宋瓦江（即松花江），直至阿穆尔河（即黑龙江）等河流域。

公元1214年，成吉思汗的三支大军会师于北京。他手下的将领们又纷纷要求攻下北京城，但他又一次拒绝了这一主张。这是因为，他比他的这些将领们更了解蒙古军队攻城技术的不足之处。同这些将领的主张相反，成吉思汗派了一名使节前往北京城内向金王提议媾和。这位使节向金王转达了成吉思汗的如下一段话：

“汝黄河以北诸郡县已悉为朕所有，汝所守惟北京耳。此乃上天弱汝。天既弱汝，若朕复迫汝，则未知天其谓朕何。故朕欲还师，不复迫汝。然汝不应犒赏朕之大军以弭朕诸将之怒么？”

不幸而可怜的金王立即答应了成吉思汗的一切要求[1]：黄金，白银，丝绸。后来，中原的定居居民在想平息蒙古族牧民的怒火而求和时，总是要送这三样财宝。这次，除了送上这三样财宝以外，金王还送去了童男五百名，童女五百名，马匹三千匹。此外，金王还把金王室里的一名公主——岐国公主送给成吉思汗伴寝[2]。成吉思汗接受了这些礼物以后，即率军从居庸关穿过万里长城，退回蒙古。金王朝松了一口气，以为这下总算得救了……

---

[1] 成吉思汗下营于中都北郊。诸将请乘胜破城。成吉思汗深知中都城墙坚实，不易攻下，所以宁肯以强兵作威慑，逼金求和。这时的金朝廷内，则刚刚经历权臣胡沙虎弑君另立的宫廷政变，外则惊悸于蒙古铁骑的凌厉攻势，正迫不及待地企图与蒙古议和。但这并非所有大臣的一致意见，只不过是主和派占了优势罢了。当时，成吉思汗遣使逼和，金廷内主战派与主和派曾展开激烈讨论。据《亲征录》记载：“甲戌，上驻营于中都北壬甸。金丞相高琪与主谋曰：‘闻彼人马瘦病，乘此决战可否？’丞相完颜福兴曰：‘不可，我军身在都城，家属多居诸路，其心向背未可知。战败必散，苟胜亦思妻子而去。祖宗社稷安危在此一举矣。当熟思之，今莫若遣使议和，待彼主还军，更为之计，如何？’金主然之。”这是投降派的通病：贪生怕死，怕敌人，也怕自己的人民。——译注

[2] 当时，成吉思汗收了金王送的金银丝绸等财物以后，又提出了进一步的要求。据《元史演义》记载：“成吉思汗道：‘金珠财帛，我军已够用。只汝主应有子女，何不遣来侍我？’完颜承晖唯唯听命，反报金主黼，将故主永济（永济已死）之女，饰为公主，送与成吉思汗。”成吉思汗要的是金主黼的女儿，金主黼却将已故金主永济之女冒充己女奉送。这也是投降派卖国贼的通病：在敌人面前总是显得那么软弱和笨拙，而残害自己的人（乃至亲人）却显得那么残忍和狡猾。——译注

蒙古军攻占北京

实际上，金王是不能抱和平幻想的，因为，虽然以如此高昂的代价换来了和平，但这种和平当时只不过是一种暂时的休战。蒙古军队已经积累了攻破万里长城及其附近的防御据点的经验，因而他们随时都会挥师重来：北京离蒙古草原太近了。

公元1214年6月，金王决定不再住北京，要迁都河南开封，想躲避到黄河南岸去。但是，他的许多臣民认为这一迁都之举是逃跑行为。在南迁的路上，金王的一部分军队叛变，返身向北，投靠蒙古人去了。

成吉思汗是绝不会放弃这一良机的。公元1215年3月，他派大将木合黎率领一支军队去围攻北京[1]。上一年，成吉思汗坚决不同意进攻北京城，因为那时北京城防坚固，卫戍部队齐集在城内。但现在，敌人的内部已经发生了混乱和内讧，卫戍部队中已有一部分撤离了北京，他便毫不犹豫地决定攻占北京。从这件事我们可以看出成吉思汗性格的特点之一。他头脑清醒而冷静，总是善于辨别事情的可能性和不可能性，只有在有把握和力所能及的情况下他才肯采取行动。这一次他又看得很准。金王放弃和北京城内留守将领已心无斗志。留守的将领之一完颜福兴心灰意懒，绝望自杀。另一位留守将领携眷逃之夭夭。在这位将领逃走后，蒙古军队便在一个已经投降蒙古的将领明安的带领下攻进了北京城（公元1215年5月）。

当时金王统治下的北京城没有今北京城这么大。当时的北京只限于指今日北京的“外城”，即今日北京的南部。但是，虽然如此，当时的北京仍不失为世界上最大的都市之一。环绕该城的城墙周长达43公里，有12座城门，城内

---

[1] 据载，“金主夒闻蒙古兵还，拟迁都汴京，防敌再至。左丞相图克坦镒等力谏不从，遂命完颜承晖为都元帅，与左丞穆延尽忠，奉太子守忠，驻守中都，自率六宫启行。事为成吉思汗所知，愤然道：‘他既与我修和，何故南徙？我想他必挟嫌怀恨，不过借着议和，作个缓兵的计策。我偏要先发制人，破他的诡计！’于是大阅兵马，择日启行。”去年撤离北京，专等良机到来，现在求之不得的良机来了，心中喜不自胜，但口中却怒责对方提供了这一良机，不该南迁，因此要兴兵问罪。显然是为兴兵找借口。——译注

分为 4 个“小城”，蒙古军队入城后不得不一个一个地攻占这四个“城”。金国的皇宫设在今日的天坛附近。同时还有一座夏宫，位于靠近今日“紫禁城”之“北海”的白塔一侧。这座供金王驻夏的宫殿及其周围地面就是今北京的内城，在当时，这是一个供金王娱乐的巨大的公园。

整个北京城都被蒙古军摧毁了。大屠杀也在人们的预料之中。蒙古军队放火烧掉了皇宫，熊熊大火持续了一个多月。为避免被大火烤着，成吉思汗退驻于长城外侧的多伦附近，他甚至不愿意枉驾来看一看他的战果。正像所有其他的蒙古人一样，他根本不懂什么城市经济，对城市经济没有任何概念。至少在他一生中的这个阶段，他还不知道除了把被攻陷的城市摧毁以外，还可以利用占领的城市做其他的事情。但是，尽管他不懂得城市的用途，在占领北京以后，他仍派了三名军官去接收金廷府库里的珍宝，即黄金、白银、珠宝、丝绸等。被派去完成这一使命的三位将官是汪古儿，阿儿孩合撒儿和失乞忽秃忽。金国一个名叫合答的将官来亲自去迎接他们。为了讨好这三位蒙古将官，他取了几件绣金丝织品作为个人战利品赠送给他们三人。这种绣金丝织品相当名贵，那个世纪末，马可 · 波罗曾对这种织品赞叹不已。阿儿孩合撒儿和汪古儿为这种名贵织品所吸引，便收下了礼物。但是，失乞忽秃忽却表现得很廉洁，拒绝被收买。他对合答说：

“先时，此中都[1]及中都之物为金王所有，而今已为成吉思汗所有矣。汝何可擅自支配属于成吉思汗之财产耶？汝怎敢擅取此物送与我等耶？我决意不受此物也！”

失乞忽秃忽等三人回到成吉思汗处交差。成吉思汗是很了解人的心理的。见到他们三人以后，他突如其来地问他们：合答向你们赠送了什么礼物啊？当他知道了事情的经过以后，便严厉责备汪古儿和阿儿孩合撒儿，同时极力赞扬（他是深晓此等赞扬之奥妙的）失乞忽秃忽说：

“汝识大体，慎职守，乃朕之忠臣也！”

---

[1] 中都：即北京。北京在当时称为中都。——译注

成吉思汗想充分利用攻陷北京所造成的有利形势，于是下令突袭金国的新都开封市。但开封有黄河天险保护，蒙古骑兵要想渡过黄河是无望的。在这种情况下，蒙古骑兵采取迂回进攻的战略，从四面陕西一侧攻河南。公元 1216 年至 1217 年冬，蒙古将领三木合把阿秃儿攻取并洗劫了“中国的罗马”古城西安以后，便挥军从陕西南下攻潼关。潼关位于渭水与黄河汇合处，即黄河向东拐弯处，处于华山与黄河之间的峡谷中，是阻挡蒙古军进入河南的重镇。由于不能攻下这个重镇，三木合把阿秃儿便率军顺华山一侧继续向南。潼关东面的黄河峡谷有洛阳扼守。三木合把阿秃儿避开洛阳不攻，再继续南进，来到嵩山下。嵩山险峻峭拔，构成了他行军的巨大障碍。他在这个地区攻取了洛阳南面的汝州，终于来到由黄土和冲积层形成的广阔的平原上。该平原向北一直伸展到开封城。他的行军计划，迂回前进的计划制订得很巧妙周密，执行得也很顺利，但攻开封的战斗仍然失败了。因为金人从容不迫地在开封城周围部署了比三木合把阿秃儿的部队远远占优势的军队。三木合把阿秃儿攻到离开封 4 公里处时遭到了顽强的抵抗和反击，只好后撤。幸亏这一年冬天来得特别早，天气酷寒，河水封冻，所以三木合把阿秃儿得以从冰上渡过黄河，顺利向北撤走了。

当时，成吉思汗已不大关注在中原进行的战争了。金王已被赶到了黄河南岸，他对此已感到满足。此后，他再没有发动认真的攻势逼迫金王。即使在黄河以北，除了蒙古军队牢固控制的北京地区以外，他几乎只是把被他占领的中原土地看成是一块空地，一块供他留下的军队进行劫掠的地区。他之所以持这种看法，部分是由于当时的蒙古人还不懂得城市生活方式。他们每夺取一个城市，接着就进行洗劫，随后就放弃，离开城市而去。而他们一旦离开，金王便派兵来收复这些城市。到了第二年，一切又从头开始。双方就这么攻陷、收复，收复、攻陷着。公元 1218 年 9 月，成吉思汗委任他手下最优秀的将领之一木合黎负责在中原的战事[1]。他作这样的决定很可能是由于他通过经验意识到了过去

---

[1] 据《中国通史》记载：“1217 年 8 月，成吉思汗采用汉人的官号，封木华黎为太师、国王；命木华黎率领弘吉剌等部兵和契丹、溵、汉等降军，攻掠金地。成吉思汗对木华黎说：‘太行以北，我自已去经略，太行以南，由你去尽力吧！’成吉思汗把作为汗的象征的九大旗赐给木

在中原的征战缺乏条理和连贯性的缺点。他授予木合黎以国王称号，赐给他金印。木合黎也懂得了这样一条道理：要进行中原式的攻坚战，就必须采用中原的战略，首先必须征召和组织一支步兵（由中原人组成），甚至必须组织起一支炮兵部队。此后五年中，他顽强地坚持不懈地有步骤地在中原攻城掠地，占领城池要塞，再一次把金王逼到了河南境内。最后，他精力耗尽，于公元 1223 年 4 月死于任上。

成吉思汗得逢学者耶律楚材

在开始一段时期中，成吉思汗的军队在中原北部的活动只是一味地破坏和摧毁。这是因为，作为草原游牧民和森林狩猎人，这些军队根本不了解文明。但是，后来，成吉思汗从一位中原贵族身上接触到了中原的文明。这位贵族是在北京陷落以后被蒙古军队俘虏的。成吉思汗与这位贵族认识以后，逐渐了解到了中原文化，这一事件对蒙古帝国的命运产生了重大影响，因此有必要在这里简单交代一下这一事件。

这位贵族名叫耶律楚材，是契丹人建立的辽朝的皇族后裔[1]。从种族角度来看，契丹王族属于蒙古种族。辽朝在北京统治了两个世纪（公元 10 世纪和 11 世纪）。公元 1122 年，金朝取代了辽朝。耶律楚材的祖先被赶下了台，随后便依附战胜者并忠实地为之效力。耶律楚材本人就曾是北京金朝最后一位君王的顾问。在契丹人面前，成吉思汗灵活地把自己打扮成被金朝灭国的契丹人的复仇者。事实上，一部分契丹人也已响应他的号召，背叛了金王。当人们向成吉思汗引见耶律楚材时，成吉思汗并没有忘记他所持的这个宣传性的论点。他对

华黎，授以发布号令的全权。从此，成吉思汗即把蒙古兵主力转向西方，侵掠金朝的战争全由木华黎指挥。”木华黎即木合黎（“木合黎”是按《蒙古秘史》中的译法）。乣军，即所收之军也，指原金朝所收的军队。《金史 · 兵志》中有此名。弘吉剌部即翁吉剌惕部。——译注

[1] 辽朝：中国历史上的辽朝建立于公元 916 年。——译注

耶律楚材说：

“契丹王族与金王族素相仇敌，朕今已为汝报仇矣！”

“我之祖父、家父以及我本人，”耶律楚材回答说，“已经入朝侍奉金室，乃金王之臣仆也。我既已为彼臣仆，若复对彼心怀敌意，即犯欺君之罪矣。”

大家知道，成吉思汗是非常敬重一个人的忠君情操的，即使这个人是敌人营垒中的人。所以，耶律楚材的这一番答话使成吉思汗感到特别高兴。使他感到高兴的还有，眼前的这个耶律楚材，身材魁梧，胡须拂胸，说话口气庄重有力，令人肃然起敬。此外，耶律楚材还是一位博学的星相学者。于是，成吉思汗请他供职宫中。从此，他二人便常在一起。每次远征之前，成吉思汗都要请耶律楚材占卜，以测吉凶。所谓占卜，就是把一块羊胛骨放在火中烧，然后取出观察羊胛骨上被烧的裂纹，据此判断吉凶事。这种占卜方式在蒙古族中间是很流行的[1]。

耶律楚材不仅仅是一位顺应当时当地人们的思想的占卜者，他更主要的还是一位充满智慧和人道主义精神的学者。他充分地利用成吉思汗对他的信任发挥自己的作用。在蒙古军队进行征战时，成吉思汗的一些将领只顾劫掠和摧毁，耶律楚材却只从一般的战利品中拿取几本中原的书籍和一些药品。由于战争频繁，到处都是尸体，因而常常瘟疫流行。耶律楚材用得到的这些药品挽救了无数流行病患者的生命。由于他的存在，中原的古老文明才开始对成吉思汗的思想产生影响。他深得成吉思汗的信任，但他从不滥用这种信任，他只利用这种

---

[1] 耶律楚材：辽朝皇族，曾仕金任员外郎。他三岁丧父，由母亲抚养成人。他自幼好学，博览群书，旁通天文、地理律历、术数及释老医卜之说，是一个掌握了中原封建文化的契丹族知识分子，颇有名声。宣宗南迁后，耶律楚材为中都留守所用。蒙古军攻克中都后，成吉思汗风闻其人，召为掾属。每有咨询，无不通晓，令他占兆，尤为奇验。成吉思汗称为天赐，言听计从。其实，耶律楚材之所以为成吉思汗所器重，最主要的原因是因为他深谙星历卜筮之术。他靠看星卜卦来测吉凶，在形式上要比萨满教徒烧验羊骨头深奥和神秘得多，所以很受成吉思汗宠信。本传记这里说耶律楚材烧验羊骨占卜，是不准确的。烧验羊骨，从烧后羊骨上的裂纹预卜凶吉事，这是蒙古萨满教徒的占卜方式，耶律楚材是靠看星卜卦来测吉凶事。成吉思汗对耶律楚材很亲热，不直呼其名，而称他“吾图撒合里”，意即“长髯者”。耶律楚材得以久居成吉思汗身边，并被成吉思汗当做“天赐我家”的奇材留给了蒙古大汗继承人窝阔台，从而得以逐渐参与蒙古国政，在保护中原经济文化方面，做了不少有益的事情。——译注

信任做有益的事情。读者将从本书后文看到，他谨慎地利用这种信任，使成吉思汗撤销了一些野蛮的命令。他进谏成吉思汗说：不应该摧毁耕地和屠杀农民，而应该保护农田和农民，向农民征税，这比摧毁耕地和屠杀农民更有利；不应该洗劫城市财富，更聪明的做法应该是为帝国的利益保护这些财富的来源本身。后来他甚至大胆而明确地对成吉思汗的儿子说：战马上所建立之帝国绝不能靠战马来统治。耶律楚材具有政治家的品质和才能，能如此迅速地发现他，得到他，倾听他的意见，这是成吉思汗的荣幸，尽管毡裘为裳的成吉思汗同这位北京宫廷的前大臣之间在文化教养方面存在着鸿沟。

亚历山大大帝[1]曾得到了亚里士多德的外甥和哲学家卡利斯特涅斯，但他最后却处死了卡利斯特涅斯[2]。诚然，成吉思汗没有马其顿人亚历山大大帝所具备的那种文化教养，但他却从始至终保持着对中原学者耶律楚材的友情。

丝绸之路上的畏兀儿人：成吉思汗的文化教员

成吉思汗的帝国的疆域，除了蒙古草原地区和紧靠蒙古草原地区的北部山区以外，又加上了中原北部的一部分地区。现在，成吉思汗的视线又转向中亚了。

[1] 亚历山大大帝：马其顿国王，生于公元前356年，卒于公元前323年。少年时就学于哲学家亚里士多德，醉心于荷马史诗中的英雄人物。即位后，镇压希腊各城邦的反马其顿运动，大举侵略东方，在东起印度河西至尼罗河与巴尔干岛的领域内，建立亚历山大帝国。死时年仅32岁。死后其帝国迅速瓦解。——译注

[2] 亚里士多德：古希腊哲学家，生于公元前384年，卒于公元前322年，柏拉图的学生，亚历山大大帝的老师。

卡利斯特涅斯：古希腊历史学家和哲学家，生于公元前360年，卒于公元前327年。亚里士多德的外甥，与亚历山大同时为亚里士多德的学生。后因随亚历山大大帝远征亚洲。随着统治区的扩大，亚历山大大帝的架子和排场也越来越大，他采用东方豪华阔绰的礼仪，头戴波斯王冠，身穿米底绛袍，要周围的臣民向他行匍匐礼，下跪磕头。这种做法，在马其顿的将士中引起了强烈不满，这种不满情绪后来演变为反对亚历山大大帝的“阴谋”和哗变。亚历山大大帝采用极其严厉的手段惩办军队的反对者，一些战功卓著的老将和近臣被他诛杀了，卡利斯特涅斯就是其中之一，他们为反对亚历山大大帝搞个人崇拜付出了生命代价。——译注

这里所说的“中亚”，是从这个词的狭义而言。就是说，它仅仅是指中国的突厥斯坦地区。这是一个正在“沙漠化”的地区。该地区北部是沙砾或盐碱黏土组成的荒漠，是戈壁滩的延伸部分，南部是广阔的塔克拉玛干沙漠。塔里木河由西而东横贯这片荒漠的中部地区。这是一条要死不活的近乎干涸的河流，其支流与主流还没有或刚刚汇合就已近乎干枯。即使是塔里木河主流本身，在即将流入罗布泊沼泽地区时就已差不多干涸了。这条河流的北面是天山，西面是帕米尔高原，南面是阿尔金山。三面环山形成的两个半圆形，以牧场地区甚至以森林地区（在天山和帕米尔山一侧）包围着塔里木河。发源于这些山脉的溪流在没有最后消失于沙漠中以前，在上游地区造就了一些绿洲，一些肥沃得惊人的绿洲。这些绿洲（北面有吐鲁番、和硕、库车和阿克苏，南面有车尔臣、克里雅、和田和叶尔羌）在这个地区边缘排列成两个弓形，两个弓形的交接处在可失哈耳（即喀什噶尔）绿洲以西。这些绿洲一个个都是兴旺繁忙的农业中心，一个个都是“花园”。各绿洲内有玉米地、小麦田、果园、葡萄园。这里的果园和葡萄园在历史上远近闻名（就像附近绰号为“苹果园”的那个城市一样）[1]。这些绿洲内的居民，尽管自公元 9 世纪至 12 世纪以来一直讲突厥语，但至今仍是属于印欧语系的农民，他们是波斯人的兄弟。

这些农业的甚至是蔬菜水果的绿洲同时也是对于商业具有首要意义的商队旅行绿洲。古代的丝绸之路从这里经过。这条丝绸之路穿过荒凉的中亚地区，使中华世界同伊朗、穆斯林世界和欧洲得以沟通。古埃及王托勒密时代的亚历山大派地理学家，中世纪初期中国的佛教徒朝圣者以及公元 13 世纪末的马可·波罗都曾记载过这条著名的丝绸之路的情况。这条丝绸之路的北线经过吐鲁番、和硕、库车和阿克苏，南线经过罗布泊、和田和叶尔羌。正如上文所说，南北两线最后在喀什噶尔汇合。两线汇合后，这条丝绸之路便穿过位于帕米尔山北面的阿赖山脉和外阿赖山脉之间的山口，向西伸向费尔干纳平原，撒马尔

---

[1] 苹果园：指阿力麻里城。《长春真人西游记》记载说：“至阿里马城（即阿力麻里城）……宿于果园，土人呼果为阿里马，盖多果实，以是名其城。”——译注

罕和河中地区[1]，进入穆斯林世界。丝绸之路还有另一条线。稍靠西北方向，在阿克苏与喀什噶尔之间，有一山脉名曰天山山脉，与乌奇——吐鲁番处于同一纬度上。丝绸之路这另一条线穿过天山山脉的松树林，然后伸向伊塞克湖地区。伊塞克湖周围冰天雪地，但湖水却终年无冰冻，因而这个湖又称为“热湖”。从伊塞克湖开始，丝绸之路的这一线即进入另一个世界。该湖以西有垂河（即今之楚河）。垂河流经今之肥沃的伏龙芝平原，向咸海和西伯利亚——突厥斯坦方向流去，最后消失于“白色沙漠”之中。

在以上所述的这一广阔的地区，在成吉思汗即位初期，有两个同样使历史学家们感兴趣的政权，一个是畏兀儿政权，另一个是哈剌契丹人政权。

东北部的各绿洲，诸如别失八里（即吉木萨尔）、吐鲁番、和硕和库车，属于突厥畏兀儿[2]人政权管辖。在突厥语族的各族中，突厥畏兀儿人是最具古老文化的民族。从宗教角度来看，畏兀儿人中一部分人信仰佛教，另一部分人则信仰聂斯脱利派基督教。畏兀儿人有自己的特殊的文字，这种文字是从古叙利亚语演变而来，是后来蒙古文字的原型。畏兀儿人把他们的突厥方言改造成了一种文学语言。畏兀儿文学给我们留下了非常有趣的作品，特别是佛教方面的作品。我们见到的这类作品是从梵文翻译过来的。

鉴于这一原因，畏兀儿人可说是其他突厥—蒙古人各族的文化教员。北部草原上的各个部落（过去是乃蛮部和克列亦惕部，现在是成吉思汗家族统治下的蒙古人）都从畏兀儿人中请了一些学者和文书，这些学者和文书对于它们初

---

[1] 河中地区：相当于后来的俄罗斯突厥斯坦，包括今乌兹别克斯坦、南哈萨克斯坦、塔吉克斯坦和吉尔吉斯的一部分。——译注

[2] 畏兀儿：即回鹘，属于突厥语族的民族。9 世纪中叶，盛极而衰的回鹘汗国被吉尔吉斯人攻灭，一部分回鹘人迁往河西走廊诸郡，就是所谓甘州回鹘、肃州回鹘、沙州回鹘等部，统称河西回鹘，后来被西夏征服。一部分回鹘西徙至七河流域（今吉尔吉斯共和国谢米列奇耶地区），与居住在那里的哈剌鲁人融合了。大多数回鹘人，则迁到天山东部的南北麓，成为当地的主要居民。这一支回鹘建立的政权以高昌为都，所以在宋代被称为高昌回鹘，元代史料则常以畏兀儿称之。它的势力，东自伊州（今新疆哈密），西至龟兹（新疆库车），北达今准噶尔盆地，南及今新疆罗布泊。西辽强盛以后，畏兀儿成了西辽的藩属。西辽在畏兀儿等从属国家都派有“少监”，监临其地。——译注

具规模的宫廷和政府是必不可少的人才。在北亚的很大一部地区，突厥畏兀儿语和畏兀儿文字成了行政管理的语言和文字。本书已经叙述过，成吉思汗于公元 1204 年灭乃蛮王国时曾得到了一位名叫塔塔统阿掌玺文书。当时成吉思汗向他请教印玺这个神秘的宝贝的用处，塔塔统阿回答说：

“我主行令之时，或征收钱粮，或任免官吏，必盖此玺于诏书之上，以证其真实，以为其公证。惟有此印玺，方显所颁诏书非伪诏也。”

一言以蔽之，这位名叫塔塔统阿的畏兀儿人当时就是乃蛮王国的掌玺大臣。成吉思汗请他供职蒙古宫廷，仍担任掌玺大臣。从那时起，新建立的蒙古帝国的所有正式法令和文件就开始用突厥畏兀儿文书写。成吉思汗还作出了进一步的决定。他虽然一生目不识丁，但他却坚持要他的 4 个儿子学习畏兀儿文字，并责成这个塔塔统阿教他的 4 个儿子。另一个虽出身于克列亦惕部但却受过畏兀儿文化教育的文人名叫镇海。镇海曾受托同塔塔统阿一起组织成吉思汗家族政府，后来到蒙古旅行的西方人都称他为“大法官”或“掌玺大臣”。这样，甚至在成吉思汗生前，蒙古帝国宫廷中就已经有了一批畏兀儿人官员。这些官员后来在成吉思汗的继承者统治时期发挥了非常重要的作用。

畏兀儿王国的历任国王都位在位于天山东北的别失八里，即吉木萨尔。畏兀儿王国的王号叫亦都护（即“圣君”之意）。当时的亦都护是一位名叫巴尔术的人。巴尔术似乎是一位深思熟虑的君主。当蒙古各部落在成吉思汗家族的旗帜下统一起来时，巴尔术马上意识到这一重大事件将产生世界性的重要影响。所以，当其他的人在这一事件面前感到犹豫踌躇、不知当复何从之时，巴尔术却抢先派阿惕乞剌黑和答儿伯二人为使前往蒙古祝贺和颂扬成吉思汗。他遣使致语成吉思汗说：

“闻皇帝之声名业绩，臣心欣喜之至。臣之欣喜之情，犹如云浮而见天日，冰消而见清水一般。若蒙吾皇恩赐，许做藩属，则臣愿为吾皇之第五子而效力！”

成吉思汗当即嘉纳其言，亲切地答应了巴尔术的要求。于是，巴尔术于公元 1211 年春亲自前往蒙古谒见成吉思汗。作为愿做附庸的证明，他带去了丰厚的贡礼：黄金、白银、珠宝、绸缎、锦缎，总之是古代丝绸之路上所常见的各种珍宝（他属下的畏兀儿人4个世纪以来一直在经营这些财宝）。成吉思汗简直被这种殷情陶醉了。能得到畏兀儿的归顺，他是喜出望外的。因为，正如前文所说，成吉思汗虽然目不识丁，但畏兀儿文化在像他这样的游牧人心中是具有很高声望的。他特别盛情款待了远道前来谒见他的客人，并当面把自己的女儿阿勒阿勒坛公主许配给巴尔术。

他二人分手时，彼此都对对方的态度感到非常满意。作为丝绸之路的主人，至少是作为丝绸之路北线主人的畏兀儿亦都护确信自己已得到了刚刚在北部草原上建立起来的庞大帝国的好感。至于成吉思汗，畏兀儿人的臣从则使他控制了作为欧亚洲际关系轴线的丝绸之路。我们不要以为，成吉思汗太粗鲁，因而不会重视像丝绸之路这类问题。相反，他在花剌子模商队事件上的态度将向我们表明，在他眼中，这种贸易问题是具有头等重要意义的问题。

者别由蒙古侵入帕米尔

同畏兀儿一起统治中亚的还有哈剌契丹人，即“黑契丹人”。

黑契丹人是与蒙古族有亲缘关系的契丹人的一个分支。契丹人于公元936年至公元1122年建立政权于北京，他们在那里被彻底中国化了。后来的哈剌契丹国的创建者被金王从北京赶了出来，于公元1128年来到天山以西寻求出路。在天山以西，“七河流域”（即谢米列奇耶），居民中部分是异教徒，部分是聂斯脱利派基督教徒，部分是穆斯林（喀什噶尔，叶尔羌以及和田等地区的居民则一律是穆斯林）。后来的哈剌契丹国的缔造者所受的是中国文化的教育，但他来到天山以西以后，却使这里的居民承认了他的权力。他在这里建立了哈剌契丹帝国，国王称古儿汗，八剌撒浑是其首都。八剌撒浑在今伏龙芝市一侧，横跨垂河。该帝国建立于公元1128年，灭于公元1211年[1]。

在成吉思汗即将征服中原北部之时，哈剌契丹帝国正经历灾难性的动荡时期。原来，乃蛮王国为成吉思汗所灭以后，乃蛮国王位继承人古出鲁克逃到了哈剌契丹。哈剌契丹的末代君主耶律直鲁古于1208年接纳了他。耶律直鲁古不但收容了这个落魄王子，而且还让他做了自己的女婿。但是，古出鲁克却于公元1211年反叛耶律直鲁古，把他抓了起来，篡夺了王位。然而，这个突厥人，这个阿尔泰山地区游牧人的后裔，并没有任何能力和经验统治伊塞克湖地区已经部分定居的突厥人，没有任何能力统治喀什噶尔地区的安居乐业的农民。为了强迫喀什噶尔绿洲地区的人民服从他的权力，他在两三年中派军队有系统地摧毁了这一地区的农田。正像所有的乃蛮人一样，古出鲁克半是萨满教徒，半是聂斯脱利派基督教徒。他所娶的哈剌契丹国公主是一个佛教徒。古出鲁克竟肆无忌惮地摧残该地区大多数人信奉的伊斯兰教。他甚至派人折磨和田地区的伊玛目首领[2]。这样，他就在他的新臣民中间失去了人心。当时，他又同令人生畏的蒙古人发生了冲突。

而这一冲突，恰恰又是他挑起的。

在哈剌契丹的原有附庸中，有两位突厥首领，一个名叫阿儿思兰，是哈剌

[1] 哈剌契丹王国：即西辽国。辽王朝灭亡前夕，宗室耶律大石与出奔在外的末帝天祚帝失和，率部众逃至漠北。12世纪30年代初，耶律大石从漠北经由高昌回鹘西行，灭了已盛极而衰的哈拉汗朝，建立西辽。这是在亚洲西面的一个按照中原仪文制度建立的封建国家，一些史料称之为“哈剌契丹”。以后，它西据河中，东括畏兀儿、哈剌鲁，一度成为中亚地区最强盛的国家。13世纪初，西辽开始衰退，它在锡尔河流域以外的旧土全部被花剌子模并吞，东部诸部归降蒙古。国势日衰。——译注

[2] 伊玛目，某些伊斯兰教国家元首的称号或指伊斯兰教教长。

古出鲁克是一个并无经邦治国之才的奸诈小人，他的倒行逆施给成吉思汗征服西辽创造了非常有利的客观条件。当初，古出鲁克（一作屈出律）逃入哈剌契丹，进谒当时的哈剌契丹王直鲁古，泣请规复。直鲁古正仇视蒙古，且闻古出鲁克熟谙东土，因留为帮手，并允乘间出师。古出鲁克百般献媚，得到直鲁古的信任，娶了直鲁古的女儿。他得了王女，权力日盛，遂暗思东收旧部，袭夺西辽。于是，他东去收罗乃蛮和篾儿乞惕部残余，又挑起哈剌契丹与花剌子模互斗，最后囚禁了直鲁古，夺了哈剌契丹王位。当政后，他迫害回教徒，横征暴敛，民心丧尽。——译注

鲁人之王。哈剌鲁人居住在七河流域即谢米列奇耶地区。另一个首领名叫布扎尔，是阿力麻里（“苹果园之国”）的国王，住在伊犁河流域固尔札（伊宁）附近。公元 1211 年，就像其邻居畏兀儿人一样，这两位国王察觉到了大风吹来的方向，于是转而向成吉思汗致意。由大将忽必来率领的一支蒙古军出现在谢米列奇耶北部，这一事件使阿儿思兰下定了决心。他立即在忽必来的陪同下亲自前往蒙古去拜见成吉思汗，向成吉思汗表示臣从之意。至于布扎尔，他也派儿子前往蒙古向成吉思汗表示臣服[1]。对于这种叛离行为，如果古出鲁克装做没看见，如果他设法使成吉思汗忘掉自己，那将对他是很有利的。但是，他没能做到这一点。他仍然极端仇视蒙古人。他既没有忘记在纳忽山战役中蒙古人杀害了他的父亲，也没有忘记蒙古人杀死了他的部分属民。于是，他首先拿阿力麻里国王布扎尔泄愤。一天，布扎尔正在打猎，古出鲁克突然把他抓住并杀害了。但是，古出鲁克并未能占领阿力麻里国，因为布扎尔的遗孀成功地保卫了自己的王国。布扎尔的儿子速格纳黑请求成吉思汗出兵相助[2]。

占据东突厥斯坦大部分地区的哈剌契丹帝国落入了乃蛮部（蒙古族的敌对民族）的最后一位王子、成吉思汗个人的敌人之手，对于这一事件，成吉思汗在 1211 年显然是不会持赞许态度的。古出鲁克杀害阿力麻里国王布扎尔一事更使成吉思汗忍无可忍，加速了惩罚之日的到来。

成吉思汗派他手下行动最敏捷迅速的将领者别去为他复仇。“者别”是成吉思汗为这位将领取的绰号，意即“箭”。当时是公元 1218 年。者别的进军路线在哪里？他是从哪个角度发动攻击的？我们无法知道。我们甚至无从知道古出鲁克当时是在什么地方遭到致命打击的。不过，我们仍可以说，者别率领的蒙古骑兵似乎是从畏兀儿地面，越过天山进入古出鲁克统治的地盘的。当时在天

[1] 哈剌鲁：即唐代的三姓葛逻禄，原先居住在阿尔泰山之西，屡经迁徙。八世纪中叶，他们徙入今巴尔喀什湖东南的伊犁河、楚河流域。西辽强盛时，他们与畏兀儿一样受西辽统治。成吉思汗灭乃蛮残部后，遣军逾阿尔泰山而至哈剌鲁居地。哈剌鲁部首领阿儿思兰杀西辽少监，投降蒙古，随东返之军谒见成吉思汗。——译注

[2] 这个速格纳黑后来娶了成吉思汗的一个孙女儿（成吉思汗长子术赤之女）。——原注

山以西，在伊犁河上游固尔扎附近，蒙古骑兵拥有一个活动据点。在这个繁荣的“苹果园之国”，在阿力麻里新国王、已忠实臣从于成吉思汗的速格纳黑身边，蒙古骑兵可以自由自在地恢复体力。从那里出发，他们只须顺伊犁河而下就可以进入宽广的略有起伏的伊犁河平原（在这个平原上，有一些小沙丘，沙丘上生长着芦苇、草和榆树丛），从而进入七河流域（或曰谢米列奇耶地区）。七河流域水源丰富，农田灌溉渠纵横密布，盛产粮食、亚麻、大麻、时鲜蔬菜和水果。在其他地方，人们就像惧怕天上降下的灾星一样惧怕这些令人生畏的蒙古军队。然而，这里的居民却把蒙古军队当做救星一样欢迎，因为他们受尽了古出鲁克的残酷压迫。在位于伊塞克湖以西的前哈剌契丹诸古儿汗居住的首都八剌撒浑，情形也是如此。蒙古军队一到，八剌撒浑的居民未作任何抵抗就向他们打开了大门。这座城市所在地到处是肥田沃土，简直使蒙古军队着了迷。所以蒙古人称这个城市为“美丽的城市”。

那么古出鲁克呢？长期以来，他一直在向蒙古人挑衅，可等到蒙古人一来，他却又逃之夭夭了。在蒙古军队的突然袭击面前，他吓得惊慌失措，甚至不想努力保卫喀什噶尔就罄声而逃。喀什噶尔的居民都是穆斯林，他们对古出鲁克恨之入骨。古出鲁克逃出喀什噶尔，潜入穆思塔山脉一侧的崇山峻岭中。穆思塔山脉高峰海拔高达 7860 米，俯临帕米尔高原附近地区。他之所以逃入穆思塔群山，是想进入“世界屋脊”帕米尔避难。但是，蒙古骑兵却跟踪而来，紧追不舍，就像跟踪猎物一样。在这里，山崖峭拔，险如刀削，幽谷旷野，渺无人烟，空气稀薄，万籁俱寂。山下是亚高山草地，山上是危危乎高耸的巨大冰川。蒙古骑兵驰过山口，绕过悬崖，来到冰川脚下，然后继续其令人难以置信的跟踪追击。惶惶然如丧家之犬的古出鲁克好容易爬上海拔 3000 米的撒里黑山谷，蒙古骑兵的前锋就追上了他，当即请他饮刀。

当初古出鲁克后脚刚迈出喀什噶尔，蒙古骑兵前脚就踏进了这个城市。机智的者别反古出鲁克之道而行之，下令禁止部队进行任何劫掠。蒙古军队是有严格纪律的军队，者别的这一命令当然也就得到了不折不扣的执行。者别干得更漂亮的是，他公开宣布取消古出鲁克采取的一切摧残伊斯兰教的措施，明确地允许穆斯林从事其宗教活动。因此，就像在叶尔羌以及和田一样，喀什噶尔的居民（绝大多数是穆斯林）都十分欢迎蒙古人的到来，就像欢迎救世主降临一样。喀什噶尔的农民们同蒙古军队携手合作，杀戮了龟缩在家里的古出鲁克的士兵。

短短的几个星期中，者别就征服了整个前哈剌契丹帝国，征服了整个东突厥斯坦。成吉思汗担心他的这名大将会因取得如此赫赫战功而骄傲从而滋生叛离之心，所以他派人去警告者别，不可学克列亦惕部之王汗、乃蛮部之塔阳汗以及古出鲁克那样骄傲自大，并说骄傲自大已使以上三人相继败亡。成吉思汗此举可说是不了解者别的为人。者别对其主人成吉思汗是忠诚不渝的。他拼死战斗并不是想为自己建立一个王国，而是要以另外的方式弥补自己过去给成吉思汗造成的伤害。读者定还记得，在没有归顺成吉思汗以前，者别曾射伤过成吉思汗的战马，一匹出色的白口栗色战马，一匹成吉思汗爱如珍宝的战马。成吉思汗把他这位过去的敌人提拔到了大将的地位，可见成吉思汗并没有记恨者别过去的过错。但者别却始终为自己过去的过错感到内疚，因此，他在征服了东突厥斯坦以后，急忙征用了一千匹白口栗色战马，即一千匹同他过去射伤的那匹战马一样出色的战马，献给了他的皇上。

蒙古商人之被杀

现在，谢米列奇耶地区和喀什噶尔地区已成了成吉思汗的属地之一。展现在谢米列奇耶和喀什噶尔以西的是一个新的世界，一个拥有新的文化的世界，这种新的文化就是阿拉伯—波斯文化。此时，世界征服者成吉思汗已同花剌子模帝国的沙赫或苏丹相邻而居了[1]。

[1] 沙赫、苏丹：沙赫是伊朗国王之称号，苏丹（一作素丹）是某些伊斯兰国家最高统治者之称号。者别进军轻易地占领了西辽。于是，西辽全土，统为蒙古属地，蒙古西境便与花剌子模帝国接壤了。——译注

这个花剌子模帝国乃是一个信奉伊斯兰教的突厥家族所建。这个突厥家族最初据有的地盘称为花剌子模王国，位于今咸海南部的基发地区。古花剌子模王国扩张而成花剌子模帝国后，其疆域囊括了整个俄罗斯突厥斯坦，阿富汗大部与伊朗大部。这是一个刚建立不久的帝国，当时的君主是谟罕默德苏丹（公元 1200 ~ 1220 年在位）[1]。谟罕默德刚完成了征战使命，就同蒙古人发生了冲突。

双方在发生冲突以前，成吉思汗一直想同花剌子模人保持良好的关系。公元 1216 年，成吉思汗在北京附近接见了谟罕默德苏丹派来的一个使团[2]。他当时对这个使团表示，蒙古帝国和花剌子模帝国的疆域彼此截然不同（蒙古帝国位于东亚，花剌子模帝国位于西亚），因此应该和平共处，共同促进彼此间的贸易往来。但是，谟罕默德苏丹的臣民，不花剌地区和撒马尔罕地区的那些富裕商人们视蒙古人为野蛮人，并且明显地使蒙古人感觉到了他们的这种看法。他

---

[1] 花剌子模帝国：花剌子模原是位于阿姆河下游、咸海南岸的一个中亚古国。自公元 9 世纪后期阿拉伯帝国瓦解以后，它先后臣属于萨曼王朝以及在中亚相继兴起的诸突厥王朝。11 世纪末，塞尔柱突厥帝国的苏丹任命了一个奴隶出身的突厥大臣之子护都不丁为花剌子模地区行政长官，并许其袭用花剌子模沙的称号。护都不丁后人起而反叛塞尔柱朝，杀塞尔柱苏丹，取代了他的统治。到谟罕默德（一作摩诃末）接任花剌子模沙时，其势力已经西至伊剌克阿只迷（今伊朗西部）。不久，谟罕默德又击败哥疾宁（今阿富汗加兹尼）的伊兰族古儿王朝，迫使它臣服于自己；又大败西辽，并于 1212 年袭杀河中撒马尔罕（今乌兹别克共和国）的统治者斡思蛮汗。从此，除了旧都玉龙杰赤而外，撒马尔罕成了花剌子模帝国的新的政治中心。从塞尔柱突厥朝苏丹被击杀算起，花剌子模的统治者只用了四分之一世纪的时间，就完成了对中亚的一系列征服。这个帝国即我国唐书所称之货利习弥国，信奉伊斯兰教。谟罕默德的父亲伊儿亚尔司在世时，为西辽所败，岁奉贡币。至谟罕默德嗣立，虽照旧贡献，心中却很以为辱，故与古出鲁克共伐西辽。——译注

[2] 古代中亚各地的联系和交通，似乎要比今天一般人想象的要密切得多。蒙古军队越过大漠南下并攻占金朝中都的消息，很快就被往来于花剌子模与漠北、中原的商人带到了花剌子模。关于成吉思汗和他的帝国，传说纷纭，莫衷一是。花剌子模苏丹谟罕默德急于探听蒙古的实力，于是他选派了一个使团去拜访成吉思汗。成吉思汗高兴地接见了这个使团，表示希望双方通商。蒙古人需要粮食、铁器和各种手工业产品。蒙古贵族自己不善于经商，总是把掠夺来的金银交给往来活跃于东西方的穆斯林商人，代他们贸易生息。他们越来越需要用从中原掠来的金银丝绸等向穆斯林商人交换各种奢侈品。抢来的钱不值钱，价钱他们不在乎，重要的是必须有人提供这类奢侈品。由于以上原因，蒙古贵族很重视奖励商业。为此成吉思汗下令保证往来经商的各种商队的安全。——译注

们之中有三名商人曾带着丝绸和棉织品前往蒙古贸易，其中一人被带到成吉思汗面前。这个人对其丝绸和棉织品的要价竟高到了不合情理的程度。成吉思汗明白，这个商人是在嘲笑他孤陋寡闻和愚昧无知，于是大怒道：

“此人竟以为似这等佳品朕未尝见识过么？”

为了促使这个商人醒悟，成吉思汗命令将各地进贡来的最华丽的丝织品全都拿出来，让他见识见识。接着，成吉思汗又命令将这个天真的商人的全部商品没收。这样一来，其他两个商人就变得谨慎了。他们不愿开口索价，一个劲地表示他们相信成吉思汗会慷慨给价。果然，成吉思汗在购买他们的商品时，所给的价格非常非常高，并召回前面那位商人，以同样高昂的价格偿付了他的商品。不仅如此，成吉思汗还叫人为他们三人支起了“白毡帐篷”，特别客气地对待他们。

与此同时，作为对花剌子模谟罕默德苏丹派来使团的回答，成吉思汗也向花剌子模派去了三位使臣。这三个人是他精心特地从居住在蒙古的花剌子模人中挑选出来的。他们是：花剌子模的马哈木[1]，不花剌的阿里火者，讹答剌的玉速夫·康迦。成吉思汗让这三位使者给谟罕默德苏丹带去厚礼：一大块块金；金条、玉石、象牙若干；用白驼毛织成的名贵织品若干匹。公元1218年春，谟罕默德苏丹接见了这个三人使团（很可能是在不花剌接见的）。

在遣使赠送礼品的同时，成吉思汗还送去了坦率的和平信息。这位蒙古皇帝委托这三位使臣致语河中地区和伊朗地区的主人谟罕默德说：

“朕知汝之帝国国力强盛，地域辽阔。朕切望与汝和平相处。朕将视汝为朕之第五子而友善待之。想必汝已得知朕已征服中原北部和降伏北方各部落。汝亦必得知敝国兵多将广，有如蜂蚁之不可胜数。朕之臣民均属黄种，朕无需垂涎异域他国。促进两国之贸易往来，于贵国于敝国均属有益之举。”

听成吉思汗如此言语，谟罕默德苏丹感到惶惑，不知所措。一方面，成吉思汗称他为子，显然是把他当附庸看待。另一方面，成吉思汗开疆扩土，征服

[1] 据有的资料推测，这个马哈木，很可能就是后来长期在西域以及华北地区担任要职的那个马哈木·牙剌瓦赤。“牙剌瓦赤”在突厥语中正是“使者”的意思。——译注

了那么多地方，这也使这位信奉伊斯兰教的君主感到惊惶害怕。一天夜里，谟罕默德苏丹将成吉思汗派来的三使节中名叫马哈木的人秘密召进宫。他知道这个马哈木出生于花剌子模。见到马哈木以后，谟罕默德从自己的手镯上摘下一颗珍贵的宝石作为礼物送给马哈木，接着便恳求马哈木对他讲真话。他问马哈木道：

"坛合赤（指中原北部），成吉思汗果真将它征服了么？……这个被真主弃绝者竟敢称本苏丹为子，彼是何等样人耶？彼统率之军队究竟有多少人马？"

显然，这个谟罕默德苏丹已感到惊恐不安。末了，他以友好的言词打发走了三位使者。他认为这样做比较谨慎。

此后不久，成吉思汗决定实施其已向谟罕默德苏丹表示过的计划，派遣一个庞大的商队前往花剌子模帝国贸易。据说，这个商队有五百头骆驼，载有各种财宝：中国黄金、白银和丝绸；驼毛织品；海狸毛皮和黑豹皮等等。这一次，商队的领队人仍是从居住在蒙古的穆斯林中挑选。他们中有：讹答剌的剌麻儿·哈扎；篾剌合的哈马勒；不花剌的法合鲁德·底扎吉。除了这些人以外，成吉思汗还派了一位名叫兀忽纳的蒙古人作为他个人的代表随商队前往。他还要求蒙古的诸王，诸那颜和诸位将领各出钱币，遣信仆随商队前往花剌子模购买珍品。在这个问题上，成吉思汗所表现出的加强东亚与穆斯林世界贸易往来的愿望是显而易见的。

这个庞大的商队顺利穿过北亚，来到花剌子模帝国边界讹答剌城（在锡尔河中游，与今土耳其斯坦相望）。讹答剌城城主亦纳勒术·哈亦儿汗不分清红皂白，袭击这个商队，抢劫商队财物，屠杀商队人员（至少有一百人）。成吉思汗的私人代表兀忽纳也做了刀下之鬼[1]。

成吉思汗闻讯，大为震怒。他诚心诚意地想同穆斯林世界建立和平友好关系和持续的贸易联系，得到的却是此等回答！成吉思汗得到商队人员被杀的不幸消息，心中十分愤怒和痛苦，禁不住珠泪涟涟。大家知道，成吉思汗非常重

[1] 记载了这次事件的大部分穆斯林史籍，都说这次屠杀是按照谟罕默德的指令进行的。——译注

视政治关系的光明正大，非常看重对联盟和条约的忠实态度（就像看重臣民对主人的忠实态度一样）。现在，花剌子模人却无视一切人权，屠杀了他派去的商队人员，杀害了他的使者。此时，维护信仰和恪守诺言，遵守贸易协定的是以毡裘为裳的游牧人，是他成吉思汗。而以野蛮人的态度对待他人的是那些突厥—波斯文化以及伊斯兰社会的代表人物。

像在对金国开战前夕和作出其他重大决策前夕一样，成吉思汗又登上蒙古的圣山，脱帽，解下衣带置于项后肩上，跪地九叩长生天（游牧民的最高神灵），恳求长生天助他复仇。这样，他原来的良好愿望，他要同花剌子模人建立经济合作关系的良好愿望，就转化成了无情的仇恨。

但是，成吉思汗虽然十分震怒，但仍坚持在自己方面做到仁至义尽，无可指摘。这表明，成吉思汗是很有自制力的。讹答剌城主杀人劫财之举会不会是背着其君主谟罕默德而干的呢？为了弄清这个问题，成吉思汗又向花剌子模帝国苏丹谟罕默德派去了最后一个使团。这个使团由一个名叫伊本·巴合剌的穆斯林和两个蒙古人组成。使团受命向谟罕默德表示，如果他愿意交出凶手亦纳勒术，蒙古仍愿与花剌子模帝国和平相处。但是，谟罕默德苏丹不但拒绝交出凶手，而且当场杀死了率领使团的伊本·巴合剌，将另外两名使者剃光头发（这也是一个不小的侮辱行动）[1]。

敌对形势已无可挽回，武力解决问题的大计已定。蒙古世界同穆斯林世界之间的大战即将爆发。

不管后来蒙古人在这场战争中表现得多么残酷，我们都不应该忘记成吉思汗的商人被屠杀、使臣被杀害而又得不到任何解释的事件在他心中点燃的熊熊

[1] 根据历史学家多桑记载："相传成吉思汗闻报，惊怒而泣。登一山巅，免冠，解带置项后。跪地求天，助其复仇。断食祈祷三日夜始下山。""遂遣使臣一人巴合剌者，往花剌子模索罪人。巴合剌父曾仕于苏丹塔哈失之朝。成吉思汗派二蒙古人为副使，至摩诃末（即谟罕默德）所，传语曰：'君前与我约，保不虐待任何商人。今遽违约，枉为一国之主。若讹答剌杀商人之事，果非君命，则请以守将付我，听我惩罚，否则请即备战。'……哈亦儿汗（即亦纳勒术）为算端（即苏丹）母之亲属，摩诃末虽欲惩罚，拟执以献，势所不能。盖诸大将权重，不受算端之制也。遂杀巴合剌，箠蒙古副使须而遣之归。"这里说是"箠蒙古副使须"，与本传说（说是"秃光头"）所记略有出入。——译注

怒火，这种怒火的升起是可以理解的。

大战之前：成吉思汗的遗嘱

在成吉思汗的一生中，对花剌子模的战争是一个新阶段的开始。在对花剌子模的战争开始以前，他几乎还没有走出蒙古的范围，因为他曾前往征战的北京地区在当时还是蒙古草原的延伸。现在，他将进入伊斯兰教盛行的土地，进入一个未知世界。统治着突厥斯坦、阿富汗和波斯的花剌子模帝国苏丹的势力似乎是很强大的。实际上，花剌子模帝国苏丹的军队在数量上要比成吉思汗的军队占优势。

据蒙古史家称，当时即使是在成吉思汗周围的人中间也存在着一种无法掩饰的不安情绪。他的宠妃之一美人也遂的进言就表明当时的确普遍存在着这种不安。只有一个被十分宠爱的妃子才敢于在君王面前坦率地进谏此等看法。也遂坦率地向成吉思汗指出，必须在远征以前解决继承问题。她进谏说：

“我汗将翻越巍峨险峻之山岭，渡过宽阔汹涌之江河，出征远行，平定诸国。然凡有生之物皆不可长生，人之一生犹如蜉蝣于天地间难以久留。倘若陛下似大树伟岸之身躯骤倾于地，届时陛下之似绩麻之百姓，将委与谁人？陛下之似飞鸟而聚来之臣民，将委与谁人？陛下所生之英杰四子中，陛下欲令谁人为继？妾所谏之言，亦即陛下诸子、诸弟以及众臣民之所思也。妾谨奏其所思者也，愿闻圣裁……”

也遂妃子的这一席话，使成吉思汗陷入了沉思。他不但没有发怒和责备也遂大胆放肆，而且还十分赞赏也遂的勇气。他对也遂说：

“爱妃乃一妇人，然适才之语实为至理之言。朕之诸弟、诸子以及朕之爱将孛斡儿出和木合黎亦未尝敢于进如此明智之言也。朕未尝步先祖之后而继位，故忘却立储君之大事；朕未尝有遭死之事，故未思及有树倒之日……”

说完，成吉思汗立即召来四位皇子，说明欲立储君之意。他先问长子术赤道：

“汝乃朕诸子之长，汝意下如何？试言之！”

但是，术赤默不作声，或者说还没等他开口，其弟察合台就突然说话了。察合台向来厌恶术赤。当时，见父汗先问术赤，他便大声嚷道（他之所言也可能是每个人私下之所想）：

“父汗先问术赤，莫非是欲立术赤为太子么？”

察合台接着以粗暴的态度强调说，术赤的出身有疑问。他指出，术赤究竟是成吉思汗之子还是曾掳掠母后之篾儿乞惕人之子，这还是个问题。他又补充说道：

“彼不过拾自篾儿乞惕部一私生子耳，我等怎可让此等之人登汗位？”[1]

在这种侮辱下，术赤气得忍无可忍，跳起来一把揪住察合台的衣领，怒吼道：

“父汗尚且未在我等之中分彼此，汝怎敢如此待我！凭什么？汝有何德何能，敢自视优越于我？汝但以令人厌恶与狭隘之刚烈粗暴胜过我罢了！”

术赤说着，便要与察合台比个高低，听凭天意裁决。他对察合台说：

“我今与汝赛射，若远射而败与汝，我敢断我拇指而弃之。然后我再与汝赛勇力，若相搏而败与汝，我便死在倒下之地，不复起身！然须听父汗圣旨裁夺，我二人只可听从父汗之命。”

他二人互不相让，互相揪住衣领相持不下。正在这时，孛斡儿出和木合黎赶来，上前将他兄弟二人分开。成吉思汗此时耳闻其言，眼观其行，凄然无言，心里非常痛苦，坐在那里看着术赤兄弟二人相争。这时成吉思汗的老将之一阔阔搠思终于想出了适当的话来解劝术赤兄弟二人，他说：

“察合台，汝为何如此性急？汝等未生之前，蒙古地面充满混乱；列国相攻，

[1] 关于术赤的出身问题，史学界颇有异说。洪钧先生据剌失德哀丁等人说法而断言，术赤是成吉思汗之子，并非篾儿乞惕人之子，说孛儿帖“未被掠时，孕已数月，正在归途术赤生，仓卒无襁儿具，乃搏面如篮形，置于骑以载归。”关于这个问题，本传记作者也只是实录众人之疑。实际上这种事旁人很难下结论。说孛儿帖被掠以前“已怀孕数月”，不知有何证据。当然，说术赤并非成吉思汗之子，也没有确凿证据。——译注

人不安生，邻里相劫，天下扰扰，无处没有劫掠之事，有人即有杀戮之举。”

阔阔搠思对成吉思汗家族秩序建立以前蒙古混乱情景的描绘确属真切至极。这种大混乱可以充分说明孛儿帖皇后当初被蔑儿乞惕掳掠的原因。在谈到孛儿帖皇后时，为了打动察合台及其兄弟们的心，这位老武士说了一番充满感情和令人激动的话。他说他们的神圣的母亲“心像油一样温柔慈爱，灵魂像乳汁一样纯洁”。他说：

“汝等四人非同出于其腹么？汝等今日岂已忘却其乳温了么？察合台，汝今说出此等言语，乃是损害汝母之名誉，侮辱汝圣洁之母，恶语中伤汝母也！”

接着，这位老人又回顾了那些困苦的岁月，他说：

“汝等之父汗创立此国之时：征战流血不可计量；夜寐之时无以为枕，但凭衣袖为枕；渴极之际无以为饮，但以涎水而止渴；饥饿之时无以为食，仅以磨牙而充饥；每日征战，常以汗水洗面，以汗水洗足。彼时，汝等之母与汝等之父汗共辛劳而不辞：空腹而行，吐口中食以哺汝等；提携捧负，为使汝等长而与男儿齐。如此辛劳，终使汝等长及男儿之肩，骟马之胯矣。我等圣后之心，明洁有如经天之日，深厚有如无涯之海也！”

这时，成吉思汗也一改其沉默态度，要察合台安分守己，不得放肆。他说：

“汝何可以此等之言语伤汝兄术赤耶？术赤岂非朕之长子么？此后断不可出此等言语！”

听到父汗如此训斥，察合台泣而对其父汗说：

“术赤与我，乃父汗诸子之长也。我二人愿并力行效于父汗前。我二人中若有不履行其职责者，另一人当以刀斧劈杀之！我二人中若有退后躲避者，另一人当断其踵！”

为了摆脱眼前的僵持局面，察合台提议他和术赤都服从他们的弟弟窝阔台（成吉思汗之第三子）的命令。窝阔台素以头脑清醒，慷慨敦厚而闻名。察合台说：

“窝阔台敦厚谨慎，我等愿听从其指挥调遣。窝阔台可于父汗之侧，奉识大冠形影之教。”[1]

术赤表示同意这一提议，尽管这一提议使继承权从他身上落到了他的弟弟窝阔台的身上。不过，人们在他的出生问题上所持的怀疑态度也不允许他此时采取另外的立场。成吉思汗是一个眼光敏锐，智慧过人的人，他决定防患于未然，先采取措施，预防术赤兄弟之间今后发生纠纷。他说：

“汝等无须并效于朕前。后土宽广，江河众多，天高地阔，朕将令汝等各治一处，分镇营此宽阔之邦，各守封国。”

接着，成吉思汗叫刚才被指为推定继承人的窝阔台表态。在成吉思汗的诸子中，成吉思汗最宠爱的是窝阔台，窝阔台也最肖其父。他像他的父汗一样稳重沉着，头脑清醒。当然，在雄才大略，聪明睿智方面，他可能不及其父汗。但他也有胜过其父汗之处，那就是他为人比较善良淳朴，平易近人。他慷慨大度，但嗜酒成癖（不过这也是所有的蒙古人的共同嗜好），这两点之间可能有一定联系。此时，听到父汗问自己持何态度，窝阔台只简单而实在地回答说，既然自己不能拒绝这一荣誉，也只好尽力勉为之，争取不辱圣命，不负众望。成吉思汗之第四子拖雷也当场表示忠心辅佐窝阔台，他说：

“我愿在父汗指名之我兄侧，言其所忘，警其所睡；为彼应声之随从，策马之长鞭；为之长行征进，为之短兵争战！”

汗位继承问题解决了。对于一旦发生不幸事件而可能出现的各种情况，现在均已考虑到并作了相应的安排。诸事处理完毕，成吉思汗便起驾，前去征服花剌子模帝国，征服那个穆斯林世界。

攻入穆斯林世界

蒙古军队于公元 1219 年在阿尔泰山南坡、额尔齐斯河和乌伦古河之发源地

[1] 奉识大冠形影之教：即接受继承者的教育，学习如何为汗。——译注

附近集中。这里地势雄伟，是这次人为的风暴酝酿蓄积的天作地合之地。北面，阿尔泰山，山峰峭拔错落，像一面屏障屹立高耸。山上海拔 1000 米至 2400 米处是葱郁的森林，西伯利亚落叶松和天山冷杉互相混杂，雪松、欧洲山杨、杨树和柳树更是比比皆是。在海拔 1000 米以下，有水草丰美的牧场，至今还有人到这里来放牧。发源于阿尔泰山的河流，越过级级岩石，形成级级瀑布，跳跃滚落而下。清澈碧绿的流水穿过碧绿的森林和草地，所过之处，树林和草地显得更加青翠欲滴。额尔齐斯河就是如此。这条河从阿尔泰山流下，很快就转而向西，向西伯利亚奔腾而去，河水深广，清澈透明。稍南，与额尔齐斯河流向平行的是乌伦古河。与额尔齐斯河不同的是，乌伦古河沿岸多生柳丛，河水下山以后很快就流入一个没有什么植物的丘陵地区。这个丘陵地区是准噶尔盆地的边缘地带。蒙古军队从那里进入位于塔尔巴哈台山下的叶密立河河谷，然后通过位于巴尔鲁克山和阿拉套山之间的“准噶尔盆地大门”，进入谢米列奇耶（或曰杰愓速）平原，即所谓“七河地区”。

七河地区是哈剌鲁突厥人的地盘。本书前文已经介绍过，哈剌鲁国王阿儿思兰已经归顺了成吉思汗，成了蒙古的藩属。当蒙古军队来到位于今勒普辛斯克市与科帕尔市之间的合牙里黑时，阿儿思兰即领兵来会，愿帮助征伐。在合牙里黑与蒙古军队会师的还有两支军队，一支由蒙古皇帝成吉思汗的附庸畏兀儿亦都护巴尔术率领，一万人，从吐鲁番而来。另一支军队由成吉思汗的附庸阿力麻里国（在今固尔扎附近）国王速格纳黑率领。这时蒙古军队大约有 15 万到 20 万人。

成吉思汗命令他的最小的弟弟帖木格斡惕赤斤留守蒙古大营；命众妃之一忽阑伴驾，给他在征战中解闷；命在过去的征战中已表现出杰出将才的几位将领率领前队人马：者别为先锋，继者别之后是速别额台所率人马，继速别额台之后是脱忽察儿所率部队[1]。

[1] 据载，蒙古人对于出征的准备工作，向来采取极为谨慎的态度。出征前，总是要先召集诸王、那颜举行大聚会，在会上详细地讨论军队的组成，出军人数，作战计划，会师地点及日期。用兵之前，须检阅队伍，审视士兵的坐骑装备，衣着则头戴皮兜，身披有铁片的皮甲。每

面对蒙古军队的威胁，花剌子模帝国苏丹谟罕默德将军队分散部署于位于北疆（锡尔河一线）和东部边界（费尔干纳附近）的主要城市。他之所以如此部署，是因为他不知道蒙古军队将从何处发起进攻。他把其余的军队分别调去驻守河中地区各要塞（如不花剌和撒马尔罕）和原花剌子模各要塞（例如基发附近的乌尔犍赤）。[1] 这种分兵御敌的战略造成了这样一种局面：尽管花剌子模军队总人数多于蒙古军队，处于优势，但每一个要塞守军的人数却又少于蒙古军队，处于劣势。

锡尔河是花剌子模帝国的北界。这条大河全长 2800 公里，在忽氈，11 月至次年 3 月为浅水时期，河水流量每秒 386 立方米；6 月左右为深水时期，河水流量为每秒 1343 立方米。从今之土耳其斯坦市起，该河就变成了一条沙漠河流，因为该河流经土耳其斯坦市时，只有南岸是沙漠，而从土耳其斯坦以下，该河的两岸就都是沙漠地区了。成吉思汗于公元 1219 年秋发起的进攻就是从土耳其斯坦附近开始的。蒙古军队从谢米列奇耶地区出发，通过位于亚历山大山与合剌套山之间的阿卢里耶阿塔河谷，全军突然出现在讹答剌城前。讹答剌位于锡尔河北岸，离北面的今土耳其斯坦市仅 80 公里之遥。

成吉思汗命令他的两个儿子察合台和窝阔台率领一支军队在畏兀儿王巴尔术的协助下攻这个城市。察合台等围攻了很长时间才攻下该城，因为该城的城主就是那个在上一年杀害成吉思汗所派商队人员的亦纳勒术。亦纳勒术知道自己没有任何被宽恕的希望，遂拼死守城顽抗。城市被攻破以后，他还在该城中心城堡中坚持抵抗了一个月。最后，他在四面受到围攻的情况下，仍率从卒二人登屋格斗。转眼间二从卒亦亡，他便孤身一人奋战，接过妇女们从墙头递来的砖头猛掷蒙古兵，发疯似的抵抗，终因寡不敌众，被蒙古军抓住、捆绑、押

个战士的马鞍下都塞着一定数量的干肉，这是他们常备的军粮。现在，传统的大聚会又召开了。最后决定留帖木格斡惕赤斤守漠北本部，木合黎继续攻金，成吉思汗亲率其诸子、诸将和大部分蒙古军队西征。参加西征的，还有华北和西夏归附蒙古的汉军、河西军以及大批工匠，总数据说有 10 万人。——译注

[1] 乌尔犍赤：一作玉龙杰赤，即今乌尔根奇。当时是花剌子模旧都。——译注

至成吉思汗面前。为了替死于亦纳勒术贪婪的屠刀下的蒙古商人报仇，成吉思汗命令将生银熔化，用熔银灌注亦纳勒术的两耳[1]。

第二支蒙古军队由成吉思汗的长子术赤率领。术赤率部沿锡尔河左岸进发，来到昔格纳黑城（今土耳其斯坦市对面）前下营。术赤派一个名叫哈散哈只的穆斯林前去劝降，要城内军民放弃抵抗，打开城门。但是，那些城民根本不听来使的话，而且将这位来使处死了（据说他们是以真主的名义处死来使的）。于是，术赤命令立即攻城，并严令城未攻破以前不许停止战斗。前队攻得疲惫了，后队立即冲上去取而代之。就这样，经过 7 整天连续不断的轮番冲锋，蒙古军队终于攻进了昔格纳黑市，进城杀死了所有的居民。

攻陷昔格纳黑以后，术赤又率部继续前进，来到位于今彼罗夫斯克附近的忽毡的城下。忽毡的城的居民以为该城城墙高而固，足以为恃，但不久，他们的这种信心就消失了，随之而来的是惶恐不安，蒙古军架起云梯，爬上城墙，从四面八方攻入城内，鉴于忽毡的居民没有抵抗，术赤决定饶他们不死，但强迫居民放弃城市 7 天，听任蒙古军洗劫。随后，他委任一位由归顺他的父汗成吉思汗的穆斯林为该城城主，留他在此管理城市。这个穆斯林就是前文曾提到的阿里火者。

在成吉思汗的长子术赤连克锡尔河下游各城的同时，另一支蒙古军（5000人）在阿剌黑那额、速格秃扯儿必和塔孩的率领下溯锡尔河而上，挺进锡尔河上游地区，向位于塔什干西面的别纳客忒城发起进攻。这个要塞的守军是属于康里部的突厥雇佣军。这些雇佣兵抵抗了 3 天，终于支持不住，请求投降。蒙古军准予投降，答应饶他们不死。但是，当这些雇佣军投降，城内居民被赶出城以后，蒙古军就将他们同市民分开，然后用刀和箭处死了他们。接着，蒙古人将市民中的工匠分配到蒙古军各队，然后驱赶着年轻力壮的市民前去围攻别的要塞据点。

阿剌黑等人率领的这支军队继续溯锡尔河而上，来到费尔干纳前的忽毡城

[1] 据有的史书说，这是为了惩罚亦纳勒术曾杀蒙古商人和劫掠其财物，用银灌耳就是惩罚其贪财。——译注

下。忽氈城主是当时最著名的突厥勇士之一，名叫帖木儿灭里（即“铁王”之意）。帖木儿灭里率领1000名精兵退守位于锡尔河中心的城堡。鉴于帖木儿灭里要顽抗到底，成吉思汗便向这里增派了2万名蒙古军和5万名战俘，命这支援军来帮助阿剌黑那颜等攻城。5万名战俘被编成班相连，分别由蒙古军官率领，前往12公里以外的山地运来石块，将石块投入河水中。帖木儿灭里则命人造了一些巨大的装甲船只（在忽氈，锡尔河宽130米），每天派一些士兵乘这种船来到岸边，向蒙古军放箭。但最后，帖木儿灭里再也无技可施了，便带着亲信借助他的小舰队逃出忽氈，顺锡尔河而下。蒙古军早有防备，在河上横拉了一条铁链，想凭此阻拦住帖木儿灭里。但小舰队撞断了铁链，继续顺流而去。但是，这个小舰队到达忽氈的附近时，发现术赤早已用船只横排于河上，组成了一道“拦河坝”。“铁王”一看大事不好，还没等小舰队靠近“拦河坝”，便弃舟登岸，飞身跨上一匹战马。纵马飞驰，穿过克齐尔库姆（即“红沙区”之意）沙漠而去。蒙古人试图追上他，但未能如愿。

这个例子证明，花剌子模军队并不乏英雄气概。但他们的统帅指挥无方。前文已说过，花剌子模帝国的军队被分散部署在各个要塞，这就注定他们要消极被动地挨打，大批地被歼。

愤怒之风：不花剌的陷落

成吉思汗也在行动。正当他的三个儿子和其他几位将领在锡尔河一线一个接一个地攻陷城池要塞之时，他和他的幼子拖雷率领中军（主力军）从讹答剌向古代河中地区的中心泽拉夫尚河谷进发。该中军的先头部队由答亦儿把阿秃儿率领，沿红沙区（克齐尔库姆沙漠）南部边缘而行，抵达努腊达（或曰讷儿）市。当时已是深夜。蒙古军穿过城周围的公园，在第二天清晨突然来到城下。城里的居民根本没有想到来到的这些人是蒙古军，竟误把这些蒙古军当成了友好的商队，因此也丝毫没想到抵抗，便向速别额台带领的人马打开了城门。蒙古人进城以后，城里的居民出城，只带出了一些农具和牲口。蒙古军队逐家洗劫，除洗劫所得财物以外，成吉思汗只向居民征收了1500第纳尔，相当于花剌子模当局平时的征税额。公元1220年，成吉思汗率军抵达不花剌[1]。

不花剌是这个穆斯林世界的最大的城市之一。它包括三部分：城堡（周长一公里半），不花剌本城（狭义上的不花剌，即内城）和郊区（外城）。同其他多数城市相反，这个城市的城堡不是建在内城以内，而是建在内城以外。本城建在城中心的一个台地上，周围有城墙，有集市门，香料商门，铁门等7个城门，每个城门的名字都足以引起人们的联想。一些著名的清真寺吸引着信徒们。大礼拜寺建于公元1121年。星期五清真寺当时也已有约100年的历史。还有一个叙利亚人清真寺。外城周围也有城墙，十一个城门。市内主要的街道都是石板铺路，这在伊斯兰教土地上是一个很特殊的情况。内城和外城渠道四通八达，渠水引自泽拉夫尚河。干渠名曰“输金河”，这个渠名在这个干旱的地区是意味深长的。不花剌城拥有的这个水渠网，布局十分巧妙，有水闸，也有蓄水池，足以保证全市用水的分配和供应。郊区有灌溉网，灌溉着无数的公园。公园里亭台楼阁，处处可见，充分显示出这个绿洲的富庶和繁荣的景象。这种富庶和繁荣，在很大程度上要归功于繁荣的工业，特别是应当归功于著名的“不花剌地毯业”。在城堡和内城之间星期五清真寺附近，有一个巨大的纺织厂，其产品远销叙利亚、埃及和小亚细亚。不花剌的商店集市上，铜制品闻名遐迩，特别是美观精致的灯具更是蜚声世界。

[1] 从这里可以看出成吉思汗用兵的巧妙。据多桑记载：“成吉思汗分军为四：第一军察合台，窝阔台二子将之，进攻讹答剌。第二军长子术赤将之，从右方进攻毡的。第三军从左方进攻别纳客忒。以上三军之目的，则在细浑河（即锡尔河）畔诸城。成吉思汗自将中军，进向不花剌，以断摩诃末与河中之交通，而绝受围各城之援。”当时，谟罕默德正在河中首府撒马尔罕，该城防卫坚固，兵力充足。分兵取锡尔河一线诸城，意在解除主力（中军）长驱直进的后顾之忧。主力不是东取重镇撒马尔罕，而是直取位于旧都玉龙杰赤与撒马尔罕之间的不花剌，使敌首尾不得相顾。洪钧先生分析说：“是时……不哈尔（即不花剌）在西，旧都乌尔祃赤更在西北，擣其中，则新旧都呼应不灵，所以断其援也。”不花剌的战略地位很重要，所以作者在介绍不花剌的情况时用笔墨也较多。成吉思汗想通过以上布置，四面收缩。在几个方向上同时出击，然后在决战阶段迅速合拢诸军，形成重点包围，对敌主力进行密集攻击，这是成吉思汗经常使用的战术。——译注

成吉思汗大军到来时，不花剌守卫部队由2万到3万突厥雇佣军组成。世界征服者成吉思汗指挥军队把不花剌城团团围住，然后下令攻城，连续攻了三天。蒙古军施展其惯伎，把从当地抓来的老百姓赶在前面，发起冲锋。第三天，守城的雇佣军将领（其中有一个名叫亦难赤军·斡兀勒的家伙）失去了固守的信心，商定夜间率部突围出城逃走。他们这一突围计划差一点儿获得成功。夜里，他们开始行动，冲出了包围圈。但蒙古军很快冷静地判明了情况，便整队追击，最后在锡尔河河畔追上了这些逃跑的雇佣军，将他们鏖杀殆尽。

被守城军队抛弃了的该城居民决定向蒙古人投降。由一些伊玛目和知名人士组成的代表团前来见成吉思汗，表示愿意献城投降。于是，公元1220年2月10日至16日，蒙古人陆续开进不花剌市。但是，城堡仍有400名骑兵把守。蒙古人宣布，不花剌城内全体持有武器的居民都必须自首，违者格杀毋论，尸体将被填入城堡周围的壕沟。接着，蒙古军队在城堡周围架起投石器，瞬时巨石纷纷飞向城堡，打开了一些缺口。蒙古军从这些缺口冲了进去。城堡内的军民全被斩尽杀绝，无一存活。

城堡陷落以后，全城居民被迫出城，除了随身穿的衣服以外，其他财物概不许携出。赶出城内居民以后，蒙古军即纵兵洗劫，所有尚待在城里的居民全被杀死（尽管他们也进行了抵抗）。伊玛目阿里·宰的看到古兰经被蒙古战马践踏在地，便对另一位知名人士鲁克那丁·伊玛目——扎答表示自己的愤怒之情。扎答回答说：

“别出声。这是真主吹动的愤怒之风。我们这些被此风吹散的稻草无权发言！”

不久，一般人也这么看待蒙古人的所作所为。据一篇富有浪漫色彩的文字记载，成吉思汗本人的讲话也表达了这种观点。这篇文字记载说：

世界征服者成吉思汗跨马进入这座城市时，经过大礼拜寺前。他问这是否苏丹之宫殿。有人便回答说此乃真主之殿堂。成吉思汗听后，便在祭坛前下马，踏上讲坛的台阶，大声地说：

“野草已刈，田野中无足够之草料。就在此给朕喂马！”

市民们忙去寻来谷物饲料。蒙古军将装古兰经的书椟取来置于大礼拜寺庭中，以代马槽，穆斯林们的圣经古兰经则被扔弃于地，任马匹践踏。接着，这些蛮人置酒囊于寺中，开怀畅饮。他们还把不花剌城内的舞者歌女拉到这里，令她们歌之舞之。蒙古人自己也放声唱歌，声彻四壁。他们在这里大吃大喝，纵情娱乐，而城内多数居民、律师，学者和教长等此时则在为他们执奴隶之役，为他们护视鞍马。

狂饮作乐之后，成吉思汗前往祈祷场（在伊卜拉伊姆门附近）。这是市民平时举行盛会时相聚祈祷的场所。此时，居民们已奉成吉思汗之命聚集在祈祷场上等待他训话。成吉思汗登上讲台，问众人中哪些人最殷富。众举出 280 人，其中 90 人是外国富商。成吉思汗叫这些人上前，听他训话。他首先回顾了他们的苏丹的种种挑衅行为，说正是这些挑衅行为迫使他不得已而对苏丹用兵。接着，他又对这些人说：

“应知汝曹已犯大过，而众民之长官负罪尤重。设若汝曹问朕此言有何为据，朕可答汝曹：朕即真主之长鞭！如若汝曹无大罪过，真主不致降朕于汝曹之首而命朕惩罚汝曹。”

成吉思汗还补充说：“凡地上财宝，朕自会取之，勿劳汝曹奉献。然所有地下伏藏之财，汝曹应速告朕知。”成吉思汗命令所在各位殷富者指出其管家之仆。他强迫这些管家交出其主人所匿藏之财宝。

以上这几段富有浪漫色彩和小说化了的文字出自一位波斯历史学家之手。其他的历史学家没有记载过这一情节。可以肯定地说，当时的情景是十分令人痛心的。阿西尔曾写道：

这是恐怖的一天。男人、妇女和孩子都在哭泣，呜咽之声充塞于耳。他们正处于生离死别的时刻，因为蒙古人要把他们分而据为己有。蛮人当着这些不幸者的面侮辱妇女，而这些不幸者对此却毫无办法，唯有以泪洗面而已。有少数人宁愿死也不愿目睹这一惨景，例如撒都鲁丁罕，鲁克那丁·伊玛目——扎答及其儿子，他们不忍视此，遂同蒙古人拼命，被杀。

蒙古军队在洗劫的同时，纵火焚烧不花剌城。大火几乎烧毁了整个城市（该城建筑多用木材），只剩下了几个诸如大礼拜寺和几座宫殿那样的砖石结构的建筑物。

移军撒马尔罕

成吉思汗离开还在冒着浓烟的不花剌废墟，挥军逆泽拉夫尚河谷而上，移军撒马尔罕。泽拉夫尚河两岸繁荣兴旺，景色优美，举目所见，尽是令人赏心悦目的公园，果实累累的果园，绿草茵茵的草地，恬静舒适的别墅，纵横交错的水渠。在泽拉尚夫河河谷一线，只有答不昔牙和萨里普勒两个要塞试图抵抗成吉思汗的主力。成吉思汗只留下了几个分队的兵力担任攻取这两个要塞的任务，自己则率主力继续东进。随主力前进的还有一支由从附近攻陷的城市和沿线的乡镇中抓来的市民和农民组成的庞大队伍。蒙古军队攻城时要让这些俘虏充当前队。在东进的路上，凡是不能紧随战马前进的俘虏，都立即被杀死[1]。

撒马尔罕城位于泽拉夫尚河以南7公里处。该城有许多水渠，渠水引自泽拉夫尚河。密布的水渠网确保了这个地区土地的肥沃。这些肥沃的土地同周围地区的情景形成了鲜明的对照：这里到处是肥田沃土，而周围附近地区则是干旱贫瘠的土地，呈现一片光秃秃的荒凉景象。正像河中地区的所有其他城市一

[1] 远离本土的蒙古军队不断地从被征服的当地居民中征发人员，主要用于两个方面，一是担任运输、造作等辅助任务，二是在攻城时把他们排列在最前面，强迫他们去抵挡来自其同胞防御工事中的兵刃锋镝，以减少本族军队的损失。守城士兵经常在看见同胞被驱在攻城军队前列，斗志很快就涣散了。成吉思汗的这一着虽然很毒辣，却大大帮助了他的攻坚战。这是他自从南下攻中原以后想出来的绝招，原先在统一蒙古各部的战争中并无此种战法，因为那时不存在攻坚战。——译注

样，撒马尔罕市也由三部分组成。不过，这个城市的三部分是由南而北依次排列，先是城堡，接着是内城（本城），最后是外城（市郊）。公元13世纪撒马尔罕的本城（内城）在今撒马尔罕市以北的阿甫剌西牙卜。撒马尔罕城周围有城墙，开有四个城门，东门名曰“中国门”（这个城门名可以使人回想起当初河中地区与丝绸之路的悠久联系）。南门名曰“巴卜吉失门”（“大门”之意），南门旁边有集市街（主要是出售锅），商队客店和堆栈。这条街道人口最稠密（全市人口为50万）。在撒马尔罕，尽管工人区和集市区很多，但由于这个城市面积很大，市内有很多花园和院子，每幢房子（不论大小）前面都有这种花园或院子。市内水渠网的四通八达为发展园艺提供了方便条件。处于大沙漠边缘地区的撒马尔罕的优美与乐趣首先在于它的鲜花装饰，在于纵横交错的水渠、清澈的水池和人造喷泉的魅力。阿拉伯地理学家曾盛赞该市的建筑，特别是大礼拜寺。后来巴尔托勒德曾在该市城堡以西阿甫剌西牙卜街发现了大礼拜寺的遗址。

撒马尔罕的能工巧匠在整个东方都是很有名的。他们生产交织银丝的织物，生产著名的“撒马尔罕织品”，生产供整个中亚的商人使用的帐篷。锅商区内还出售各种铜器和精制的酒具。鞍具商区出售各种皮革马具，从喀什噶尔到设拉子，人们常常争相购买来自撒马尔罕的马具。撒马尔罕的工匠生产的另一种特产是布浆纸。他们制造这种布浆纸的技术是公元8世纪从中国人那里学来的。这种布浆纸取代了穆斯林各国原来使用的纸莎草纸和羊皮纸。撒马尔罕还出口丝织品、棉织品以及果园里的产品。撒马尔罕甜瓜（装在雪白的铅制盒子里）远销至报达。

这就是成吉思汗于公元1220年5月前来包围的那个大城市。花剌子模帝国苏丹在这座城市里留有5万卫戍部队。卫戍部队的指挥官是苏丹的舅父脱海罕。城墙的工事，特别是城堡内的工事都已修复，甚至还增修了一些工事。因此，成吉思汗在攻这座城市时必须谨慎。他的另外三支军队现在已经完成了攻破河中各城镇的任务，此时也一齐赶到撒马尔罕来同他会师。这三支军队还带来了一批俘虏，以助他围攻撒马尔罕。例如，他的两个儿子察合台和窝阔台在攻占了讹答剌市以后，驱赶着从锡尔河中游地区抓来的俘虏来到了撒马尔罕。所有

抓来的俘虏都被编成小队，每小队 10 人，每队持一面军旗，扮成蒙古士兵，拥至撒马尔罕城下。蒙古人这样做的目的是欺骗城内守军，使守军误认为这些俘虏也是蒙古军，从而在判断围城的蒙古军（当然蒙古军人数也很多）的人数时犯错误。

成吉思汗设中军帐（指挥部）于市郊阔克萨莱（即“蓝宫”之意）。他首先花了两天的时间亲自环绕全城，实地勘察城墙防护、外围工事以及城门的虚实。第三天，他命令部队开始攻城，把那些扮成蒙古士兵的不幸的俘虏赶在部队的前列。市内有勇士一队（多是市民，塔吉克人）出城与之战。蒙古人采取灵活的战术，慢慢地后退，把这些临时组成的步兵引入埋伏地点，然后以骑兵分割包围而全部歼灭之。总共有 5 万撒马尔罕人被如此诱杀。这就大大打击了被包围的该城守军的斗志。这些守军大部分是康里人（突厥的一种），是花剌子模帝国雇佣军。这些康里人认为，自己是突厥人，与蒙古人同种，必会被蒙古人以同胞对待。于是，在第五天，康里人在脱海罕的带领下携行李和家眷来到蒙古军营投降。被守军抛弃了的城内居民别无办法，也只好投降。城中之法官教正等来见成吉思汗，表示愿献城投降。成吉思汗向他们许下了令他们满意的诺言。于是他们便回去向蒙古人打开了城门。公元 1220 年 3 月 17 日，蒙古军队通过西北门（名曰“祈祷门”）开进撒马尔罕城[1]。他们进城以后，立即动手拆毁城防工事。就像其他处于此种情况下的城市居民一样，撒马尔罕的居民都被迫出城，以使蒙古军队进行洗劫（因为没有居民在市内，洗劫起来比较方便一些）。但是，对该城的法官、教正和其他律法师以及伊斯兰教神职人员（共有几千人），成吉思汗则采取了保护性措施，这些保护性措施都得到了不折不扣地实施。

但此时城堡还有人把守抵抗。蒙古军于是切断向城堡供水的水渠。夜里，

---

[1] 3 月 17 日进城：此处原文有误。上面说 5 月份围城，这里说 3 月 17 日进城，显然矛盾。据多桑记载：“1220 年 3 月，成吉思汗至不花剌……凡 12 日，内城破……成吉思汗离此焚余之不花剌，移军进向撒麻耳干（即撒马尔罕）……”另据《元史・太祖纪》记载：“十五年庚辰春三月，帝克蒲华城（即不花剌），夏五月克寻思干城（即撒马尔罕城）……”所以，前面说 5 月围城是对的，但后面说 3 月 17 日进城就不对了。很可能是 5 月 17 日进城，法文 3 月和 5 月这两个词词形相似，因此这里可能是排印错误。——译注

城堡内半数守卫者（共有 1000 人左右）逃出了城，剩下的人退入礼拜寺，打算拼死抵抗。这些人全部被蒙古军杀戮，无一存活。礼拜寺被付之一炬。

至于那些首先投降的雇佣军，他们可说是打错了算盘。大家知道，成吉思汗是多么憎恶背叛行为，他下令将这 3 万名突厥雇佣军（包括其首领脱海罕）斩尽杀绝了。但成吉思汗对撒马尔罕的市民（多数是塔吉克人）却比较宽容。他只从居民中挑选了 3 万名工匠，将他们分赐给他的儿子、妻妾和各位高级将领。他还从居民中征发了 3 万名壮丁随军作役夫。其余的市民（大约还有 5 万人），成吉思汗允许他们在缴纳赎金（共须缴纳 20 万第纳尔）以后回城。

火攻玉龙杰赤

原花剌子模国的首都是乌尔根奇市，旧称玉龙杰赤。蒙古军队在攻取玉龙杰赤时花了很大的气力。

玉龙杰赤位于阿姆河注入咸海处之三角洲附近，在基发市西北 146 公里处。这里也是一个肥沃的绿洲，其土地之肥沃应归功于布局巧妙的渠道系统，正是这种密集的渠道系统使处于沼泽和沙漠互相侵袭的荒凉地区变成了拥有大片肥田沃土的绿洲。在公元 13 世纪，这个城市以生产纺织品而闻名。与此同时，这个城市还是著名的商业中心和商队驿站。因此，玉龙杰赤在当时十分繁荣。现在，玉龙杰赤的突厥卫戍部队决心拼死抵抗蒙古军队进攻。忠实于花剌子模王朝的居民也都抱如此决心。

成吉思汗派了一支实力强大的军队（大约 5 万人）去攻取玉龙杰赤。指挥这支大军的是他的 3 个儿子术赤、察合台和窝阔台，当然还有诸如孛斡儿出、脱仑扯儿必和合答安这样的久经沙场的将领。术赤想不费一刀一箭就使该城投降，遂派人前去晓谕城民，说他的父汗已将花剌子模封给了他，他希望他这个首都完整无损，不遭到任何破坏。他还下令保护公园和郊区，以表明他的善意。但是，他的这一招降措施没有取得任何成果。

玉龙杰赤市处于沙漠和沼泽地区。在这个地区，找不到可供炮击的石头。蒙古军队便在郊区砍了许多桑树，将树干锯成小段，以代炮石之用。接着，他们又强迫俘虏运来沙土填该城周围的壕沟。10天后，壕沟终于填平。蒙古军立即开始在城墙脚下挖掘地道，潜兵攻入城内。但入城以后，他们还必须一个区一个区地，更确切地说必须一条街道一条街道地争夺和厮杀。对于蒙古军队来说，这是一场新的战争。他们弄来石油，凡先见之房屋，即纵火焚之。但是，玉龙杰赤市横跨阿姆河，就是说，阿姆河将该城分成了两部分，两部分之间由一座桥梁沟通。3000蒙古军前往夺桥，他们登上桥，向对岸冲去，但遭到对岸的敌军的反击，全部战死或落水淹死。这样一来，对岸的守军更加胆壮了。

不过，蒙古军队失利的真正原因是术赤和察合台二人不和。本书前文已经叙述过，术赤和察合台兄弟二人一直互相憎恶。远征开始前夕，人们勉强制止住了他二人的殴斗。但围攻玉龙杰赤时他俩之间又发生了争执。上面已经提到，术赤已经知道这座城市将是他的封地的一部分，所以他想努力使该城免遭破坏。但向来严厉而刻板的察合台激烈地指责他采取这种方针。由于他二人不和睦，部队的纪律也随之松弛了。最后，两人分别向成吉思汗陈述自己对对方的不满。成吉思汗对他二人的如此表现十分生气，改命窝阔台统领攻城全军，责令术赤和察合台都必须听从其弟窝阔台的指挥。这一措施同以前关于继承问题的安排是一致的。可见当初成吉思汗对问题的看法完全正确。

窝阔台采取温和的态度，在术赤和察合台二人之间调停，使二人再次和解。与此同时，窝阔台采取严厉的态度，在部队中严申纪律，从而使士气复振，部队又成了一支不可战胜的军队。

战斗又开始了，双方厮杀得非常激烈。被包围的市民，包括妇女、儿童和老人，知道自己不会得到蒙古人的怜悯和恩惠，于是一齐积极地不松懈地投入了战斗，每幢房屋都变成了堡垒。蒙古军队继续向这些已变成堡垒的房屋投掷燃烧着的石油罐。接着，他们便踏着燃烧着的尸骨往前冲。守城军民抵抗了整整7天，退到了还没被大火烧着的最后3个区。最后，他们只好派一位名叫阿老丁·哈牙锡的警长往见术赤，恳求宽恕和怜悯，他说：

“我等已领受大王之怒火与威严矣。今请大王大发恻隐之心，怜悯我等！”

但此时的术赤，正在为自己的部队伤亡惨重而怒火中烧，便说：

“汝曹以抗拒而没我军多人。迄今受怒火与威严者乃我军也，汝曹竟说汝曹受我军之怒火与威严！今我军当使汝曹一受之！”

术赤下令驱民出城外。市民中年轻的妇女和儿童都沦为了蒙古人的奴隶。所有的工匠被集中在一处，以便遣往蒙古为成吉思汗服务。其余的男性居民被分别列于蒙古军队列之间，全部死于刀与箭之下。最后，蒙古军掘开阿姆河堤，引水灌城，玉龙杰赤市顿时一片汪洋。此事发生在公元 1221 年 4 月。

另据蒙古史诗记载，成吉思汗当时对他的 3 个儿子（主要是术赤）围攻玉龙杰赤时的行动迟缓、久久攻不下此城而极为不满。使他不满的进一步的原因是他们三人私分了俘虏和财物，没有把主要部分留给他父汗。

攻陷玉龙杰赤以后，他们三人来见成吉思汗。但成吉思汗一连三天拒绝见他们。最后，他的老伙伴孛斡儿出和失乞忽秃忽出面为三人说情，成吉思汗才怒气稍息。孛斡儿出和失乞忽秃忽对他说：

“玉龙杰赤已被攻陷，此一胜利已大壮我军之力量。撒儿塔兀勒[1]已被征服，陛下之众军正自欢腾雀跃，我汗奈何如此大怒？陛下之子们已知过，正自痛悔不迭。望陛下宽大为怀，恩赦彼等之过。”

成吉思汗闻奏，怒火稍息，便接见了三位王子。但在接见时，他仍对他们严加斥责，直骂得他们三人无地自容，额上汗流，擦之不迭，一动不动地站在他面前，气不敢出。晃孩、晃塔合儿和搠儿马罕三弓箭手也出面为三位王子求情。他们入奏成吉思汗说：

“如同始就调习，冲向猎场之雏鹰，三位皇子来此学习征战。今三皇子习战征进而归，陛下奈何如此严责之耶？方今之际，自日出之地至日落之邦，尽有敌国。若遣我等前往征讨，如放凶猛之猎狗前往围猎一般，赖皇天后土之助力，我等必为陛下征服诸多敌国，为陛下取敌国之黄金、白银、缎匹等财宝，掳敌

[1] 撒儿塔兀勒：泛指西域，这里指花剌子模帝国而言。——译注

国之百姓，陷敌国之城池。近闻西方有巴黑塔惕，哈里发居焉[1]，陛下容我等前往征进么？”

三位弓箭手的这一番话使成吉思汗心中的怒火完全熄灭了。

实际上，当时回到成吉思汗身边的只有察合台和窝阔台二人，他二人同其父汗之间的关系后来一直很亲密。与他二人相反，在攻下玉龙杰赤以后，术赤一直待在玉龙杰赤地区和今哈萨克草原，那里是他的封地。他和他的军队就生活在那里，没有继续参与这场战争后一阶段的行动。读者从本书后文就可以看出，他同成吉思汗之间的关系日益冷淡了。

跟踪追击苏丹谟罕默德

花剌子模帝国的苏丹谟罕默德轻率傲慢，结果招来了这样一场灾难。面对这场灾难，谟罕默德吓得心惊肉跳，丧魂落魄，原先那副极端愚蠢的不知天高地厚的吹牛和自信的神气不见了，随之而出现的是灰心丧气、颓丧不振的精神状态。帝国垮台了，崩溃了。束手无策、一筹莫展的谟罕默德竟选择了三十六着中的上着，向南面巴里黑方向逃窜而去。抵达巴里黑以后，他又跑到西呼罗珊，在你沙不儿躲了起来。但他还是不放心，越想越害怕，遂又离开你沙不儿市，奔向位于伊剌克阿只迷西北的可疾云，来到他的帝国的边陲。

当初，蒙古商队到讹答剌遭到洗劫和屠杀，成吉思汗遣使交涉，谟罕默德竟又杀害了使节。因此，成吉思汗对谟罕默德恨之入骨，一定要追拿这位苏丹归案。他对法官瓦希德丁 · 布欣吉说：

“彼逃至何地，朕追至何地。无论何乡何镇，若容彼落脚藏身，朕必摧毁之，踏平之，玉石俱焚！”

成吉思汗派手下两名最优秀的将领者别和速别额台，再加上脱忽察儿，率

[1] 巴黑塔惕，哈里发：据有关史书载，巴黑塔惕是穆斯林宗主哈里发所住的都城，应即“报达”，不是国名“巴格达”。哈里发，是伊斯兰教教主的称号。——译注

领两万骑兵去追击逃犯。惊心动魄的追击战开始了。

者别和速别额台率军来到巴里黑以北之阿姆河北岸，准备渡河。阿姆河流经过这个地区时，河面时宽时窄。在迦里夫，河岸是石灰石结构，河宽由 1500 米突然变为 450 米。此外既无舟楫以渡水，也无桥梁以越河。这两位将领可能是像普朗 · 卡尔班记载的那样率队过河的：他们下令伐木编箧，内置辎重器械，外裹牛羊兽皮，使之可浮于水上。然后，系此等皮箧于马尾上，驱马泅水。将士攀援皮箧以随，全军遂渡过阿姆河。

渡过阿姆河，登上南岸，者别和速别额台就来到了今阿富汗土耳其斯坦境内巴里黑县。巴里黑县城的知名人士派了一个代表团，携带礼物来迎接他们。者别和速别额台接受追击谟罕默德的命令时，成吉思汗曾命令他二人沿途不得围城而拖延和贻误追击任务，一切都要服从于追击苏丹的目标。根据这一命令，者别和速别额台也就仅仅满足于巴里黑居民的友好表示，没有在城内骚扰，很快就率队西进，向波斯呼罗珊省进发。来到呼罗珊省以后，他们发现了谟罕默德苏丹的去向。与者别和速别额台二人严格执行成吉思汗的命令的态度相反，脱忽察儿经不起财物的诱惑，沿途大肆劫掠。他之所以敢于这样做很可能是自恃其地位，因为他已娶成吉思汗之女为妻，是成吉思汗的女婿。但是，在军纪问题上，成吉思汗对谁都一视同仁。他声言要将这位女婿斩首。不管怎么样，脱忽察儿已被撤职了。

在这段时间，者别几天之内就率队纵马驰骋了 700 公里的路程，来到了你沙不儿城前。他派人召来地方当局，向地方当局面交了成吉思汗的公告。这份用畏兀儿文写成的公告可以充分表明世界征服者成吉思汗当时的思想状况。公告写道：

各地守将、领主和百姓须知，天已命朕主此天下从东至西之大帝国。凡臣服于朕者均可幸免于难。凡胆敢抵抗朕之大军者，连同其妻儿家小及全体属民，悉将成为刀下之鬼。

者别持有此咄咄逼人的公告，因而也就拥有生杀大权。但尽管如此，他并没有攻城，为的是避免耽误追击行程。呼罗珊地区的另一个大城市是徒思。徒思位于你沙不儿以东，在今梅切德附近，卡沙弗鲁德河（又名“龟河”）畔。同该地区其他城市一样，该市水渠密布，因而土地肥沃，果树成林。阿拉伯地理学家曾提到，该市工厂颇多，生产的条花布远近闻名；该市重视绿化，整个城市呈现一片青绿。速别额台率部来到这座城市前。为了继续前进，他只要求该市形式上表示服从。但是，该城的官员以傲慢的态度回答他的这一要求。于是，速别额台攻进城（他似乎很容易就攻进城了），大肆屠杀。

接着，者别和速别额台离开徒思城，继续搜寻苏丹踪迹。根据当地人的报告，他们便按此追去。谟罕默德苏丹逃跑的路线是：呼罗珊北部，萨布扎伐尔，沙鲁德，答木罕，伊剌克阿只迷，然后经过西模娘到达今德黑兰。这条线路至今还存在。者别和速别额台循此线路前进。从西模娘开始，速别额台直接向剌夷进发，者别则绕道马三德兰（一作祃椤答而）[1]。对于沿途敢于抵抗的城市，他们即挥军洗劫。例如，速别额台洗劫了答木罕和西模娘，者别洗劫了阿模里。最后，他二人又在剌夷会师。从你沙不儿到剌夷，行程 700 多公里。

剌夷城（旧名“剌吉思城”）位于德黑兰东南 8 公里处，是当时波斯伊剌克境内最大的城市。剌夷向整个东方出口纺织品和饰有美丽的细密图案的彩色陶瓷制品。蒙古人突然来到剌夷，在郊区挥刀杀人，许多人死于他们的刀下。他们进城后，城内的法官竭力同他们交涉，但也没能阻止住他们洗劫集市，而且见人就杀。但尽管如此，他们也没在剌夷久留，因为他们听说一直在前面逃窜的谟罕默德苏丹现在已逃到了西北雷什特城。雷什特市位于基兰省境内，里海之滨。

事实确实是如此，谟罕默德此时正在雷什特。波斯各省向谟罕默德表示，

---

[1] 据有的史书记载，者别和速别额台渡过阿姆河后，就已分头追寻谟罕默德，他俩“分道巡行，哲别（即者别）趋西北，速不台（即速别额台）趋西南，沿路招抚，将至宽甸思海（即里海）海滨，两军复会”。关于成吉思汗西征的情况，史料和研究文章颇多，细节甚至重大情节上多有异同，各有依据，不足为怪。——译注

可以向他提供十来万军队。但是，一听说蒙古军队在洗劫剌夷，这位苏丹又吓得六神无主了，因此未能集中各省拟提供的十来万军队。他现在已到了谈蒙古人色变的程度。在他的随从中，有些人见他如此惧怕蒙古人，便愤然离开了他。谟罕默德惶惶跑到可疾云。在可疾云，他的一个儿子为他调集了 3 万军队。如果谟罕默德此时指挥这 3 万军队进行反击，是有可能击败追击他的这支蒙古军队的，因为当时这支蒙古军队是分散成小队活动的。但是，谟罕默德苏丹又一次放弃了反败为胜的机会，他脑子里的“蒙古恐惧症”又发作了。此时，他没有设法组织军队去袭击敌人，而且自己差一点儿在哈仑被敌人突然抓获。当时他的坐骑被蒙古军射伤，他急忙换乘了一匹马，勉强得以逃脱。他想到巴黑塔惕避难，便策马向哈马丹驰去。蒙古骑兵跟踪紧追而来，在哈马丹同谟罕默德的从人展开了一场小冲突。但在这场小冲突中蒙古人并未能辨认出他。谟罕默德这时又改变了主意，决定放弃前往巴黑塔惕避难的计划，立即转而返回里海之滨。他突然改变逃跑的方向，使者别和速别额台一度陷入了困惑和茫然境地，失去了跟踪的线索。因此，谟罕默德顺利地抵达马三德兰。但是，蒙古军很快又发现了他的踪迹。谟罕默德刚到马三德兰不久，蒙古军的先头部队就赶来了。他急忙弃岸登舟，船刚一驶远，后面的箭矢就如雨点般飞来。谟罕默德狼狈钻入阿斯特剌巴德以西戈尔甘河河口附近之阿必斯宽小岛。公元 1221 年 1 月，这位伊斯兰世界的前君主，这位突厥斯坦、阿富汗和波斯的前苏丹，绝望颓丧，疲惫不堪，惊悸成疾，终于死在了这个孤岛上。

这个胆敢顶撞成吉思汗的人，这个杀害成吉思汗的商队人员而又拒绝赔礼道歉的人，已经一命呜呼了。者别和速别额台已经完成了成吉思汗交给他们的追击谟罕默德的任务。他俩虽然未能活捉谟罕默德，却像追击一只猎物一样使他疲于奔命，将他逼得走投无路而使他倒毙于荒岛。而他们，尽管自渡过阿姆河以后策马奔驰了 1600 多公里，却仍然像开始出发时那样生龙活虎，精力充沛。他们刚一完成任务，成吉思汗立即又交给他们另一个任务：继续前进，对波斯西北，高加索和俄罗斯南部里海周围地区进行大规模的侦察性袭击[1]。

本书后文将叙述这一令人难以置信的侵袭的情况。在叙述这一侵袭过程之前，有必要回过头来叙述一下世界征服者成吉思汗征服阿富汗山区的情况。正像介绍不花剌战役和撒马尔罕战役一样，笔者将根据阿拉伯—波斯人士掌握的资料来介绍成吉思汗在阿富汗山区进行的战斗。应当承认，在阿富汗山区征战的成吉思汗同蒙古史诗中的成吉思汗（他一生的第一阶段）似乎有些不同。之所以会给人以这种印象，显然是由于资料来源不同，因为，阿拉伯—波斯的评论家们无法忘记他们视之为穆斯林世界的阿提拉的那个人给伊斯兰世界带来的苦难和破坏。[2] 但是，实际上，这种看法是不足以说明问题的。事实上，在阿富汗山区进行远征的成吉思汗仍然是蒙古史诗中的成吉思汗，上述评论家的看法是与他无关的。在阿富汗山区征战的成吉思汗仍然是一个慷慨大度的半人半神式的人物，他仍是那么仁慈宽容，崇高伟大，在处理一切事情时那么克制有度，公平廉明，头脑清醒冷静。总之，他说话行事仍是那么合乎人情，甚至可以说充满着人道主义精神。他对花剌子模帝国使用武力是出于最公正的理由，是由于花剌子模人屠杀了他派去的商人和使节。不过，蒙古人是接照蒙古的方式来进行这场别人迫使他们进行的合法战争的，因为他们是游牧人，是居住在北方草原或泰加森林的半野蛮人。因此，在阿富汗山区征战的成吉思汗同蒙古史诗中的成吉思汗是一致的，是没有什么不同的。成吉思汗个人在阿富汗山区的所

---

[1] 据载，成吉思汗命者别和速别额台继续征进，是为了惩罚曾收纳篾儿乞惕部残余分子的钦察部。《元史演义》说，“哲别和速不台（即者别和速别额台）拟回军，忽接成吉思汗命令，宽甸吉思海（即里海）北面，有钦察部，曾收纳篾里吉部（即篾儿乞惕部）的溃卒，应前往致讨，毋遽班师等语。二将不好违慢，只得再接再厉，复向西北杀人。”钦察部是居于黑海、高加索、里海以北、今南俄地区的部族。耶律楚材所著《西游录》记载说，“印度西北有可弗叉国（即钦察），数千里平川，无复丘垤，不立城邑。民多羊马，以蜜为酿。”钦察人被征服后，事蒙古有功者亦不少,《元史》中有名将土土哈等有传者七人，有附传者三人。——译注

[2] 阿提拉：匈奴帝国国王，生于公元 406 年，卒于公元 453 年，433~453 年在位。在位时，占有里海至波罗的海和莱茵河间广大地区，东西罗马帝国均被迫纳贡，为匈奴帝国极盛时期。公元 451 年，阿提拉率大军越莱茵河，攻掠高卢，与西罗马和西哥德联军发生沙隆之战，败退。翌年，侵入意大利北部，焚掠阿奎里亚等地，西罗马乞和。453 年返回其根据地班诺尼亚（今匈牙利），病死。匈奴帝国迅即瓦解。——译注

作所为表明，他当时仍是创造历史的最伟大的人物之一。在文化方面，当时的蒙古军队同后来公元 17 世纪时期美国西部平原上的印第安人差不多处于同一水平。蒙古的亚历山大大帝成吉思汗担任了这支蒙古军队的统帅，这并不是他的过错。

我们对阿拉伯—波斯评论家们的观点持以上保留态度是为了严格地忠实于历史的客观性。尽管如此，我们也要表示，我们并不掩饰对如此令人憎恶的屠杀行为的厌恶和反感。我们是坚决站在阿拉伯—波斯文化一边反对那些野蛮人企图毁灭（谢天谢地！他们并未能毁灭）这一文化的行为的，这难道还需要我们竭力声明吗？

愤怒之风席卷呼罗珊

攻陷撒马尔罕以后，成吉思汗即在该城以南奈撒夫（一作“怯失”，即今之“卡尔希”）避暑（1220 年夏），因为，在夏季，奈撒夫是河中地区最宜人的地方。奈撒夫城地处绿洲，有伊萨尔山作为屏障。同撒马尔罕相比，奈撒夫的草木更多，树荫生凉，草木呈翠。而其美丽的花园之多则更胜过河中地区的首府。成吉思汗率军来到这片草地上，休养因不停顿的奔波而疲惫不堪的军马。

夏天过去，秋天来临，成吉思汗率部来到阿姆河附近，包围位于巴里黑以北的忒耳迷城。城里的头面人物拒绝开门投降。但到了第十一天，蒙古人攻破了忒耳迷城，把市民全部驱赶出城，将他们分别列于蒙古军各队之间，屠杀无遗。有一个老妪在行将就戮之前大叫说，如不杀她，她可以献出一颗漂亮的珍珠。蒙古人要她交出珍珠，她回答说已吞入肚。蒙古人于是挥刀剖开她的肚子，果然从中取出了一颗珍珠。成吉思汗以为其他的人也都像这个老妪一样已吞珠入肚，遂下令剖开所有的尸体，搜寻珍珠。

其间，如前文所述，蒙古军队的两翼正在到处攻击敌人。在花剌子模，术赤、察合台和窝阔台攻破了玉龙杰赤；在波斯，者别和速别额台紧追谟罕默德苏丹，使这位战败的苏丹穷死孤岛。成吉思汗在阿姆河河畔指挥着各路军马的战斗。1220 年至 1221 年冬，他来到卡尔希河上游萨里—萨剌伊过冬。公元 1221 年春，他率军从巴里黑附近渡过阿姆河，着手最后征服阿富汗突厥斯坦的行动（在这以前，阿富汗突厥斯坦叫巴克特里亚纳，其首府是巴里黑）。接着又征服，更确切地说是摧毁呼罗珊地区。

在这以前，巴里黑市叫巴克特雷斯市。这座城市一直吸引着成吉思汗的注意力。它地处一片荒凉的草原中心，是一片灌溉良好的绿洲。在这以前，这里发生过多次敌人入侵的事件，但巴里黑都抵抗住了，所靠的是周长 12 公里的高而厚的土筑城墙。前文已说过，者别和速别额台当初首次来到这座城前时，曾只满足于该城形式上的服从。现在，成吉思汗来了，城里的头面人物便前来向他致意。但是，后来，成吉思汗担心这座城市会被敌人用来作为抵抗的中心，遂借口检括人口，将居民驱出城外，不分男女老幼，尽数屠戮[1]。这个地区中所有敢于抵抗的要塞城市，都被他一个接一个地攻陷了。所采取的攻城战术还是老一套：组织大批俘虏，将他们驱赶到攻城部队的前列，敢于后退者，格杀勿论。

在这段时间，成吉思汗派他的第四个儿子拖雷去征服或者最后征服呼罗珊地区。上一年，者别和速别额台经过这一地区时，该地区各要塞城镇只在形式上表示屈服。现在，成吉思汗要求彻底征服呼罗珊。

呼罗珊这个波斯文地名的意思是波斯的“东方”。这是一个很长的草原地带。发源于帕罗帕米苏斯山脉、普什科赫山和比纳鲁山的大小河流使草原上星罗棋布的绿洲变得更加肥沃。这些河流灌溉了这些绿洲以后，随后就流入并消失于那个大沙漠中了。这个大沙漠正在侵蚀着伊朗高原的腹地，就像侵蚀其周围其他地方一样。这就是说，在这里，要种植农作物，就必须坚持不懈地努力维护灌溉系统，以保护公园、果园、葡萄园、小麦地、稻田、大麦地以及榆树

[1] 巴里黑城：在今阿富汗马扎里夫之西。当时谟罕默德苏丹之子扎兰丁正在此城南面的哥疾宁城集结重兵，准备抵抗蒙古军。因此，成吉思汗对巴里黑降人不放心，所以采取这种杀尽措施。——译注

和杨树防护林（所有这些都是呼罗珊令人赏心悦目之处）。经过人们无数世纪的艰苦耐心的垦殖，这个地区已经变成了相当富庶的地区。在这种物质财富的基础上，波斯文化大放光彩。波斯的荷马，史诗《列王记》的作者，不朽的菲尔杜西就诞生在徒思[1]。徒思还出了一位哲学家安萨里，有穆斯林世界的帕斯卡之称[2]。你沙不儿是诗人莪默·伽亚谟的故乡，伽亚谟的带有悲观色彩的感觉主义具有东方抒情诗的一切优美与雅致[3]。

拖雷及其部队的到来使这片富庶的绿洲地区呈现出一片悲惨情景：在精神文化被摧毁的同时，绿洲本身也被摧毁了，生气勃勃的绿洲变成了死亡之地，“土地死亡了”。这是人类历史上最令人痛心的悲剧场面之一。

首先遭到摧毁的城市是阿什哈巴德附近的奈撒。奈撒也是一个极为富庶的绿洲。这里水源丰富，因而草木丰茂，园林棋布。这个绿洲位于众多溪流之源的阔帕特—达黑山脉北麓，北临突厥蛮斯坦的险恶的卡拉库姆沙漠（“卡拉库姆”即“黑沙”之意）。但是，奈撒城却掩映在葱郁的树荫中，同北部的卡拉库姆沙漠的荒凉景象形成鲜明的对照，这简直是奇迹。

拖雷分兵一万给成吉思汗的女婿脱忽察儿（他现在已得到宽恕），让脱忽察儿去攻取奈撒。当时，蒙古军队已攻取过许多城市，积累了丰富的攻城经验，在攻城技术，特别是在弹导学方面取得了惊人的进步，脱忽察儿把俘虏和被征召的士兵组织起来，命他们操纵一个投射器组（共有 20 个投射器）。这些可怜

---

[1] 菲尔杜西（937—1021），是继伊朗（波斯）诗歌奠基人鲁达基之后的大诗人。他的史诗《列王记》歌颂古代的人民英雄和为民族独立自主而进行的斗争，是中古伊朗文学的光辉成就。——译注

[2] 安萨里（1059—1111），拉丁名为阿尔加惹尔，伊朗哲学家。因维护伊斯兰教教义被称为“伊斯兰教权威”。在其《哲学家的矛盾》一书中，他非难阿拉伯亚里士多德学派的法拉比和伊本·西拿，宣称他们的著作充满矛盾；后来伊本·路西德曾对此书提出批评。安萨里晚年接受了苏非派的神秘主义，强调宇宙不是永恒存在而是真主所创造，肯定灵魂不灭、肉体复活，并认为只有通过直觉才能发现理性所不能认识的真理。

帕斯卡，法国古代哲学家、数学家和物理学家。——译注

[3] 莪默·伽亚谟（？—1123），波斯—塔基克的著名诗人，他的《鲁拜集》在世界诗坛上享有盛名。——译注

的人还被迫抬着羊头撞锤去撞击城墙，凡退缩者，立斩毋赦。经过 15 天不停歇的攻击，终于用投射器和羊头撞锤在城墙上打开了一个宽阔的缺口。蒙古军趁夜色控制了城墙，天一亮就冲进了该城。蒙古军队把居民全部赶出来，将居民集中在城外一开阔地，命令他们互相反绑其手，彼此以绳相连。这些不幸的居民遵命而行，也不考虑自己是在做什么。如果他们拒绝互相捆绑而分散逃入附近深山，他们中大部人是可以逃脱的。但他们乖乖地互相绑了起来。等他们互相绑好以后，蒙古人便围上来，瞬时万箭齐发，有如雨下，所有男人、妇女和孩子尽登鬼簿，无一幸免。这样被射杀的市民达 7 万人之多。

接着，脱忽察儿移军进攻你沙不儿。你沙不儿是当时波斯最美丽的城市之一，是呼罗珊省的首府，正处于繁荣时期[1]。该市的北面有一条发源于比纳鲁山脉的桑加瓦尔河。据阿拉伯地理学家说，你沙不儿有 12 条引水渠，渠水引自桑加瓦尔河，不但确保了 70 家磨房的正常运转，而且使大部分家庭得到了充足的用水，所有的林园也得到了很好的灌溉。这个绿洲的田地里出产大米和其他谷物。郊区一片葱绿，远近闻名。最后，从政治角度来看，你沙不儿的人们还能记起逝去不久的时代：你沙不儿市曾是塞勒术克王朝时代伊朗的首都之一[2]。

在几个月以前，者别路过此地时还只是“警告”这个城市的人，现在脱忽察儿则要攻占它。但是，在攻城的第三天（公元 1220 年 11 月的一天），他被从城上飞来的一支箭射死了。接替他指挥这支蒙古军队的将领知道自己没有力量攻战这座城市，遂解围而去，准备以后再来报仇。他把他的这支部队分作两队，他自己带领一队去攻萨布扎伐尔（该城位于你沙不儿市以西约 100 公里处）。三天后，他攻下了萨布扎伐尔城，把全城 7 万居民尽数杀戮。另一队向徒思进发，攻取了该县各城堡，居民尽被诛杀。

拖雷本人在第二年初才开始行动。他攻击的矛头首先指向位于木尔加布河下游的大绿洲马鲁。马鲁这个绿洲城市工业发达，贸易兴旺，因而上个世纪它

---

[1] 呼罗珊省：呼罗珊省在当时比今天的东北波斯省大得多，它的 4 座大城市是巴里黑、马鲁、也里、你沙不儿。这 4 座城市中，只有你沙不儿仍在今伊朗境内。——译注

[2] 塞勒术克王朝：又作塞尔柱王朝。下文中的辛扎尔苏丹又作桑札尔苏丹。——译注

曾作为塞勒术克王朝辛扎尔苏丹的首都在政治上发挥了巨大作用。这个绿洲以盛产细棉花而知名，它出口棉花，也出口布匹。它还以蚕丝业闻名于世，它出口粗蚕丝，也出口丝织品。城内纺织品区，铜器商区和陶器商区，是中东商人经过此地时必然光顾的街区。城市的奇观之一是辛扎尔苏丹陵墓，行人从距此一日路程以外的地方就可以看见那巨大的呈鲜艳青绿色的穹顶。

拖雷率领人马抵达马鲁城下。他的这支军队有 7 万人，其中部分是从已被征服的各州中征发而来的新兵。该城守军曾两次突围，均以失败而告结束。最后，守军表示愿意投降（公元 1221 年 2 月 25 日），拖雷命令居民携带随身最珍贵衣物出城。他命人在城外平野上为他设一金座，他端坐于金座上，首先命令押上所俘该城之将士，当着他的面将他们全部斩首。接着，他着手处理市民。他命令将市民中男人、妇女和儿童分开。当此妻离子别之时，市民大恸，哭声震天。这些不幸的市民被分置各军营，几乎全部被杀死，惟有 400 名工匠和一些童男童女得以幸免，但他们也将沦为奴隶。蒙古军严刑拷打该城 200 名富人（富商和地主）逼他们说出所藏匿之财宝。

蒙古军队掘开确保灌溉马鲁市郊区的木尔加布河河堤，繁荣的马鲁于是又变成了一片荒凉。这个产生《一千零一夜》故事的古城，只剩下了一些小土堆（那是古代各宫殿的遗址），一些釉砖堆以及残破的墙垣，“苏丹要塞”塔。唯有辛扎尔清真寺还近乎是完整无缺，那虽已遭到损坏的穹顶仍然直指苍穹。只有这座清真寺还能证明这座城市曾有过光荣的历史。

摧毁马鲁市以后，成吉思汗家族的年轻将领拖雷急于为 5 个月前被你沙不儿人射杀的姐夫脱忽察儿报仇，遂率领部队向你沙不儿进发。从马鲁到你沙不儿只有 12 天的路程，拖雷很快就来到你沙不儿。深知自己没有任何被宽恕的希望的你沙不儿居民，遂加固城墙，准备拼死抵抗。他们在城上部署了弩炮或发弩机 3000 门，发石机 500 架。但蒙古军队在城周围部署的攻城器械也很齐备：发弩机 3000 门，发石机 300 架，火油投射机 700 架，云梯 4000 架，炮石 2500 担。面对如此强大的“炮兵部队”，城内军民很快就丧失了坚守的勇气。他们派了一个代表团来见拖雷，请求宽恕。但是，拖雷拒绝任何和解，下令立即攻城，昼夜攻击不止。一天早晨，城周围的壕沟已经被填平，城墙被打开了 70 个缺口。1 万蒙古军已登上城墙。拖雷的部队从四面八方拥入城内，所有的街道和房屋都成了厮杀的战场。公元 1221 年 4 月 10 日，你沙不儿全市被蒙古军占领。

脱忽察儿的遗孀、成吉思汗之女带着 1 万人隆重入城。这 1 万人进城后，所见辄杀，猫犬不留，整整屠杀了 4 天。拖雷听说以前在马鲁屠杀时，居民匿于积尸中而得免于死者甚众，为了避免发生类似的情况，他下令在你沙不儿大屠杀时一律斩下死者之头。他还命令将这些被斩下的男人、妇女和儿童的头分别堆积，各聚之为塔……蒙古军毁灭这座城市足足花了 15 天时间。根据其一惯的做法，拖雷只将该城技术熟练的工匠（400 人）免死，命人好生看管他们，准备将他们徙至蒙古听候使用。

成吉思汗的那个女儿离开你沙不儿时可以心满意足了，因为她已为丈夫脱忽察儿报了仇。

拖雷离开你沙不儿，挥军向东南方向前进，去围攻位于帕罗帕米苏斯山侧的也里城（即今赫拉特市）。也里也是一个位于草原和沙漠中的绿洲，更确切地说，它在绿洲——走廊的中心。绿洲——走廊是指长 200 公里的赫里河河谷地带。在该河谷两侧山麓，村庄接连不断，农田、葡萄园和果园环绕着每个村庄。到处可见的地中海松和榆树郁郁苍苍，烘托着这一带田园风光。而在大小溪流两岸，杨树茂密挺拔，俨然是一派森林景象。

拖雷来到也里城下，遣使勒令也里居民投降。但是，该城城主杀了拖雷派去的使节，鼓励军民死守城池。城中军民抵抗了 8 天，由于城主战死，所以表示愿意投降，条件是饶他们不死。拖雷答应了他们的求和条件。最后，拖雷只屠杀了守城的突厥将士（共杀 12000 人），恪守了不屠杀居民的诺言。随后，他率部离开也里，前往塔里寒同其父汗成吉思汗会师。

席卷阿富汗的风暴

攻取了巴里黑和塔里寒以后，成吉思汗来到巴克特里亚纳山区避暑（公元1221年夏）。避暑结束后，他又率领大军越过一道大山屏障，向南挺进。这道大山屏障从东向西，从兴都库什山脉到帕罗帕米苏斯山脉，连绵不断，是前往巴克特里亚纳地区与阿富汗中部地区的分界线。在这道屏障的中心点，即帕罗帕米苏斯山脉与兴都库什山脉相接处（北面）和兴都库什山脉与科赫伊巴巴山相接处（南面），有一个名叫巴米安的城市。这是一个具有首要战略地位的城市。这也是一个充满历史古迹的地方：首先是那布满古代佛教石窟的峭壁，6个多世纪以来，石窟中一尊尊巨大的塑像（高达35米到53米）一直若有所思地凝视着巴米安河谷，凝视着河谷里的流水、庄稼、杨树和柳树丛。在这面凿有佛教石窟的峭壁的对面是建于公元13世纪的穆斯林城堡，这座城堡好似一个孤独的望哨屹立在查里戈尔戈拉高地之上。

在西征以来所攻破的城池中，巴米安城使成吉思汗付出的代价最大。他的一个名叫蔑忒干的孙子被该城守军飞来一箭射杀了。蔑忒干乃察合台之子，成吉思汗十分疼爱这个孙子，视之为掌上明珠。他为孙子报仇心切，即日下令攻城。据后来的一部编年史记载，当时他“光着头”，亲负矢石，参加战斗。在他这股怒气的感染下，将士纷纷攀登云梯，奋勇冲入城内。成吉思汗命令：屠尽所有有生命者，不管是人还是动物；不取任何俘虏，杀死所有的人，包括杀死母腹中的胎儿；不取任何战利品，一切都在摧毁之列；今后不许其他任何人居住这个“该死的城市”。蒙古军队严格地执行了他的这些命令。查理戈尔戈拉高地至今仍是荒无人烟，这种荒凉的景象是当年成吉思汗痛苦和愤怒的明证。多洛特先生曾记载道：

自从发生那起悲剧性的事件以后至今，在这个荒凉的死气沉沉的山上，一切仍是原样，破败的景象没有任何改观。我顺着一条小道艰难地攀登着，费了九牛二虎之力才爬上山顶。举目四望，所见无非废墟。在这一片废墟中，城堡主塔还立在那里，算是这个城堡的最高遗迹。这个地区气候十分恶劣，但7个世纪以来，恶劣的气候变化，剥蚀一切的凄风苦雨，都没有损坏这几堵普通的泥墙。狼藉的破砖碎瓦，简陋的陶器碎片，当年建筑用的卵石和彩釉陶瓷碎片彼此混杂在一起。在这片阴森可怖的混乱中，只有那彩釉陶瓷碎片还在闪烁着光彩，显示着当年波斯陶瓷的装饰图案和颜色。

进攻巴米安的战役结束时有这样一个插曲，人们从这一插曲可以如实地了解到成吉思汗对在残酷的战争中丧失亲人的遭遇所持的态度。年轻的蔑忒干被巴米安守军射杀时，他的父亲察合台没有在场。在巴米安被攻陷并摧毁时，察合台来了。成吉思汗命令部下不准向他透露蔑忒干已战死的消息。一连好几天，成吉思汗等人总是编造一些谎话来瞒察合台，说蔑忒干另有任务。几天后，成吉思汗同三个儿子（察合台、窝阔台和拖雷）同桌进餐。席间，成吉思汗假装对这三个儿子发脾气，说他们现在都不听他的话了。他一边责备一边用目光盯着察合台。察合台顿时诚惶诚恐，当即扑通一声跪下，发誓说他死也不会违抗父汗之命。成吉思汗又向他重复了几遍上述斥责之词，最后他问察合台道：

"此话当真？汝果能践所言么？"

"如若食言，"察合台大声说，"甘愿受死！"

"好，"成吉思汗说，"蔑忒干已被敌人射杀。汝不得哭泣悲伤。"

对察合台来说，这简直是一声晴天霹雳。但他竭力忍住了泪水。但是，饭后，他找借口跑出营帐，躲在一处痛哭了一场，借泪水安抚他那颗破碎的心。

花剌子模帝国王位继承人扎兰丁王子逃到了位于巴米安东南约150公里处的哥疾宁城。这个城市建于突角形的山崖上，孤零零地处于吉尔寨地区的高山草原之中。吉尔寨北面是一派新的山峦，山峦绵延而去，至远方与科赫巴巴相邻。在哥疾宁，扎兰丁组织了一支庞大的骑兵（7万人）。这支骑兵中部分是突厥雇佣军，部分是阿富汗土著兵。一支蒙古军队前来围攻哥疾宁附近山区的一个要塞，竟被扎兰丁的军队击溃，损失了1000人。

成吉思汗听说扎兰丁又出现了，遂派"义弟"失乞忽秃忽率领一支军队

（约 3 万到 4.5 万人）前去作侦察性进攻。失乞忽秃忽的军队同扎兰丁的人马相遇于八鲁湾城。这个八鲁湾城很可能不是位于喀布尔以北喷赤哈尔河谷中的那个八鲁湾市，而可能是位于喀布尔以南卢加尔可源处的那个也叫八鲁湾的城市。两军相遇，激烈厮杀了一整天，不分胜负。天黑以后，双方鸣金收兵，各自退回本营。夜间，失乞忽秃忽心生一计：命令每个骑兵缚一毡像人于从马上，以使敌人误认为他又有了援军（这一计策差点儿获得成功）。第二天一早，扎兰丁手下的将领看见蒙古军排成两列，果然以为其他的蒙古骑兵已赶来增援失乞忽秃忽，便提议撤退。但是，扎兰丁却坚持要厮杀，不许后退。他命令所有的骑兵下马，各人将马缰绳系于腰带上，沉着地站在那里等待蒙古人进攻。

战斗又开始了。蒙古骑兵猛冲过来。但是，扎兰丁军队一齐张弓攒射，矢如雨集。蒙古军被迫后退，准备重新组织冲锋。失乞忽秃忽挥军第二次冲过来，眼看就要冲到敌人的阵地。就在这时，扎兰丁突然响号角，他手下的将士一听，迅疾飞身上马，向蒙古军反扑过来，喊杀声震天。扎兰丁军队仗着在数量上占优势，便拉开战线，企图将蒙古军团团围住。失乞忽秃忽命令部下视其秃黑（他的军旗）所向，冲突敌阵。但这时，蒙古军队见自己行将被包围，遂大溃，各自策马奔逃。这个战场上溪涧冲沟纷错，蒙古骑兵奔至沟边，来不及收缰，马匹纷纷颠踬。而扎兰丁的骑兵却稳骑马上，挥刀大肆劈杀。就这样，这支蒙古军队大部被消灭了。扎兰丁的军队素以残酷著称，比人们常常责备的蒙古军残酷得多。例如，他们把铁钉钉进蒙古俘虏的耳朵，以此取乐。

部分蒙古军狼狈退出八鲁湾。蒙古军队的声威难道就这么完了吗？得悉失乞忽秃忽溃败，成吉思汗克制住了自己的愤怒情绪，怒而不形于色。这是他的天才的秘密之一。当时，他仅对失乞忽秃忽说：

“汝失乞忽秃忽狃于常胜，未受挫折，今遭此败，当以为戒。”

成吉思汗立即行动，亲自率领南行，向哥疾宁方向疾进。[1] 在两天的急行

---

[1] 蒙古军队这次南攻哥疾宁，队伍十分浩大。拖雷在扫荡呼罗珊后东返，与成吉思汗会合。与此同时，窝阔台和察合台所部，也在将千年古都玉龙杰赤夷为平川之后前来与中军会师。——译注

军中，马不停蹄，军不及炊，沿途但以啖米充饥。来到八鲁湾战场后，他命令失乞忽秃忽解说当初两军对阵的情形。失乞忽秃忽只好如实汇报当初厮杀的情况。成吉思汗听完，便责备失乞忽秃忽指挥失当，不善于选择作战的有利地形。尽管他对失乞忽秃忽充满友情，但他仍严肃指出，失乞忽秃忽应对这次失败负责。

成吉思汗率军进至哥疾宁城下，方知扎兰丁已不在此城。原来，在取得出人预料之外的八鲁湾大捷以后，扎兰丁属下的阿富汗人和突厥人之间即出现不和，导致部队分裂，各部引军散去。在这种情况下，扎兰丁自知无足够力量守城和抵抗蒙古大军，于是率领本部人马向印度—阿富汗边界逃遁，来到般扎卜(即旁遮普)。成吉思汗下令部队全速前进，跟踪追击。蒙古大军深夜赶到申河岸边[1]时，花剌子模王子扎兰丁正在为次日（1221年11月24日）晨渡作准备。成吉思汗马上命令部队布阵数列，向河岸作偃月形，进围扎兰丁及其为数不多的军队。次日黎明，蒙古军发起攻击，冲向扎兰丁军队，击破其防线，击溃其两翼人马。蒙古军队的偃月形包围圈越收越小，步步进逼扎兰丁。这里有一个有趣的细节：成吉思汗禁止将士放箭，因为他想活捉扎兰丁。花剌子模王子扎兰丁英勇奋战，一直坚持到中午。最后，他发现无法冲出重围，遂易健马，作最后一次猛烈冲锋，以摆脱对方的纠缠。经他这一冲，蒙古军队便稍稍后退了一些。这正是扎兰丁所希望的形势。正在蒙古军稍往后退时，他突然勒转马头，打马向申河岸边冲击。他自负盾牌，手持军旗，飞马奔上两丈多高的河岸，纵马一跃，连人带马投入申河，凫水逸去，抵达对岸。成吉思汗飞马来到陡峭的河岸。手下将士欲赴水追捕扎兰丁，成吉思汗力阻之，并指示其诸子，要他们向扎兰丁的勇敢精神学习。

在这次战役中，扎兰丁是唯一坚持同成吉思汗作对的人。成吉思汗对扎兰丁采取了宽厚大度的态度，更确切地说是骑士式的英雄敬英雄的态度。但对于扎兰丁手下的人，成吉思汗却表现得像往常那样严厉。扎兰丁纵马跃入申河凫

---

[1] 申河：即今印度河。——译注

水而去时，他手下的一部分士兵也跟着跳下水，向对岸游去，另一部分士兵则留在此岸，没有跳下水，成吉思汗见此，便命令部队向跳下的扎兰丁的士兵放箭，将这些士兵射杀水中，并命令将留在此岸的这部分扎兰丁的士兵全部杀死。落入蒙古军手中的扎兰丁之诸子也被无情地处决了。

从摧毁城市到开始领悟城市文化

当时，成吉思汗并没有在印度土地上继续追击花剌子模王子扎兰丁[1]。到了第二年，他才命令八剌那颜（札剌亦儿部人）率领一支军队侵入印度河东岸地区（木勒坛一侧）。这只是没有任何真正军事价值的侦察性袭击。旁遮普地区夏季炎热非常，在蒙古草原上和西伯利亚泰加森林中生活惯了的蒙古人不堪此等酷热，在包围木勒坛后不久就解围而去。这些蒙古军只在木勒坛和剌火儿等省劫掠了一阵，随后即返回阿富汗与主力会合。

但是，成吉思汗却拿阿富汗和呼罗珊境内的各城来出气，在这些城市中发泄他的复仇怒火，因为这些城市程度不同地支持扎兰丁的反扑企图。公元 1222 年春，窝阔台率军前去惩罚哥疾宁，因为哥疾宁正在成为逃亡的王子扎兰丁东山再起和组织反扑的据点。他借口要检括人口，将哥疾宁居民全部赶出城，然后进行大屠杀。除了技术熟练的工匠以外，哥疾宁全市居民悉被杀害。那些被免死的工匠将像其他城市被俘工匠一样被送往蒙古去做工。哥疾宁城遂被彻底摧毁。

接着，蒙古人又去摧毁也里。原来，得悉扎兰丁在八鲁湾取得胜利的消息后，也里居民即举行起义，反抗蒙古人的统治。成吉思汗派额勒只吉歹率领一

[1] 当时蒙古军同扎兰丁战斗是在今巴基斯坦境内，但当时这里是印度的一部分，那时还不存在巴基斯坦国一说。巴基斯坦共和国是 1956 年成立的。英国公布“蒙巴顿方案”，宣布实行印、巴分治，巴基斯坦自治领成立，也只是 1947 年的事。所以这里说“在印度土地上”。同样，前面关于阿富汗与印度交界处的说法，也是说的那时的情况。——译注

支蒙古军队去攻击也里。同时受额勒只吉歹指挥的还有从附近征集来的大约五万民兵。守城军民知道自己不会受到宽恕和怜悯，遂坚决抵抗，多次击退蒙古军的进攻。但不久，城内人发生分裂，额勒只吉歹利用这一形势，攻占了也里城（公元 1222 年 6 月 14 日），屠杀了全体市民。蒙古军在这里烧、杀、劫掠、摧毁，整整忙了一个星期。当蒙古军队离开也里城以后，城破以前设法逃入附近山谷和山洞因而免遭屠杀的一些市民又回到了这片废墟上。蒙古人早料到会有此事，不久，一支蒙古骑兵回到也里，屠杀了这些返回的市民。

在马鲁，尽管上次拖雷进行了十分有步骤的洗劫和破坏，有些市区仍然存在。而且，由于木尔加布河谷十分肥沃，所以，拖雷一撤走，这座城市又很快热闹起来。八鲁湾战役的胜利使这些可怜的人们欣喜若狂，他们也认为花剌子模帝国开始反攻的时候到了。在扎兰丁的旧军官们的帮助下，他们迅速修复了城墙和保证马鲁城灌溉用水的木尔加布河河堤。当然，在这种情况下，蒙古人委任的马鲁市行政长官（一个波斯人）也被处死了。现在，蒙古军对这座城市进行报复的时候到了。朵儿伯率领的一支蒙古军（5000 人）攻破该城，屠杀了全体居民，摧毁了尚存的市区。与此同时，巴里黑城也遭到了第二次更加全面的破坏，全城居民悉被杀戮。

正像呼罗珊各地一样，阿富汗各地也遭到了再次破坏，已无力掀起新的反抗运动支持扎兰丁了。阿富汗境内的城市全被彻底摧毁，就像发生了一次强烈地震一样，剩下的仅是一堆堆废墟而已。河堤被掘，灌溉渠被毁，渠道所经过的地方成了一片片沼泽地；粮食通通被付之一炬；果树被齐根锯倒；抵御风沙侵袭蔓延、保护农作物的防护林带变成了一片被砍伐在地的烂木；田园荒芜，杂草丛生，几千年以来辛勤开垦出来的耕地又变成了荒草地；果园失去了保护，只好听任来自草原和沙漠的风沙横冲直撞，吞食掩埋。昔日，那些绿洲的名字是那么迷人而悦耳，绿洲上矗立过诞生《一千零一夜》优美故事的城市（阿拉伯—波斯文明的美丽花朵，古老东方的奇观）。然而现在，这些美丽的绿洲变成了一片片干燥的草原。这些荒凉干燥的草地，借着蒙古游牧人的力量，蔓延扩展，控制了整个地面。这简直是大劫之后的大地的死亡。从此，伊朗东部地区就一蹶不振，再也没有，也永远无法恢复昔日的勃勃生机了[1]。

公元1222年秋，成吉思汗离开这些被蹂躏和被摧毁的城市，北渡阿姆河，回到河中地区。同呼罗珊地区相比，河中地区受到的破坏是比较轻的。经过不花剌时，成吉思汗怀着一颗好奇心让人向他粗略介绍了伊斯兰教。一个刚刚给伊斯兰世界带来有史以来最可怕灾难之一的人，现在竟然要领教伊斯兰教教义，这未免有些奇怪。不过，成吉思汗当初并没有打算向伊斯兰教宣战，甚至没有觉得有向伊斯兰教开战的必要。他和他的将士们只想惩罚花剌子模人，因为花剌子模人杀害了他的商队和使臣，践踏了我们所说的贸易自由原则，侵犯了人权。在战争中，成吉思汗又进一步惩罚花剌子模人，因为花剌子模人杀害了他的女婿，射杀了他心爱的孙子。当然，他们是按照蒙古的原始的方式进行惩罚的，是按照蒙古人所熟悉的唯一方式（因为他们当时是未开化的“原始人”）进行惩罚的。出现如下令人惊奇的鲜明对比情况的原因正在于此。笔者一再指出的这种鲜明对比就是：一方面，成吉思汗的士兵大肆进行恐怖屠杀，另一方面，成吉思汗本人又常常表现出固有的克制态度，不动摇的道义精神，发自内心的宽宏大度。

正因为如此，他现在对伊斯兰教发生了兴趣。他让人给他讲解古兰经的原则，并表示赞成这些原则，因为伊斯兰教信徒们信奉的真主同突厥—蒙古人信奉的天并没有什么区别。但是，他谴责麦加朝圣的原则，因为他认为天是无处不在的。在撒马尔罕，他命令今后应以他的名义祈祷，因为他已取代谟罕默德苏丹，他已同时是花剌子模的君主。这样，他就把伊斯兰教尊为国家的宗教之一，使伊斯兰教同蒙古人信奉的萨满教和克列亦惕人信奉的聂斯脱利派基督教处于了同等的地位。因呼罗珊和阿富汗的被破坏而感到惊恐不已的伊斯兰世界都称成吉思汗为“被真主弃绝者”和“魔鬼”，而成吉思汗却打算要他的新的穆

[1] 三年多的烽火，把花剌子模烧得满目疮痍。不过，当时的蒙古人是得地不守，在他们身后留下的，除了破坏，差不多没有任何属于他们自己的行政或军事设施。因此，几年以后，扎兰丁发起了一个短暂的复国运动。成吉思汗打败了花剌子模，但他没有完全地征服它。给予花剌子模以最后一击的任务，是在他的继承者窝阔台的时代才得以完成的。——译注

斯林臣民视他为伊斯兰教“教皇”和合法的苏丹。诚然，他摧毁了（摧毁得是多么彻底啊！）呼罗珊地区的城市文化，但是，并不能因此说他敌视城市制度的原则，尽管他实际上并不十分理解甚至在开始时根本不理解这种原则。他缺乏的只是学习，他迫切需要学习。

这时恰恰有两位穆斯林自告奋勇地向他传授关于城市的知识。这两个人都来自花剌子模玉龙杰赤，住在河中，都是过定居生活的伊朗化了的学者、法律人才和行政管理人才，一位名叫马哈木·牙剌瓦赤，另一位是马哈木·牙剌瓦赤之子，名叫麻速忽·牙剌瓦赤。他俩向成吉思汗阐述了城市居民集结区对一个游牧征服者可能带来的好处；管理城市和从中得利的艺术。这种课程使成吉思汗十分感兴趣（大家知道，善于听取别人的意见，这是成吉思汗的主要优点之一）。听了这两位穆斯林的讲解以后，成吉思汗当即请他二人为他服务，留用了他二人。他明智地委任这两个人配合蒙古行政管理官员管理东西突厥斯坦的古老城市：不花剌，撒马尔罕，喀什噶尔以及和田。

委任这两名穆斯林学者管理城市，这是世界征服者成吉思汗一生中的一个重大抉择，一大成功和一个重大转折。在这以前，他还完全不懂得城市的作用和地位。现在，他开始适应由他的胜利对他产生的影响，开始向各文明古国学习。他出人意外地成了这些文明古国的王位继承人，而且势必会成为使这些文明古国继续发展的新的统治者。

他对中原哲学家长春真人的友谊表现了他性格的同样有趣的另一面，也可以说是他的文化潜在性的另一面。

成吉思汗与死亡问题：召见炼丹术士

笔者已经叙述过，在远征花剌子模帝国前夕，成吉思汗已经考虑到了死亡问题，已经考虑到了战死沙场的可能性，已经对后事作了安排，尽管他当时还身体健康，精力充沛。但从那时起，死亡这个问题似乎一直在纠缠着他，常常萦绕在他的脑际。在中原战场上时，他听说有一种“长生不老之药”，一种道教魔术师掌握其秘方的可以使掌握道教奥义的人长生不老的神秘饮料。当时，成吉思汗侵入中原北部时甚至还风闻有一位非同小可的道教首领，名叫丘长春[1]。他决心把这样一位重要人物收罗到身边来。他显然认为，这个人物就是类似高级萨满的人物。早在公元1219年，成吉思汗就已遣使召丘长春前往他设在乃蛮地面的斡耳朵晤谈。

实际上，丘长春恰恰是另外一种人，并不是一个普通的巫师，而是一位思想家兼诗人。古代的道教内容，除了炼丹秘诀以外，还包括一种具有惊人力量的哲学体系，一些沉思默祷的方法。这种沉思默祷的广度与深度，很少有其他的修身养性之道能与之相比。

道教的圣经《老子》中有这样一段话：

有物混成，先天地生，独立而不改，周行而不殆，可以为天地母。吾不知其名，字之曰道……[2]

这位哲人通过沉思默想使自己进入角色，使自己同推动万物运动变化的无名力量浑然为一体。

《老子》一书中还记载说：

---

[1] 丘长春：即丘处机，字通密，登州栖霞人，未冠出家，自号长春子，是金末在华北流行的全真教派的首领。当时，对暮年和死亡的恐惧，逐渐像阴影一样罩上了戎马一生的游牧首领成吉思汗的心头。于是，他想到了山东著名道士丘处机。长春真人当时以为成吉思汗就在桓、轮以北，便欣然应召。当到了燕京，方知“车驾遥远，不知其几千里”。吓得不敢再往北走，于是上表要求在燕京“坐住”，成吉思汗不答应。丘长春无奈，只好凄然出塞，以70高龄，颠簸于马背之上，沙海之中，途中又苦求，要等成吉思汗回师以后再往见，又不许。他只好慨叹着“不堪白发垂垂老，又踏黄沙远远行”，历尽跋涉之苦，前往兴都库什山见成吉思汗。如此急切地要见道士丘长春，这件事反映了成吉思汗晚年思想的一个侧面，作者在本书中记述了这件事，是很必要的。书中在写这事时描写了丘处机沿途跋涉的见闻，从而用另一种笔墨补叙了蒙古和西域的风土人情。——译注

[2] 这段话见《老子·25章》，全段为：“有物混成，先天地生，独立而不改，周行而不殆，可以为天地母。吾不知其名，字之曰道，强为之曰大，大曰逝，逝曰远，远曰反。”——译注

我独泊兮其未兆，荒兮其未央，澹兮其若海，飂兮若无止，沌沌兮如婴儿之未孩，儽儽兮若无所归[1]。

毫无疑问，像丘长春这样一个人是能够理解这些只有靠心领神会才能明白的概念的。但是，敦厚朴实的蒙古人却只能把他们所听到的这些概念看成是一种神秘的“权力”的表现，他们渴望得到拥有这种神秘“权力”的秘密。正像一位波斯历史学家所说的那样，成吉思汗已是一位世界征服者了。他现在有待于征服的是那些古老的秘密。只要掌握了这种秘密，他就可以随心所欲地支配天力。他遣使召见长春真人，正是出于这种考虑。

成吉思汗之召，过漠北蒙古之地

当时，道教哲学家长春真人年已 72 岁。但是，尽管已如此高龄，他仍毫不犹豫地去见成吉思汗。不过，当受命组织安排这次旅行的蒙古将领要他同被送去为成吉思汗解闷的女眷同行时，他断然拒绝了，因为他认为同女人一道行走多有不便。他对他们说：

“余虽山野（意即‘普通的道人’），岂与处女同行哉？”[2]

公元 1221 年 3 月，丘处机离开北京郊区，沿大兴安岭西部山麓，循从多伦到捕鱼儿湖一线，进入今内蒙古大草原。这个大草原几乎是一片沙漠，花草稀

[1] 见《老子 · 20 章》。——译注

[2] 当时（1221—1222 年冬），成吉思汗驻冬于兴都库什山。仲禄在原乃蛮境内得旨，奉命安排丘处机前往兴都库什山见成吉思汗，成吉思汗在给丘处机的圣旨中说：“……惟师道逾三了，德重多端。……云轩既发于蓬莱，鹤驭可游于天竺。达磨东迈，元印法以传心，老氏西行，或化胡而成道，顾川途之虽阔，瞻几仗似非遥。爱答来章，可明朕意。”仲禄欲以选处女偕行，丘处机说：“齐人献女乐，孔子去鲁。余虽山野，岂与处女同行哉！”丘处机西行见闻，见《长春真人西游记》。——译注

少，有时可见一些榆树丛。长春真人经过此地后有人曾描述记载过这种荒凉景象。自那时以来，这种荒凉景象依然如故。记述长春真人这段经历的资料曾这样描述此地情景：

四旁远有人烟，皆黑车白帐，随水草放牧。尽原隰之地，无复寸木，四望惟黄云白草。

丘长春等人向北直行，来到捕鱼儿湖稍东哈拉哈河河畔。18 年前，成吉思汗曾在哈拉哈河附近同塔塔儿人大战。哈拉哈河是一条沙河，河岸多生丛柳。河水不深，仅可濡马腹而已。4 月 24 日，长春真人及其随行人员来到哈拉哈河附近成吉思汗的幼弟帖木格的营地（成吉思汗西征时命帖木格留守蒙古）。这时，此地冰冻已开始融泮，野草已微萌可见。“时有婚嫁之会，五百里内首领，皆载马潼助之。皂车毡帐，成列数千”。4 月 30 日，长春真人被引见帖木格。帖木格送给他 100 匹牛马，供他在前往阿富汗见成吉思汗的路上使用和支配。

从北京到阿富汗，这位中原道人竟然选择了横穿蒙古北部的艰苦难行的路线，绕了这么大一个弯子，这似乎有点叫人不可理解。穿过甘肃省唐兀惕地面，然后取道吐鲁番和库车的畏兀儿之地，走商队常走过的塔里木盆地一线即古代丝绸之路，不是比绕道漠北更近更直截吗？但这是行不通的，因为，虽然畏兀儿人仍臣服于成吉思汗，已派部队协助蒙古军队西征，但唐兀惕人此时却同成吉思汗闹翻了，拒绝派军队支持他西征，所以，长春真人此时只有绕道穿越蒙古才能抵达伊朗东部地区。他溯成吉思汗的家乡克鲁伦河河谷而上，抵达昔日克列亦惕部王汗的地盘。在记载他的旅行见闻的《长春真人西游记》一书中，有对蒙古气候的恰如其分的描述。这部游记说，在这个季节里，蒙古朝凉而暮热，绿色草原犹如地毯，草中夹杂着各种花朵。长春真人一行顺蒙古的圣山肯特山山梁的南部分支而行，进入土拉河上游及其支流哈鲁哈河流域，接着进入上鄂尔浑河流域。当时，鄂尔浑河流域是蒙古的中心地区。《长春真人西游记》写道：“从此以西，见有山阜，人烟颇众，亦皆以黑车白帐为家，其俗牧且猎”，衣以兽皮，食以肉酪，“男子结发垂两耳，妇人冠以桦皮，高二尺许”，有时也戴毛料做的帽子。若系富家妇女，则冠以红绡，“其末如鹅鸭”。《长春真人西游记》还写道，蒙古人“俗无文籍”，一切均靠“约之以言”或“刻木为契”，他们绝不违抗首领的命令，说话算话，可说是“有命则不辞，有言则不易”。这些记载是非常珍贵的历史资料，充分证明了成吉思汗在各方面制定的法纪的巨大力量，这种法纪和秩序同以前蒙古的无政府状态形成了非常鲜明的对照。

中原的这位旅行者来到杭爱山。他的传记作者[1]在写到这里时顺便描写了峭拔的杭爱山的壮丽景象。他形容说，山中“松桰森森，千云蔽日”。山上积雪皑皑，一年之中有6个月积雪不化。长春真人一行渡过上鄂尔浑河，接着又渡过博尔加泰河，沿查甘泊而行。过查甘泊后，7月19日，他们来到斡儿朵（金帐）前（此时成吉思汗的妻妾嫔妃都在金帐盼望成吉思汗早日凯旋）。7月29日上午，长春真人及其随行人员离开斡儿朵，转而向西南前乃蛮地面前进。8月14日，他们从一个城市附近经过。这个城市位于扎布汗河南岸今乌里雅苏台西南。成吉思汗的大臣镇海在那里领导开办了一些粮店。那里还有许多被押送到这片山区做工的中国工匠。成吉思汗西征时曾把金王的两个妃子留在此城。这两个妃子是蒙古军攻陷北京时俘来的。见到中原道人长春真人，此二妃流下了欢喜的眼泪[2]。

镇海奉旨对长春真人说，成吉思汗现在急于真人早日去见他。为了催促长春真人快行，避免延误时日，镇海也起身与真人同往。他们此时正走在杭爱山和阿尔泰山之间的地形十分复杂的地区。《长春真人西游记》记述他们经过的这个地区的情景时写道：

屡见山上有雪，山下往往有坟墓，及升高陵，又有祀神之迹。

[1] 指丘处机的弟子李志常。《长春真人西游记》乃李志常所写。——译注

[2] 据《长春真人西游记》载：“章宗二妃，曰徒单氏，曰夹谷氏，及汉公主母钦圣夫人袁氏，号泣相迎。”此二妃见到同胞，当然欢喜，但“号泣相迎”，却不只是流下欢喜的眼泪。——译注

乃蛮地区山路崎岖难险，行人步履艰难，而成吉思汗现在却又那么急切地要见到长春真人，因此，为加速行程，他们丢下了许多车辆，骑马赶路[1]。而且，据说这山区还有妖魔出入，“以前，乃蛮国王过此，每被山精所惑，山精要乃蛮王供献祭品，乃蛮王如其言，方保性命”。

9 月 2 日，长春真人一行抵达阿尔泰山东北坡。

要翻越阿尔泰山，只有一条狭窄的小路可走，这条小道乃是以前窝阔台经过此地时所开辟。车辆难行，长春真人一行只好挽绳悬辕以上，缚轮以下，将车辆运过山。他们三天之间越过了三条岭。来到阿尔泰山南坡以后，他们进入乌伦古河上游支流之一布尔根河河谷（他们很可能是从达比斯坦达班山口，即今乌桑呼特勒山口进入该河谷的），或者更准确地说是进入稍靠东的纳伦河谷。接着，他们穿过一片荒凉的沙丘地带。据说在这片沙丘地带也有鬼怪出没，行人必以血涂于马首，惊吓妖魔，方可得过此地[2]。在这片沙丘的南面，耸立着天山的分支山梁，远远望去，有如一条银白色的粗线横于南天之际。

9 月底，长春真人等抵达畏兀儿境内之别失八里城。别失八里城即今吉木萨尔城，位于乌鲁木齐市东约 130 公里处。别失八里的畏兀儿王率领众部族及众僧等迎接来自中原的这位著名的道人。别失八里市是畏兀儿境内的一个绿洲，渠道纵横，布局巧妙，灌溉着这片绿洲。长春真人跋涉千山万水，穿过茫茫沙

---

[1] 长春真人来到镇海城（今蒙古人民共和国吉尔格朗图东南），实在不愿意继续西行，又向守城长官镇海苦苦哀求道：“我远行几千里方到治下。沙漠中看不见耕稼，得见此间秋稼已熟，十分欢喜。我想就在这里过冬，恭候皇帝陛下回銮，可否？”镇海婉转回答说：“近有敕诸处官员，如遇真人经过，不得稽其程，盖欲速见之也。师父若需于此，则罪在镇海矣，愿亲从行，凡师之所用，敢不备。”长春真人说：“因缘如此，当十日行。”镇海说：“前有大山高峻，广泽诅隘，非车行地，宜减车从轻骑以进。”长春真人只好同意，留弟子宋道安等九人选地为观。——译注

[2]《长春真人西游记》记载：“公（指镇海）曰，‘前至白骨甸……师曰：‘何谓白骨甸？’公曰：‘古之战场，凡疲兵至此，十无一还，死地也……遇天晴昼行，人马往往困毙，惟暮起夜渡，可过其半……夜行良便，但恐天气黯黑，魑魅魍魉为祟，我辈当涂血马首以厌之。’”可见这片古战场是非常凄惨恐怖的，大有李华《吊古战场文》中所渲染的气氛。——译注

漠，终于来到了这片繁荣的绿洲。当此之时，对长春真人来说，来到这片绿洲简直是来到了天堂。在昌八剌，人们设宴招待长春真人，筵席上有香味扑鼻的葡萄酒，还有甜美的西瓜。这是长春真人路过的最后一个其居民信奉佛教的城市，由此往西就是穆斯林世界了。长春真人一行离开别失八里，沿准噶尔盆地沙漠边缘[1]，抵达赛里木湖畔。该湖中，湖水清澈透明，长满桦树林和松树林的险峻的天山倒映于水中。公元 1219 年，成吉思汗的第二个儿子察合台曾在此湖与伊犁河河谷之间开辟了一条穿过崇山的通道。通道循塔勒奇山峡延伸，遇激流深涧则架以木桥。木桥宽阔，可容二车并行。长春真人一行来到塔勒奇山峡以南，进入伊犁河河谷，河谷中枣树成林，桑树如盖[2]。

成吉思汗与哲人晤谈

公元 1221 年 10 月 14 日，长春真人一行来到位于优美的伊犁河河谷中间的阿力麻里城（在固儿扎即伊宁附近）。当地国王及蒙古派驻此城的长官率众来迎。旅行队伍即在此城休养歇息。此地以盛产水果闻名于世（阿力麻里是突厥语地名，意为“苹果园”)。《长春真人西游记》的作者盛赞此地稠密地灌溉网（这种灌溉网使该地成了真正的苹果园）和精美的纺织品[3]。

[1] 即古尔班通古特沙漠。——译注

[2] 赛里木湖处是一个非常美的地方，集秀色与雄奇于一处。《长春真人西游记》中描写此地说：“西南行三十里，忽有大池，方圆几二百里，雪峰环之，倒映池中，师名之曰天池。沿池正南下，左右峰峦峭拔，松桦阴森，高逾百尺，自巅及麓，何啻万株。众流入峡，奔腾汹涌，曲折弯环，可六七十里。二太子扈从西征，始凿石理道，刊木为四十八桥，桥可并车。”从本传记和其他史书来看，成吉思汗进兵和班师途中，并未于此盘桓，可见游牧人生活不尚山水，只爱草原。——译注

[3] 据《长春真人西游记》记载：“……至阿里马城（即阿力麻里城）……其地出帛，目曰秃鹿麻，盖俗所谓种羊毛织成者。时得七束为御寒衣，其毛类中原。柳花棉洁细软，可为线为绳，为帛为绵。农者亦决渠灌田。土人惟以瓶取水，载而归。及见中原汲器，喜曰，桃花石诸事皆巧。桃花石谓汉人也。”中原汲器通过丝绸之路传入西域，可见当时的丝绸之路对促进中原与西域的交流和发展，作用颇大。——译注

10 月下半月，长春真人一行又起程继续西行。他们穿过垂河和塔剌斯河以及此二河的支流的发源地这一片肥沃的地区，接着又通过奇姆肯特地区和塔什干地区，抵达锡尔河河岸。11 月 22 日，他们渡过锡尔河，进入河中地区。12 月 3 日，长春真人等来到撒马尔罕城，征得蒙古官员的同意，他们在这座城市过冬。当时，成吉思汗正忙于荡平阿富汗境内各城的叛乱，对于他来说，此时的军事问题当然比哲学问题更紧迫。翌年（公元 1222 年）4 月中旬，他开始想到长春真人，于是派人传语真人说：

"真人来自日出之地，跋涉山川，勤劳至矣！朕不久即返回（撒马尔罕）。然此时朕亟欲闻道，无倦迎朕。"

长春真人接旨，即刻动身。他越过铁门[1]，渡乌浒水，过巴里黑，于公元 1222 年 5 月 15 日抵达成吉思汗的大营。

成吉思汗极为热情地欢迎长春真人的到来，因为，这位老人为了传授给他至理名言，千里迢迢，受尽了辛苦。使成吉思汗对长春真人的到来感到满意的另一个原因是，长春真人在中原时曾拒绝了金王和南宋皇帝的诏书，既没有应邀前往金廷，也没有应诏前往杭州南宋皇宫[2]。成吉思汗对长春真人说：

"他国征聘皆不应，今特应朕之请，远踰万里而来，朕甚嘉焉。"

"山野（这是这位道人的谦称）奉诏而来见陛下者，乃天意也。"长春真人回答说。

成吉思汗闻言大悦，遂赐座，迫不及待地问长春真人道：

"真人远道而来，有何长生之药以资朕乎？"

长春真人不是以炼丹术士魔术师的腔调，而是以哲学家的口气诚实地回答说：

---

[1] 据载，成吉思汗当时曾派万户官播鲁只领甲士千人护送长春真人过铁门。关于铁门这一地名，据《长春真人西游记》载，"南有大山屹立，山峡口有石门，色似铁"，可见铁门是指山峡口之石门。——译注

[2] 杭州，当时叫临安府，是南宋的都城。关于长春真人为什么拒绝金王和南宋皇帝的诏书，有关史料未作说明。——译注

“世上多有延年益寿之方，断无长生不老之药。”

对于长春真人的这一回答，成吉思汗无疑感到大为失望。因为，如前文所述，他之所以从几千里之外把长春真人召来，仅仅是希望最终得到那种据说这位道人已掌握其秘密的可以使他永远避免死亡的神秘饮料。不过，尽管心里感到很失望，成吉思汗仍没有表现出丝毫的不满情绪，相反，他还十分赞扬长春真人的坦率和诚实。从这个问题上我们也可以看出，成吉思汗很有自制力，他品格崇高，天性慷慨，宽宏大度。他虽还半是蛮人，但在他身上表现出的这种宽宏大度精神，已使他具有了出身高贵的贵族的气派。当时，他赐给了这位杰出的道人以相当荣誉的称号，并命人设二帐于御帐之侧，供真人居住。

但是，应当承认，成吉思汗虽然丝毫没有对这位哲人表现出失望和不满情绪，但现在他对长春真人却只有尊敬之意，没有奢望之情了。虽然他不久就对这位道人表现得很友好和亲密，但对他俩之间的交谈，他已不像以前那么急不可待了。他二人现在交谈的内容主要是属于哲学领域的问题。成吉思汗虽然聪颖过人，但应当承认，对于这些哲学问题，他是懂不了多少的……成吉思汗正在进行荡平（唉，真是大破坏！）阿富汗和呼罗珊境内的抵抗运动的扫尾工作。目睹如此惨景，长春真人无能为力，只好奏请成吉思汗恩准他回到撒马尔罕待驾。成吉思汗准其所请，并指示部下好好款待真人，不可怠慢。

长春真人回到撒马尔罕，撒马尔罕行政长官（契丹人，名叫耶律阿海）十分周到地款待长春真人，给他送来了甜美的西瓜。在撒马尔罕，长春真人，这位似乎是当时具有最奇怪的思想的中原道人，同该地区的穆斯林学者关系十分密切。

同年（公元1222年）9月，成吉思汗结束了荡平阿富汗境内叛乱活动的工作，又遣人请长春真人前去见他。9月28日，长春真人来到设在巴里黑以南兴都库什山麓的御营。他生性不受拘束（这是道家的特点）。见到成吉思汗时，他强调说，在中原，道教首领拥有不向君主跪拜的特权，他们见到皇帝时只“折身叉手”而已。成吉思汗欣然容许了这位哲学家的这种不受拘束的性格。我们发现，这位还半是蛮人的世界征服者再一次表现得比亚历山大大帝豁达大度，这一点是饶有兴味的。人们还记得，亚里士多德的外甥和哲学家卡利斯特涅斯曾拒绝按东方的方式行跪拜礼，拒绝“崇拜”那个马其顿人，结果失宠，不久就被那个马其顿人处死了。同亚历山大大帝对待卡利斯特涅斯的态度相反，成吉思汗却表示敬重长春真人，彬彬有礼地请他喝蒙古人最喜欢喝的一种饮料——发酵的马奶酒。但是，出于宗教原因，长春真人拒绝了。后来，成吉思汗请长春真人每天同他一起进晚餐，结果又一次遭到长春真人的拒绝。长春真人以哲学家的尊严口气说，对于像这样一个道人来说，他更喜欢静处，不喜欢军营里的喧闹。成吉思汗再次明智地好心地表示，真人言之有理，可以自便。

公元1222年秋，成吉思汗大营开始北回，长春真人也随驾而行。行军途中，成吉思汗数次命人给真人送去葡萄酒和西瓜以及其他甜食。10月21日，来到阿姆河与撒马尔罕城之间时，成吉思汗命人设立幄斋庄，以请真人讲道。讲道时，镇海在座，太师耶律阿海担任翻译。听完后“皇上（指成吉思汗）很受启发，哲人之言颇惬圣怀”。10月25日夜，月华如画，长春真人继续讲道。他的讲道给成吉思汗留下了极深刻的印象。成吉思汗命手下的人将真人的话用中文和畏兀儿文记载下来。长春真人在讲道时向成吉思汗介绍和解释了老子、列子和庄子的一些格言。老子和列子是公元前四五世纪时道教的两位传奇式的创始人，庄子是与亚里士多德同时代的道教的第三大贤人。长春真人当时一再向成吉思汗提到了《老子》一书中那段祈祷推动万物的无名力量的著名文字：

大方无隅，
大器晚成，
大音希声，
大象无形……[1]

长春真人还向他的这位皇帝信徒传授了《列子》一书中提倡的禁欲主义。

[1] 引自《老子·41章》。——译注

《列子》中这样写道：

心凝形释，骨肉都融；不觉形之所倚，足之所履，随风东西，犹木叶傒壳。竟不知风乘我耶？我乘风乎？[1]

公元1222年10月25日良宵，这位道人向成吉思汗讲解了下面一段描述庄子迷人而神秘莫测的形象的文字：

昔者庄周梦为胡蝶，栩栩然胡蝶也；自喻适其志与！俄然觉，则蘧蘧然周也。不知周之梦与胡蝶与？胡蝶之梦为周与？周与胡蝶，则必有分矣。此之谓“物化”。[2]

长春真人可能还同成吉思汗谈到了莎士比亚式的一幕：中国的哈姆莱特列子指着路边的一个骷髅低语道：

“唯予与彼知而未尝生未尝死也。”[3]

最后，长春真人，这位中原的哲学家向成吉思汗传授了柏拉图式的关于天上大鹏的神话。这一神话引自《庄子》开篇：

鹏之徙于南冥也，水击三千里，抟扶摇而上者九万里。去以六月息者也。野马也，尘埃也，生物之以息相吹也。天之苍苍，其正色邪？其远而无所至极邪？其视下也，亦若是则已矣。[4]

---

[1] 见《列子·黄帝篇》。——译注

[2] 见《庄子·齐物论》。——译注

[3] 见《列子·天瑞篇》，全段为：“列子适卫，食于道，从者见百岁髑髅，攓蓬而指，顾谓弟子百丰曰：‘唯予与彼知而未尝生未尝死也。’”——译注

[4] 见《庄子·逍遥游》。——译注

毫无疑问，所有以上这些话给成吉思汗留下了深刻的印象，引起了他的极大兴趣，尽管他只是部分地理解了这些话包含的玄妙意义。在这段时间里，成吉思汗一直处在一种秘传教义和魔术的气氛中。11 月 10 日，长春真人来到成吉思汗大帐，对成吉思汗说：

“山野学道有年矣，常乐静处行坐，御帐前军马杂络，精神不爽。故特奏请陛下，准我归山。”

成吉思汗又一次高兴地答应了他的要求[1]。

长春真人准备返回中原。他把自己所有的东西都散给了撒马尔罕城的穷人（天知道这个两年以前被攻陷的城市中有多少穷人）。但当时，天已开始下雨和下雪，他由此想到，在这个季节里翻越天山是相当困难的。成吉思汗便利用这一点友好地请他推迟行期，他说：

“朕已东矣，同途可乎？少俟三五日，朕之诸子即来。前来道话，朕尚有未解之处，有待请教真人。”

长春真人和成吉思汗一起在河中地区过冬（1222 年至 1223 年冬），这既是由于恶劣天气之阻，也是由于不想使对他表现得如此友好的成吉思汗扫兴。3 月 10 日，成吉思汗在塔什干一山上狩猎。当他正在追击一只受伤的大熊时，不小心从马上跌了下来。狂暴的大熊就在他对面，成吉思汗一度处于十分危险的地位[2]。长春真人事后向成吉思汗进谏，指出像他这样的年纪不宜经常行猎。长春真人是根据道家理论说明这一点的。他说：

“此次坠马，乃天戒也。”

---

[1] 这里记事与《长春真人西游记》所载略有出入。据《长春真人西游记》说，长春真人这次是托阿海入奏成吉思汗，只要求静处，没提到要还乡：“山野学道有年矣，常乐静处行坐，御帐前军马杂络，精神不爽。自此或在先，或在后，任意而行，山野受赐多矣。”由于只要求自由静处，所以成吉思汗当即准奏。后来要求回乡，则是长春真人亲自向成吉思汗提出的：“山野离海上，约三年回，今兹三年，复得归山，固所愿也。”成吉思汗便挽留道：“朕已东矣，同途可乎？少俟三五日，太子来。前来道话，所有未解者，朕悟即行。”——译注

[2] 据有的史书记载，成吉思汗当时是在追击一头野猪而不是追击大熊时被失蹄的马掀下的。那头野猪，看见成吉思汗被摔在地上，竟然没有猛扑过来，而是呆呆地盯着成吉思汗，然后在赶上前来的将士的吆喝下转身逃去。——译注

"朕已深省，"成吉思汗回答说，"神仙所劝良是。然我蒙古人骑射少所习，未能遽已。"[1]

公元 1223 年 4 月 8 日，长春真人决定告别成吉思汗返回中原。作为分别时赠送给对方的礼物，成吉思汗赐圣旨一道，并在圣旨上盖了御印，指示免除所有道教头面人物的全部赋税，并派了一名将领送长春真人返回[2]。

长春真人北渡垂河和伊犁河，再过阿力麻里和准噶尔沙漠地区。在准噶尔沙漠，风吹沙移，沙丘一年一变，据当地居民说，此乃神灵使然。长春真人又一次过（当然是同来时方向相反）达比斯坦达班（或是更靠东的隘口之一）接着进入干旱而没有什么植物的戈壁滩地区。过了戈壁滩，绕过敌对的唐兀惕地盘，他踏上直达中原的道路。他经翁金河流域，汪古惕部之呼和浩特，向东南而行，于公元 1223 年 7 月抵达山西省。4 年后，即公元 1227 年，长春真人去世。

成吉思汗对道教表现出的兴趣和好感在道教信徒中激起了巨大希望。有一个证据可以证明这一点，那就是刻于公元 1219 年的一块石碑。这块石碑既是刻于 1219 年，因而也就是刻于成吉思汗同长春真人会面前两年。石碑是根据跟随长春真人前往阿富汗的另外一位道人的指示雕刻的，碑文刻的是成吉思汗的讲

---

[1] 据《长春真人西游记》记载，长春真人当时是这样劝谏成吉思汗的，他说："天道好生。今圣寿已高，宜少出猎。坠马，天戒也。豕不敢前，天护之也。"寥寥数语，叫人不得不听，可见长春真人善谏。但成吉思汗的回答也很巧妙，他先是表示感谢长春真人的好意，接着便说骑马行猎，乃是从小养成的习惯，"未能遽已"，婉转地拒绝了对方的谏言。但他的回答也不无道理。蒙古人在行猎这件事上有许多严格的规定。他们通过围猎来训练骑射、布阵、协同作战，培养勇敢精神和令行禁止的纪律。作为其军种几乎全是骑兵的军队的统帅，成吉思汗不同意放弃这样重要的活动也是有道理的。

[2] 据《长春真人西游记》载："上（指成吉思汗）问通事阿里鲜曰：'汉地神仙弟子多少？'对曰：'甚众。神仙来时，德兴府龙阳观中尝见官司催督差发。'上谓曰：'应于门下人悉令蠲免。'乃赐圣旨文字一通，且用御宝。因命阿里鲜为宣差，蒙古带喝剌八海副之，护师东还。"实际上，蒙古国在从东到西的广大领土上，对于各种职业宗教家差不多都给予了豁免赋税的同样待遇。除了在与花剌子模进行战争期间，成吉思汗曾故意地亵渎过伊斯兰教之外，他对于各种宗教（佛教，道教，基督教，伊斯兰教等）大体上都采取宽容的政策，而且禁止对任何一种宗教过分偏颇。——译注

话。这篇碑文借成吉思汗之口给成吉思汗描绘了一幅有趣的形象，无论从哪方面看，这一形象都是符合道教理想的。碑文中有一段文字大致是这样的：

中原傲慢奢侈极矣，天已厌之。朕居荒凉之漠北，漠北无所滋贪婪。朕恢复简朴之风，再立纯洁之德，谨遵中庸之道（这些都是道教的理想）。牧民破衣褴衫，朕亦破衣褴衫；牧民粗茶淡饭，朕亦粗茶淡饭。下民犹如朕之幼儿，朕必护之；士卒乃是朕之手足，朕当亲之。朕经历百战，每战必身先士卒；朕常冒锋刃，未尝虑己身安危。七年征战，终成此大业；六合虽广，悉归于一统。

从这篇碑文中，我们可以发现一些道教哲学惯用的词句。上段碑文的最后一句甚至是抄自中国古代君王的捷报。但是，不难看出，该碑文也能反映出这位蒙古领袖人物的性格特点或者说他对同时代人的态度（如果人们喜欢这么说的话）。

另外，有意思的是，一方面，成吉思汗在倾听道人丘处机的明智建议时态度是那么专注而谦虚。另一方面，他十分厌恶那些华而不实的演说家和爱吹牛的人。他蔑视波斯或中国礼仪给予君王的种种堂皇头衔和称号，并且嘱咐他家族中的各位亲王也不要接受这类头衔和称号。据说王族称呼他时都是直呼其名——铁木真。在他的文书中，这个名字前面也没有任何堂皇的附加语。成吉思汗任用了前花剌子模帝国的一位秘书，让他担任用波斯文或阿拉伯文起草书信的工作。一天，他命令这位秘书起草一份发给摩苏尔的阿塔毕的带威胁性的照会。[1] 这位秘书领旨，用波斯文草拟了照会。在照会中，这位秘书围绕威胁性的内容用了许多华丽的词藻。成吉思汗怀疑这位秘书这样做是在嘲笑他，而他是绝不能容忍别人嘲笑他的。于是，他马上下令将这位喜欢过分玩弄词藻的秘书处决了……

[1] 阿塔毕：一作月即伯。波斯地方军政长官称阿塔毕。——译注

志得意满，大军凯旋家乡

前文谈到，成吉思汗在撒马尔罕过冬避寒（公元1222年至1223年冬）。1223年春，他离开撒马尔罕，率军北渡锡尔河，进入塔什干地区。在大军即将启行时，成吉思汗命令已故谟罕默德苏丹之母，傲慢的秃儿罕哈敦夫人以及谟罕默德的妻室和亲戚（均已做了蒙古人的俘虏），齐集路边，高声恸哭，向前花剌子模帝国告别。

这一插曲恰恰应了成吉思汗曾在同其朋友孛斡儿出的一次谈话中所持的看法。一天，成吉思汗同孛斡儿出等人讨论“人生在世，何为至乐”的问题。诚实的孛斡儿出说：

“臂名鹰猛隼，控骏骑宝马，乘春暖花开之时，出猎旷野之外，目睹猎物毙于马前，斯为人生第一乐事。”

“非也，”成吉思汗说，“人生乐事，莫如战胜仇敌，驱仇敌于马前；尽掠其财物，悉夺其骏马；目睹其亲人以泪洗面；搂其妻女伴吾寝室。”[1]

现在，这位蒙古领袖的所有的敌人都被他打倒了。此时，他来到锡尔河北岸，驻军于那里（1223年春）。在诸位那颜和把阿秃儿这些忠实追随他的人们的陪同和簇拥下，在今塔什干以南的察尔赤克河（锡尔河北岸的小支流）河谷，在部下为他设立的庄严的“宫殿”里，他坐上了用黄金铸成的宝座。同年（1223年）春天和夏天，他在忽兰巴失草原以举行大规模的围猎为乐。忽兰巴

[1] 据《元史演义》载，成吉思汗统一蒙古各部、高登宝座以后，大封功臣，接着便杀牛宰马，举行庆功宴，“饮至半酣，成吉思汗问木华黎（即木合黎）等道：‘人生世上，何事算为最乐？’木华黎道：‘荡平世界，统一乾坤，这是人生第一乐事。’成吉思汗道：‘是的，但尚知其一，不知其二。’博尔术（即孛斡儿出）道：‘臂名鹰，控骏骑，御华服，乘着暮春天气，出猎旷野，这也是人生乐事呢。’成吉思汗不答。博儿忽道：‘鹰犻在天空搏击飞禽，凭骑仰观，倒也是人生一乐。’成吉思汗仍不答。忽必来道：‘围猎的时候，众兽惊突，瞧着很是一乐。’成吉思汗摇头道：‘你等所说，统不及木华黎的志愿，但我与木华黎有共处，亦有异处。’群臣道：‘愿闻主子的乐事！’成吉思汗道：‘人生至乐，莫如杀灭仇敌，似摧枯木，夺他的骏马，得他的财物，并把他的妻女掠了过来，教他伴我寝室，这是最快乐的事情。’言毕，掀髯大笑。”——译注

失草原在今伏龙芝地区，垂河上游以南，亚历山大山以北。他的最小的儿子拖雷一直在他身边。他的另外两个儿子察合台和窝阔台此时也赶来与他相会。在此之前，察合台和窝阔台在不花剌地区过冬，在那里冬猎，每周派人给他送来50担猎物。至于长子术赤，他一直在更靠北的垂河下游草原。遵照其父汗成吉思汗的命令，他将大批猎物（特别是野驴）驱至忽兰巴失草原附近，供成吉思汗尽情狩猎。狩猎时，成吉思汗率先从猎，士卒继之，追得猎物远道奔窜，足力疲乏，往往徒手可缚。围猎既厌，他们便将所捕野驴放走，但在放走之前，他们往往要在野驴身上烙下印迹。

此时，蒙古军已没有敌人与之作对，便逐步向北回撤。来到塔尔巴哈台地区叶密立河附近时，成吉思汗的两个孙子忽必烈和旭烈兀（此二人均是拖雷之子，忽必烈后来做了元朝的皇帝，即元世祖。旭烈兀后来做了波斯的汗）前来相迎[1]。当时，忽必烈年仅11岁，途中射获一兔；年方9岁的旭烈兀射杀一鹿。成吉思汗大喜，亲自将那兔子和鹿的肉和油脂涂在他的这两个孙子的中指上。儿童初次获猎，应以猎物的肉和油脂涂儿童的中指，表示认可和祝福，这是蒙古的风俗。公元1224年，成吉思汗驻军于额尔齐斯河河畔。他在前乃蛮境内停留了很长时间，一直到公元1225年春才回到阔别了6年之久的设在土拉河畔黑林的大营[2]。

关于成吉思汗班师的情况，后来蒙古的传说比史书所载要详细得多。公元17世纪的蒙古历史学家对这些传说进行过研究。这些传说主要是关于皇后孛儿帖的态度问题。在西征的6年中，成吉思汗只有一名妃子伴驾，这个妃子就是他所宠爱的美人忽阑（篾儿乞惕人）。孛儿帖夫人并没有心生妒嫉，不过她最后也觉得成吉思汗离开的时间太长了。她借口担心蒙古由于其保卫者不在国内会发生不幸事件，派人致语成吉思汗说：

[1] 忽必烈和旭烈兀这两个人后来分别是我国元朝和波斯伊犁汗朝的开国君主。——译注

[2] 据洪钧先生推测，“太祖”（即成吉思汗）东归之时，正哲别、速不台（即者别和速别额台）入钦察败斡罗思（即俄罗斯）时，岂因二将暴师于远，故迟行以俟写信耶？”有的专家认为洪钧先生推测得有理。——译注

“鹰已营巢于大树之巅。若鹰长久淹留于远方，难保贱雀不会飞来食巢中卵或雏鹰也。”

成吉思汗听孛儿帖传来如此言语，遂决心班师返回蒙古。但孛儿帖届时会如何待他呢？这个问题使成吉思汗心中隐隐感到不安……于是，他派人先赶回去见孛儿帖，了解孛儿帖的意图。但孛儿帖是一个谨慎而有头脑的女人，她当即表示，她的丈夫的行动是很正常而合乎情理的。她说：

“在那苇岸青翠的湖上，野鸭与天鹅甚多也，湖之主人自可随意捕猎之；天下已归于一统，年轻貌美之女子与妇人甚多也，主子自可任意挑选之，彼可以另纳新妇，可以给尚未驯服之骏马备鞍。”

成吉思汗得悉孛儿帖夫人如此回答，知道孛儿帖不甚计较，心里也就踏实多了。于是他放心地回到了自己的斡儿朵。

这是一种颇具人情味的高尚的虚荣心！成吉思汗曾御驾西征，这一奇迹般的西征已使穆斯林世界最强大的帝国向他俯首称臣。在他去世四个世纪以后，他的后裔在谈到他生前进行的奇迹般的西征始末时，竟只记得他当时曾有过这种家庭口角（这种口角很可能是人们虚构出来的）……

铁骑纵横波斯、高加索和俄罗斯

——利箭者别和勇士速别额台的神奇远征

成吉思汗班师后不久，又对中原发动了他一生中的最后一次远征。关于他最后一次远征的情况，这里暂且不表。且说他的两员大将者别和速别额台，领命北讨钦察，纵横波斯西北部、高加索地区和俄罗斯南部。这一神奇的远征，确立了蒙古骑兵战无不胜，所向披靡，英勇无敌的神话。从这一点来说，这次远征的影响比之世界征服者成吉思汗本人所进行的一系列远征可说是有过之而无不及。

读者当还记得，蒙古军队的两位最优秀的战略家者别和速别额台曾受命领兵两万，横贯伊朗，追击花剌子模帝国苏丹谟罕默德。在哈马丹附近，谟罕默德苏丹摆脱了他二人的追击，逃入里海的一个孤岛，最后穷死在那里。至此，者别和速别额台明白，他俩远征的目标已发生了变化，现在是要向西挺进，为今后蒙古军队的大规模远征作侦察性远袭。

二人开始执行这一任务。一路上，对于愿意屈服投降的城市，者别和速别额台只要求有关城市交付一定数额的赎金。对于敢于抵抗的城市，他二人便挥军攻击，大肆洗劫。例如，他们攻占了敢于抵抗的波斯境内的大城市可疾云。可疾云市位于德黑兰市以西 140 公里处，素以生产地毯闻名，是基兰地区的丝绸之库。可疾云城居民手持刀斧，顽强抵抗，与蒙古军展开短兵巷战，杀死了许多蒙古兵。但是，尽管他们拼命抵抗，仍难免遭到大规模屠杀，死者达 4 万余人。

者别和速别额台又从可疾云出发，穿过构成波斯西北部大部分地区的草原，进入阿塞拜疆省[1]。这个省历来非常富庶，原因之一是该省中部绿洲星罗棋布（主要的绿洲是帖必力思）[2]，原因之二是东西部边界地区为森林地带。东部森林地带在里海一侧额尔迭必勒附近，西部森林地带在库尔德斯坦一侧乌米耶（一作乌尔米牙）附近。蒙古骑兵向帖必力思挺进。帖必力思是一个非常漂亮的城市。它坐落在一片水源丰富，灌溉便利的冲积平原上，周围是优美的园林，气候温暖湿润，十分有益于健康。阿塞拜疆省的长官（称为“阿塔毕”）斡思别住在帖必力思，不想以兵相拒，遂向蒙古军队送去白银，衣服和战马，以求平安[3]。

者别和速别额台于是退出阿塞拜疆，前往里海之滨、阿拉斯河和库拉河之入海口附近过冬（公元 1220 年至 1221 年冬）。他们在木干草原上休养军马。木干草原地区气候十分温和，刚到 1 月份，地面上就萌发了新草。但者别和速别

[1] 阿塞拜疆省，古今阿哲儿拜占，即今伊朗东阿塞拜疆省。——译注

[2] 帖必力思，即今之大不里士，是该省的首府。——译注

[3] 当时阿塞拜疆省的阿塔毕名叫斡思别。——译注

 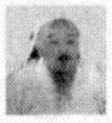

额台也没有在那里久住，公元 1221 年 1~2 月，他们即离开这片草原，溯库拉河谷而上，进入谷儿只[1]。谷儿只当是一个信奉基督教的王国，其国力正处于鼎盛时期。为了保护首都第比利斯，勇敢的谷儿只骑兵在谷儿只国王格奥尔基三世的率领下前来迎战蒙古军。两军相遇于胡南草原之别尔杜季河与库拉河汇合处(在第比利斯以南)。战斗开始时，蒙古军队按照自己的习惯打法，先让敌人发动无谓的进攻，使敌人疲惫，然后即展开反击。结果，蒙古军队把谷儿只骑兵打得落花流水。谷儿只原野风景优美，农作物丰富，村庄美丽（村村都有古教堂)。蒙古军队在这里进行的洗劫和蹂躏是骇人听闻的。不过，这种洗劫和蹂躏持续的时间很短，因此并未给这个地方带来毁灭之灾。

这年春天，者别和速别额台又回军波斯境内阿塞拜疆省，进攻篾刺合城。这是该地区最漂亮的城市之一，城内有果园，杨树、胡桃树和柳树成林，形成一道道屏障。在这种屏障的后面，是一片片园子。蒙古人来到城下，按照其一贯使用的策略，驱附近的穆斯林百姓于阵前，退者立斩。3 月 30 日，他们攻陷这座城市，屠尽城内居民，尽焚其所不能携取之物。

蒙古军队的这两员大将这时忽然想起上一年他们只向哈马丹征收了钱币。哈马丹景象繁荣：城内有公园、喷泉、草地和柳丛屏障，从埃里温山上流下的水量充足的溪流保证了这一切的用水。哈马丹的繁荣景象当时很可能给者别和速别额台留下了深刻的印象。他俩于是又领兵来到该城前。但是，该城居民认为自己已经交付了赎金，不堪一再苛索，遂拒绝再次交纳钱财。蒙古军便包围城市。城内居民抵抗得很顽强，这些富裕的波斯市民知道，他们绝无被宽恕的希望，所以虽已绝望，却表现出了拼死一搏的勇气。直到最后一天，他们还手持锋刃，与蒙古军短兵巷战。蒙古军也理所当然地用大屠杀和焚毁城市来回答市民的拼命抵抗。然后，者别和速别额台离开哈马丹，于公元 1221 年秋又返回谷儿只。他们采取诱敌深入的策略，由速别额台迎战谷儿只军队，同样佯败，将谷儿只军队引入者别设下的埋伏圈内，再次大败谷儿只骑兵。

---

[1] 谷儿只，即今格鲁吉亚共和国。——译注

这时，者、速二将制订了一项特别大胆的计划。他们决定率领这两万骑兵，从业已被他们蹂躏的外高加索地区出发，进入一个未知的世界——欧洲。在达吉斯坦山脉（高加索山的山梁分支）和里海海滨地区之间是打耳班通道，这条通道是一个半开的门户。者别和速别额台从这个门户进入捷列克河和库马河以及此二河的支流流经的广大草原地区。这片草原向北伸展开去，同广袤的俄罗斯大草原连成一片。俄罗斯草原的西北部分，包括黑海以北的地区，即从高加索山麓和库班河域一直到多瑙河注入黑海的河口，是一片“灰色草原”，是马匹和羊群的世界；东北部则是位于里海周围的低洼地，沼泽地，被称为“白色草原”。

在这种草原上，这些蒙古人将会感到就像是在家乡一样舒适自然。在伊朗和中原时，他们总难免有身在异域之感，因为伊朗和中原是古老的农业国和农业区域，而这里一切都像他们家乡一样：一望无际的平原和草原，气候是朝寒暮热，寒时如冰冻三尺，热时有如火烤。他们来到这广袤无边的草原，可以使军马得到很好的休养。但是，当他们走出高加索山区进入牧民可以自由驰骋的草原时，却遭到了当地各部族联合起来从四面八方发动的攻击。向他们进攻的有高加索山区的勒思吉人和契尔克斯人，阿兰人（或称阿谢人，是属于伊朗—斯基泰种族的古老民族，信奉正统的基督教，居住在捷列克河流域和库马河流域草原地区），钦察人（或称库曼人，是一些突厥部落，他们是“异教徒”，即非穆斯林，游牧于从多瑙河到伏尔加河的南俄罗斯草原）。面对这些部落和民族组成的联盟，者别和速别额台采取了首先软化和争取钦察人进而瓦解整个联盟的灵活策略。他俩派人对钦察人说：你们钦察人不也是像蒙古人一样是以游牧为生的突厥—蒙古人吗？为何要帮助我们的共同的敌人基督教徒和穆斯林反对生活在北亚的兄弟呢？除了提出这些种族方面的理由外，者别和速别额台还加上了一条更有说服力的理由。为了使钦察人保持中立，他俩表示愿意分一部分战利品给钦察人。结果，钦察人果然弃同盟军而去。由于失去了友军，阿兰人和高加索山区人被蒙古军击败了。然后，者别和速别额台又转而攻击钦察人，追上去，将钦察人击溃，夺回了分给他们的战利品。

当时，俄罗斯被许多公国割据，整个俄罗斯的南部地界几乎没有超出哈尔科夫和基辅，至少没有超出卡涅夫。钦察人以前经常骚扰和劫掠俄罗斯，俄罗斯各公国的君主们自然对钦察人很不满。所以，在这场纠纷中，俄罗斯各公国君主开始都采取不介入的态度。再说，者别和速别额台似乎并不想攻入各公国肥沃的领土腹地。但是，这些君主中最有势力的君主弗拉基米尔—苏兹达尔公国（其领地在莫斯科东北）的大公之妻是一钦察人首领之女。由于有这种姻亲关系，钦察人得到了其相邻的三个俄罗斯公国的君主的支持。这三个公国的君主都答应出兵干预。这三个公国的君主分别是：基辅公国之君主，契尔尼戈夫公国之君主，加利西亚公国之君主。他们在第聂伯河集结军队，准备进攻蒙古军。者别和速别额台向三公国联军派了一个十人代表团，建议和平相处，彼此不犯。这十位使节对公国联军说：

“昔者，钦察蹂躏俄罗斯各国，俄罗斯今日何不利用如此良机以报往日被钦察人蹂躏之仇耶？俄罗斯各国宜与我蒙古军联合，共伐仇人，胜后共分战利品。即使以宗教信仰而论，俄罗斯人亦宜放弃与偶像崇拜者钦察人联盟，转而同我只敬信上帝的蒙古人联盟。”

这番话中所说的“上帝”，是指蒙古人信仰的长生天呢还是指聂斯脱利教派基督教徒信仰的对象？但不管他们所说的“上帝”是指什么，俄罗斯人根本不愿意接受和平建议，而且还杀了这十位使节。四年前花剌子模帝国苏丹就是这样杀害使臣而引火烧身的……

据说，当时俄罗斯联军声势十分浩大，共计 8 万人之众。这支联军顺第聂伯河而下，浩浩荡荡直奔蒙古军而来，两军相遇于第聂伯河大拐弯处霍尔季察（今亚历山德罗夫斯克对面）附近。战斗开始阶段，俄罗斯联军占上风。但实际上，蒙古军队并非真的占下风。者别和速别额台采取的是战略退却，引敌追击，促敌疲惫，诱敌深入埋伏圈的策略。在连续九天中，蒙古军只是退却，俄罗斯人一个劲地追击。就这样，蒙古军队一直退到注入亚速海（河口在马留波尔附近）的伽勒伽河（或曰卡尔米乌斯河）岸边，俄罗斯军队也一直追到伽勒伽河岸边。这时，者别和速别额台突然住马，回身迎着俄罗斯军队的前锋冲来。俄罗斯军队没料到对方会突然回马，顿时惊慌失措。加利西亚公国君主，契尔尼戈夫公国军队以及钦察军队不等基辅公国军队会齐，即单独与蒙古军厮杀起来。者别和速别额台（他俩似乎是事先选择好了阵地）击溃了这些俄罗斯军队，加利西亚公国君主掉转马头便逃（公元 1222 年 5 月 31 日）。后到的基辅公国君主密赤思老（其军队尚未受到损失）也退入本寨。他坚持了三天，最后只好乞降，答应交付钱财，以便自由地撤退。蒙古军同意了他的请求。但是，蒙古军并未忘记使节被杀之仇。后来，密赤思老被俘，他和他的部下均被处死了。不过，这里应当指出一点，他是被置于木板或地毯下压死的[1]。俄国的编年史作者在谈到这种刑罚时常常愤然。然而，按照蒙古的习俗，这乃是一种“体面的死”，只有王室的人才有资格如此死法。蒙古人处决王室的人时让其不流血而死是出于对王室的人的尊重。

人们原以为，者别和速别额台在取得了这一辉煌胜利以后，必然会挥军向基辅公国和契尔尼戈夫公国进攻。但是，他俩并没有这样做。他们已教训了这几个公国，对此他们已感到满足了。随后，他们只在俄罗斯与库梅克[2]交界处摧毁了一些城市。一支蒙古军队进入克里米亚地区。该地区由于热那亚人和威尼斯人的经商活动而呈现出一派富裕繁荣的景象。该地最大的港口是苏格德亚（今苏达克）。热那亚人来到这里购买灰鼠皮和黑狐皮之类的北方皮货以及奴隶，然后到埃及转卖。蒙古军洗劫了克里米亚，这是他们当时对“拉丁世界”采取的唯一敌对行动。

公元 1222 年底，者别和速别额台转向东北面，攻击“卡马河流域的不里阿耳人”。这个民族属突厥种族，信奉伊斯兰教，居住在今喀山森林地区（卡马河与上伏尔加河汇合处）。他们向波斯和花剌子模出口皮货、蜂蜡和蜂蜜之类的北方产品，生活富足。他们拿起武器抵抗蒙古人的入侵，最后被蒙古人诱入埋伏

[1] 据载，当时蒙古军大胜，遂置酒欢宴，把生擒来的敌军头目，缚置地上，覆板于上以为坐具。者别和速别额台以下将领，统在板上高坐，饮酒至数小时，至兴阑席散，板下的俘虏，已多被压死。——译注

[2] 库梅克人，此即指钦察人。——译注

圈，死亡甚众。此后，者别和速别额台开始想到回师亚洲，于是渡过下伏尔加河和乌拉尔河，征服了乌拉尔河以东的康里人（突厥游牧人，居住在今乌拉尔斯克和阿克纠宾斯克一带）。随后，他俩率领军队渡过位于塔尔巴哈台的叶密立河，回到蒙古。

对于他们的远征，成吉思汗是甚感满意的。在这次侦察性的远征中，者、速二将长驱直进，驱驰 8000 多公里，击败波斯人，高加索人，突厥人和俄罗斯人。更值一提的是，他们带回了关于所过地区皆软弱不堪一击的宝贵情报。20 年后，成吉思汗的儿子又命速别额台前往征服欧洲，届时他必定还会记得当初远征所了解到的一切情况[1]。

休息中的几年

成吉思汗的两员忠诚的大将的远征，为他的继承者后来征服俄罗斯开了先河。在者别和速别额台远征时，成吉思汗正逐步从突厥斯坦向蒙古回撤。笔者已经交代过，他已于公元 1225 年秋回到了库伦地区土拉河流域。

这几年，是成吉思汗休息和放松的几年。现在，蒙古帝国的统治范围已扩展到从撒马尔罕至北京的广大地区。但这个庞大帝国的边界一直动荡不定。于是，成吉思汗委派忠实可靠的将领前往征服那些仍在作最后抵抗的花剌子模人和金国人。创业初期历尽磨难的成吉思汗现在可以对他的事业高枕无忧了。他虽尚未年老（他还只 58 岁），但他已可以考虑度过一段相对放松的时期了。至少，4 个世纪以后他的后裔、蒙古历史学家萨囊薛禅是这么认为的。据这位历史学家说，一天，成吉思汗面对绿草新生的草地，一片奇怪的忧郁之云突然罩上了他的心头。这位铁一样坚强的人物忽然觉得心里有一种需要平静生活的无

[1] 据载，者别和速别额台班师途中，者别身染重疾，行至里海东部，病势加重，终于死于回国的路上。得悉良将去世，成吉思汗大恸，悲悼不止，遂命者别之子为千户官，承袭父祀。——译注

法解释的欲望。当时，成吉思汗面对这片草地说：

“此地风景甚美，真乃乐业百姓盛会之处，鹿麕奔跑之地，老者休息之所也。”

实际上，成吉思汗的休息方式根本没有这种田园诗般的情调。大家知道，他休息和放松的方式首先是打猎，大规模的围猎（如前文所述，他曾于1223年在塔什干地区举行大规模围猎，对于他来说，这种围猎是一种战争情景的模拟），其次是竞技，当然还有豪饮。

杭州宫廷曾派了一名外交官于木合黎处。从这位“外交官”的记载，我们可以类推和设想成吉思汗的娱乐活动。一天，木合黎派人把这位南宋外交官找来，问他说：

“今日吾等曾玩球戏，汝何以不来参加？”

“未曾被邀，”外交官回答说，“故不敢擅自与会。”

“自汝来帝国，”木合黎坦率而朴实地说，“吾即视汝为亲信矣。今后但有宴会、竞技或围猎事，望汝即来参与，不必待邀。”

木合黎言毕大笑，罚这位“外交官”饮酒6大杯，留之许久，至晚方许他大醉而归其寓所。木合黎同这位南宋“外交官”建立了真正的友谊。在南宋对金国的战争期间，这位南宋“外交官”表现出了杰出的外交才能。他最后离开木合黎返回南宋时，木合黎命令部下要对他特别尊重。木合黎命令部下说：

“宜使彼在各大城盘桓数日，以美酒、名茶和最可口之饭菜善待之，不可怠慢。饮宴之时，可选乐师为其奏乐，以助其兴。”

木合黎下达的最后一条指示是不足为怪的，因为，他在征战中，总是带着二十来名乐师。此外，南宋外交官们还十分欣赏木合黎挑选的美女。据说，上述那位“外交官”当初拜会木合黎时，木合黎首先向他一一介绍了家里的人。然后他被请坐在木合黎的妻妾身边饮酒。这些美女个个面色白皙，光彩照人。木合黎有妻妾八个，四个是金国人，另四个是塔塔儿人，个个美貌出众，深得木合黎宠爱。

在这类宴会上，人们最大的乐趣当然是饮酒。但成吉思汗曾说过，合乎礼仪的饮酒应该是每月只醉三次，最好是每月只醉两次或一次，“甚至一次也不醉。但天下哪有具有如此自制能力的人？”

笔者已经指出过，一方面，蒙古军队在战争中杀人如麻，另一方面，成吉思汗的内心深处又是那么善良淳朴，两者形成了鲜明的对照。更有甚者，必要的时候，成吉思汗还表现出出人意外的高尚和谦恭，尽管我用这样一些语言来形容一个蒙古人有些叫人不可理解。

成吉思汗的前附庸之一，契丹首领耶律留哥曾在蒙古的帮助下在辽东（位于东北以南）建立了一个小公国。耶律留哥于公元1220年去世，当时成吉思汗还在河中战场上。耶律留哥去世以后，其遗孀征得蒙古亲王、成吉思汗之弟帖木格斡惕赤斤（帖木格斡惕赤斤在成吉思汗出征花剌子模帝国期间负责主持蒙古国政）的同意，亲自摄政。成吉思汗远征回蒙古后，这位耶律留哥的遗孀携其子前往蒙古见成吉思汗。她见到成吉思汗时，按礼节给成吉思汗行了下跪礼。成吉思汗盛情接待她，并亲自为她把盏（这是她得到的最令人羡慕的荣誉）。她奏请成吉思汗允许由已故耶律留哥之子主持辽东王国。耶律留哥之长子曾陪同成吉思汗远征花剌子模。成吉思汗对这位年轻的王子很感满意，便同意了那位女摄政王的请求。成吉思汗还赞扬她智慧公正。女摄政王告别时，成吉思汗以九名中原俘虏、九匹骏马、九块金条、九匹丝绸和九盒珍贵的首饰相送（大家知道，对蒙古人来说，九是吉数）。至于年轻的契丹王子，成吉思汗也慷慨地奖赏了他的忠勇行动。成吉思汗对这位王子说：

“汝父为表其忠诚之心，曾以汝为质子送来朕处。朕素以汝父为朕之幼弟，视汝为朕之爱子。朕今命汝与朕弟别勒古台协力同心，共同主持辽东军务。汝其勉之。”

对汪古惕部的继承人，成吉思汗也采取了同样的态度。汪古惕部继承人刚满17岁，也曾跟随成吉思汗西征花剌子模。班师回国后，成吉思汗将亲女阿剌孩别乞许配给他为妻。这一对夫妻和睦地在先辈传下来的领地（山西西北的归化地区）统治着突厥—汪古惕族。这个民族虔诚地信仰着聂斯脱利教（景教），因此值得我们注意。夫妻俩没有子嗣，但是，像其父一样坚强的阿剌孩别乞是一个心地善良的妇女，她像教养自己的亲生儿子一样教养着丈夫与其妾所生之子，培养他们治理国家的本领。她的这些养子后来又娶了成吉思汗家族的公主为妻。两家的这种姻亲关系一直持续着。这种姻亲关系确立了基督教在蒙古的边缘藩属国的地位。

重返中原

自从西征结束、返回蒙古以后，成吉思汗甚至未能整整地休息到一年，因为他不得不再次关注中原的事态发展情况[1]。

自从他上次离开中原以后，蒙古同金国的斗争一直没有停止，他的大将木合黎一直在那里顽强地、鞠躬尽瘁地进行着征服工作。顽强，鞠躬尽瘁，这就是这位蒙古大将的高尚形象（一言以蔽之，讨人喜欢的形象）。他是成吉思汗在艰苦创业初期的战友。现在，成吉思汗已使他居于首要地位。读者定还记得，为了使这员大将拥有对中原百姓发号施令的权威，成吉思汗曾封他为国王。就像所有的蒙古将领一样，木合黎本人并不重视官职，生活仍放荡不羁。但是，当“军旗”的威信受到威胁时，他却能拿出国王的派头。各附庸派来了一些军队听从他的指挥，他要这些军队的将领给他牵马备鞍，就像这些将领的原来君主给成吉思汗牵马备鞍一样。但尽管如此，扮演主子角色的木合黎却善于听取意见，绝不对文明的建议无动于衷。一天，一位已归降蒙古的名叫史天倪的原金国将领大胆地向他指出，蒙古军队在被占领的地区行为太野蛮。他对木合黎说，为了使蒙古的征服取得成功，安抚已经表示臣服的人们，争取尚未臣服的人们的信任，这是非常重要的。对于这番直言，木合黎不但没有发怒，而且说史天倪言之有理，并立即命令部队停止劫掠，释放俘虏。在这方面，他给军队

[1] 前面所说成吉思汗休息和放松的几年，是指从花剌子模战争结束、开始撤军（1223 年）到再征西夏（1226 年）这段时间。他回到蒙古故土（1225 年秋）到再征西夏（1226 年春）不到一年，故云。——译注

制定了严格的纪律，这大大促进了他的征服行动。

使这场战争人道化，这确实不失为良策。与此同时，木合黎还改变了蒙古征服战争的特点。在此之前，这种战争一直是骑兵袭击、摧毁和屠杀，然后即离去，从不继之以切实的占领。切实占领所攻陷的城池，木合黎很快就开始重视这一点。为此，他越来越多地起用已归顺蒙古的中原人，契丹人，甚至女真人。这些人为他提供了蒙古人最缺乏的东西：步兵和攻城器械。金国的几个投降蒙古的将领在这方面给了木合黎以很大的帮助，这些将领中有明安、张柔以及上面提到的史天倪。这些降将还说服其他的金国将领归降蒙古，明安和张柔的情况就是如此。几年前已投降蒙古的明安在一次战斗中俘虏了张柔（张柔的战马当时被击毙）[1]。所有被俘的人只有两条出路，要么投降成吉思汗，要么受死。当时，张柔拒绝投降木合黎，说自己在金国军队中的职位与木合黎是平级，他不能苟且偷生。听了张柔的这番话后，明安庄重地（也是巧妙地）表示欣赏他的勇气，并且释放了他。接着，明安设计抓住了张柔的父母，以为人质。张柔在忠与孝之间徘徊了很久。但他终究是一个孝子，“孝”字最终在他头脑中占了统治地位，遂决定投降成吉思汗。降后，张柔在木合黎手下为将。

蒙古国与金国之间的战争是非常激烈的。过去，为了保卫北京附近的地区，金国军队曾坚持战斗了5年多时间。现在，金国军队虽已退到了河南，但他们凭着黄河天险，抵抗得更加顽强了。在7年中（1217—1223年），木合黎虽然逐步把金军逼到了河南省，但却付出了艰苦的努力才做到这一步。因为，其间，一些州府虽被蒙古军攻陷，但不久又被金军收复，于是蒙古军又须重新攻陷，经过如此多次攻陷，最后才把金军逼到了黄河以南。公元1217年，在今河北省南部，木合黎首次攻陷华北大平原前哨重镇大名府，但未能守住，不得已又于公元1220年再次攻占该城。公元1218年，木合黎攻陷（更准确地说是再次攻陷）山西各大城市，如太原和平阳。公元1220年，他又攻陷山东首府今之济南。公元1222年，陕西省首府长安（西安）落入木合黎手中。公元1223年，

[1] 张柔：金军元帅之一。金中都副经略苗道润对他十分器重，荐为昭义大将军，权署元帅府事。道润为其副所害，张柔率兵报仇，途次忽遭蒙古兵，逆战狼牙岭间，马蹶被执。——译注

木合黎攻取了位于山西西南角、黄河拐湾处之重镇蒲州（又曰河中府）。嗣后，木合黎辛劳成疾，不久就去世了。死前，木合黎已感到自己行将结束这一生，便对其赶到他身边的幼弟说：

“吾为辅佐吾汗而东荡西杀，于兹四十年矣。在此四十年中，吾未尝自惜也。当此行将死日，吾别无所憾，唯憾于未能拔取开封以谢吾汗。吾死之后，汝当继吾未竟之功，尽力攻取之。”

木合黎言讫气绝，死时年仅 54 岁（死于公元 1223 年 4 月）。

开封宫廷虽然在作绝望的抵抗，但它并未因此而不想求和。早在公元 1220 年 8 月，金王就向成吉思汗派去了一名使臣，企图争取成吉思汗作出让步。当时，成吉思汗正在阿富汗战场上。公元 1221 年秋，金国使臣取道伊犁河谷，来到成吉思汗大营。听了这位使臣代表金王提出的和平要求后，成吉思汗回答说：

“早先，朕已告知汝主，令其在黄河以南称王，将黄河以北让与朕。此乃当时朕同意停止敌对之条件。而今木合黎已征服朕所需之地，汝等方不得已而求和焉。”

金使苦苦哀求，请成吉思汗怜悯金王。成吉思汗说：

“念汝远道来此，朕宽恕汝本人之过。朕意已决：今黄河以北已悉为朕所有，然汝主尚据有潼关（陕西境内）数镇，可传语汝主，交出上述数镇，方可言和！”

金使无奈，只好将成吉思汗提出的讲和条件如实禀报金王。开封宫廷不敢接受这一条件，因为，潼关附近各要塞是河南西面的唯一防线。对于金王来说，交出这些要塞，就等于交出了自家大门的钥匙（读者只要看看地图就能明白这一点）。但是，金王并没有死心，一直到公元 1227 年，他不断派遣使臣至成吉思汗处，表示保证称臣，想以此软化这位顽强的世界征服者。

公元 1216 年，金国的一位名叫蒲鲜万奴的将领，利用局势的大混乱在满洲南部（女真人的故土）建立了一个王国，他按中原的方式给他的王国取国号为“东夏”。为了得到成吉思汗的支持，蒲鲜万奴向成吉思汗派去一名使臣。这位使臣前往河中（或阿富汗）谒见了成吉思汗。但是，蒙古人不能容忍这位敌对种族的后裔长期存在，所以，大约在公元1224年至1227年间，“东夏”就从地图上逐渐消失了。

金王在作最大的努力抵抗蒙古军的进攻。但比这种抵抗更使成吉思汗愤怒的是唐兀惕，即人们所说的西夏的叛离。

如前文所述，唐兀惕人是一个类似西藏人的已部分中原化了的民族，他们的文字甚至是根据汉字创造出来的。两个世纪以来，他们一直占据着中国的甘肃省以及鄂尔多斯和贺兰山草原。成吉思汗曾多次征讨西夏，迫使西夏王于公元1209年向他称臣。这种关系要求，一旦发生战争，附庸必须向君主提供军队。公元1219年，成吉思汗准备西征花剌子模帝国苏丹时，遣使通知唐兀惕王派军队协助西征。他遣使致语唐兀惕王说：

“汝曾答应为朕之右手。今朕与撒儿塔兀勒（指花剌子模）关系已破裂，朕将征讨之。汝其为朕之右手而行乎！”

但是，当时的唐兀惕王似乎已受到一位强有力的大臣的控制。这位大臣名叫阿沙敢不，他十分憎恶蒙古人。听了蒙古使节所传达的成吉思汗的话后，不等其主子开口，阿沙敢不就对成吉思汗的要求作了最傲慢的回答，他说：

“成吉思汗既无足够之力量从事其欲行之征战，何以称汗乎？”

阿沙敢不以傲慢自负的态度迫使唐兀惕王拒绝发兵帮助成吉思汗西征。

在这种时候，西夏拒绝出兵，这深深地刺伤了成吉思汗的自尊心。对于这种傲慢行为，他成吉思汗没有加以原谅的习惯。但是，当时，西征花剌子模的计划已经确定，一切准备工作已经就绪，如果在这个时候立即发动惩罚唐兀惕人的战争，势必会打乱既定之部署。因此，唐兀惕问题只好留待以后解决。这次不解决，下次必定解决。成吉思汗本人已确定了这一点。他说：

“若获长生天之佑护，得以牢握金勒凯旋，届时必向彼唐兀惕报仇！”

现在，他已牢握金勒凯旋了，花剌子模帝国已被他彻底摧毁。向西夏复仇的时候到了。

“即死也，亦应就其言而伐之。”

公元1226年春，成吉思汗发兵征唐兀惕人。在他的诸子中，陪同他征讨西夏的有窝阔台和托雷。在远征花剌子模苏丹时，他从众妃子中选择了美人忽阑伴驾。这次重征西夏时，奉命伴驾的是她的宠妃也遂夫人（塔塔儿人）。

此次远征，一开始就出现了不吉祥的预兆。大军越过贺兰山[1]，展现在眼前的是一片荒凉的空地，空地上有呈长条形的沙堆，沙堆之间是绿洲和牧场。东部是海拔高达3000米的山脉，山脉的西山坡上有森林覆盖，常有野驴健鹿出入。见此情景，成吉思汗按捺不住习惯的力量，猎兴勃发，不顾当初中原真人丘处机要他节制行猎的劝告，纵马围猎起来。一群野驴被他的部下逐出林外，奔至他的马前。这时，他的战马（一匹赤兔马）忽然马首昂起，马足一阵乱腾。成吉思汗一时羁勒不住，竟被掀翻在地。

部将急忙赶来将他扶起。他呻吟不止，说肌骨疼痛难忍。众军于是止猎，就地（搠斡儿合惕之地）扎营。第二天一早，伴驾的妃子也遂把各亲王和诸将叫来，告诉他们说，主子昨夜神志不安，高烧不退。将领脱仑扯儿必（晃豁塔歹人）立即提议推迟远征，他说：

“唐兀惕百姓乃定居之百姓。彼等有筑就之城邑，有不动之营地。彼等并非游牧人，故不能负其筑就之城邑而去，不能负其不动之营地而徙。我等莫若推迟征讨。俟我等再来时，仍可击彼等于其家也。”

脱仑扯儿必建议回军蒙古，待成吉思汗养好伤，再行征讨不迟。

诸位亲王和将领听毕，都说此议甚善。但成吉思汗不愿听取这一建议，他说：

“如若吾军撤回，唐兀惕人必谓吾等胆怯而不敢与之战。今可遣使彼处，吾等于此等候，且看彼如何作答，然后再决进退。”

于是，成吉思汗派了一名使臣前往唐兀惕部。这位使节转达的他的一番话，

---

[1] 贺兰山：河套附近大山，山上树木青白，远望山如骏马。北人呼骏马为贺兰，故名。——译注

简直是地地道道的最后通牒：

“汝曾发誓愿为朕之右手。朕据汝所言，值起兵往征彼穆斯林时，遣使邀汝派兵从征。然汝不践汝之所言，拒不出兵。更有甚者，汝且出恶言相讥。彼时朕别有所向，故推迟复仇。今朕已回，复仇之日已到。朕今率军与汝算账来矣！”

接到这一可怕的最后通牒，唐兀惕王心中十分慌乱，便说：

“昔日相讥之恶言，并非出自吾口也。”

但那个败事有余的阿沙敢不却满口承担了昔日挑衅的全部责任，他说：

“相讥之语，乃我所言。今蒙古若欲战，则吾有贺兰山之营地，有褐子之帐房，有骆驼之驮物，可趋贺兰山来会吾，在彼战之，一决雌雄。若蒙古人需黄金、白银、缎匹及其他财物，可来额里合牙和额里折儿（即宁夏和凉州）取之可也。”[1]

面对如此挑衅，成吉思汗便不顾高烧，不顾因堕马而引起的伤痛，决心把这场战争进行到底。他对部下说：

“听彼出此大言，曷可退耶？即死也，亦应就其言而伐之。朕决意与之战！”

他指天发誓，要长生天作证：长生天汝其知之。

公元 1226 年 3 月，蒙古军从弱水进攻西夏。弱水是发源于南山，由南向北流入戈壁滩的一条小河。[2] 在这个地区，除了这条小河及其岸边的一些植物（芦苇和柽柳等）以外，到处是碎石和沙子。蒙古军攻占了额济纳（黑水城）。额济纳位于戈壁滩边缘，是进入西夏的门户。据马可·波罗说，额济纳地区的骆驼非常有名，是途经戈壁滩的商队求之不得的牲口。此外，额济纳的大隼也很有名，可用于大型围猎。蒙古军溯弱水河谷而上，进入“甘肃走廊”[3]。甘肃走廊是一个从东南到西北的黄土地带，南靠南山，北临戈壁，从山上流下的溪流灌

[1] 宁夏：即当时的西夏首都兴庆，今之银川。——译注

[2] 南山：即今祁连山。——译注

[3] 甘肃走廊：即河西走廊。——译注

溉着这一狭长地带，逐渐汇集最后形成了弱水。甘肃走廊中有依次排列的绿洲，其中最大的绿洲是甘州和肃州。环绕每个绿洲的是柳树丛、杨树丛、果园甚至草地、小麦地和谷子地，这一切使绿洲成了来自沙漠的商队的乐土。甘州和肃州历来以商队之城而知名，它们是中亚商队经商路线的开端，是丝绸之路的门户。正像马可·波罗所证实的，由于商业发达，在多数是佛教徒的居民中出现了众多的聂斯脱利派基督教徒。大约 47 年后，马可·波罗在甘州的一些寺院里发现了非常精美的佛教塑像，他对这些塑像的寓意赞叹不止。与此同时，他也发现了三座聂斯脱利教（景教）教堂。公元 1226 年夏，蒙古人攻取了这两个要塞。与此同时，成吉思汗屯兵于附近山区（山顶积雪皑皑，终年不化），在那里避暑。同年秋，蒙古军东进，破凉州，进至黄河畔的应理市。应理位于西夏首都兴庆（宁夏）以南约 100 公里处。

在这个商队往来的绿洲地区，蒙古人像洗劫其他地方一样进行了可怕的洗劫。为了躲避蒙古军的刀剑，居民纷纷逃入深山（西面的祁连山，东面的贺兰山和洛山）或洞穴，但都无济于事，真正逃脱的只有百分之一到百分之二。原野上白骨成堆。蒙古史家们特别提到，成吉思汗接受阿沙敢不的挑战，同阿沙敢不断杀，最后击败阿沙敢不，迫使他逃进了贺兰山。成吉思汗掳其所有之帐房，驮负财物的骆驼以及全体百姓，使阿沙敢不的一切都如飞灰而尽。至于那些持械抵抗的唐兀惕人，特别是唐兀惕的大小头目，成吉思汗则命令将他们斩尽杀绝。至于唐兀惕百姓，成吉思汗给士兵们下达了毫不容情的命令：军人们各取其所执，凡抓到的唐兀惕人，军人可随意处置之！

蒙古军队的将领们怂恿和支持成吉思汗沿着这条道路走下去。他们是泰加森林和草原的儿子，他们只懂得牧人和猎人的生活方式，他们不知道被抓到的这些农民对他们有什么用处，也不知道他们正在占领的农田对他们有何用处。对于他们来说，这些既不会在草原上放牧也不会进山放牧的农民毫无用处，只有将他们斩尽杀绝才是上策。至于那些庄稼，最好是全部烧掉，就像焚烧城市一样，使土地荒芜，变成草地。成吉思汗的这些将领们是真想这么干的，他们劝他说，他得到的那些中原属民毫无用处，最好是将他们杀尽，一个也不留，这样至少可以得到田地，将田地改为牧场。

成吉思汗正准备采纳上述可怕的计划，这时，一个人突然挺身而出，表示坚决反对。这个人就是契丹学者，成吉思汗的顾问耶律楚材。听了诸将的提议，耶律楚材情绪非常激动，他愤怒地大叫不可，说这是野蛮的主张。他向成吉思汗阐明说，保留这些肥沃的土地和智慧的居民，可以从中得到更多的利益。他说，可以适当地征收土地税，可以向商人征收酒税、醋税、盐税、铁税，还可以征收水产税和山林资源税。这样，每年可得 50 万两白银，8 万匹绸缎，40 万袋谷物。他甚表惊讶地说：有这么多利益可得，有人竟说定居居民毫无用处！

在成吉思汗身上，起主导作用的是智慧和冷静。他采取过或听任部下采取过骇人听闻的残酷行动，这是因为，在他当时所处的蒙古社会中，人们还不懂得另外的战争方式，正像还不能设想除了游牧生活方式以外还有别的生活方式一样。对于当时的蒙古人来说，定居居民的土地没有别的用处，只能作为劫掠的场所。听耶律楚材说还有其他的做法，成吉思汗便欣然接受了别人的经验。他当即降旨，请耶律楚材拟订管理定居民族地区的计划。制定固定税收细则。一言以蔽之，他同意了这位顾问适才提出的一切建议。

同年（公元 1226 年），正当成吉思汗有步骤地征服唐兀惕人时，他的第三个儿子窝阔台在一位蒙古将察罕的协助下率领骑兵深入到了金国内地。他顺峭壁夹岸的渭水河谷，来到西安府，从那里深入到河南心脏地区，一直进到开封城下。这些可恶的女真人，昔日对他的父祖的侮辱，成吉思汗至今记忆犹新。他对部下说：

“毁朕父祖者，乃金国人也。汝等可分取金人。彼之好子弟，可令其执鹰而为奴仆之役；其好女子，可令其为汝等之妻室整裙而为女仆！”

然而，金王却一而再，再而三地派遣使臣往见成吉思汗，试图求和。公元 1227 年，金王又派了一名使臣去见成吉思汗。终于，同前几位使臣相比，这位使臣受到了比较客气的接待。此时的成吉思汗，伤势已越来越恶化。据中国编年史作者说，成吉思汗这时表现出了出人意外的和平愿望。一年前的冬天，他曾对其周围的人宣布说，“五星会合”之时，他即停止屠杀和劫掠。现在是实现这一愿望的时候了。另外，金王送去的贡品也并不是没有起到博得这些可怕的蒙古人的好感的作用。这些贡品中有硕大的珍珠。成吉思汗将这些珍珠分赐给喜欢戴耳坠的将领。为了得到这么好的珍珠，所有的将领都立即刺穿了自己的耳垂。

“吾儿，父殆至寿终矣……”

公元1227年即将来临。这即将来临的一年，将是成吉思汗一生的最后一个年头。公元1226年11月21日至12月21日，即公元1226年年底，他率军前去围攻灵州（或曰灵武郡）。蒙古编年史作者称灵州为朵儿篾该城。该城离唐兀惕首都兴庆约30公里，同兴庆分处黄河两岸。唐兀惕王从兴庆派来一支援军，企图为灵州解围。成吉思汗率军来战这支援军，两军相遇于布满池塘的平原上。这些池塘是黄河泛滥后形成的。此时正值冬季，池塘已结冰。经过厮杀，唐兀惕援军被击溃，蒙古人进而攻陷并洗劫灵武郡。

蒙古军队的下一个攻击目标是西夏首都兴庆城。蒙古编年史作者称兴庆为额里合牙，马可·波罗称兴庆为埃格里盖牙。该城建于离黄河约7公里处。万里长城沿黄河左岸延续到兴庆以后，便停止顺左岸延伸，转向右岸。兴庆受益于黄河颇多，黄河流到此处，造就了许多复杂的小洲。这里有许多灌溉渠，通过灌溉渠引来的黄河水确保了此地土壤的肥沃。兴庆周围的灌溉渠修于公元之初，表明了中国古代技术人员的高超技术水平。他们将这位于两片沙漠之间的舌形地带改造成了肥沃的绿洲。笔者已指出过，兴庆还是重要的工业和商业中心，特别是兴庆出产的白驼毛纺织品名闻遐迩，曾被马可·波罗肯定地誉为“世界织品之最”。这里的居民多数信仰佛教，但也有许多富裕的聂斯脱利派基督教徒（他们有三个教堂），这也可以说明当时兴庆的商业很兴旺。

公元1227年初，成吉思汗留下一支军队围攻兴庆，自己则率领大军前去征服黄河上游各地。[1]2 月初，他首先进攻位于兰州西南约 100 公里处的河州。河州地处中原与西藏的相交地区，黄河过处，形成黄土或花岗岩峡谷（深五百米），河水在草原河谷中，在池塘与锥状三角洲之间蜿蜒曲折流淌着。这是一个偏僻而不开化的地区。由此往西是西宁（在青海湖方向）。西宁周围在当时是更为荒凉原始的地区。青海湖是中原和西藏在地理上的最后分界处。那里的高原海拔高达 2000 米至 3000 米，高原上有条条峡谷，道道山梁（祁连山的分支）。西宁市场控制着商队通道，是通向青藏高原和拉萨的商路咽喉之地。

公元 1227 年 3 月，成吉思汗进兵攻陷了西宁。同年 4 月，他又率兵离开甘肃省西界，来到这个省的东界六盘山。泾河从六盘山而下，向东南注入渭河和长安平原。成吉思汗在六盘山龙德（泾河发源处附近）度过春末。5 月底或 6 月上半月，他重登六盘山避暑（六盘山山脉有的地方海拔高达 3000 米）。而后，他下山，南行 60 公里，来到清水县。在清水县，六盘山山梁的南部分支巍然高耸，俯瞰着幽深的渭河河谷。自上一年受伤以后，成吉思汗的身体一直没有复原，他似乎已越来越感到体力不支了。此时的成吉思汗对自己健康状况已不抱什么幻想，他只要求（更急迫地要求）他的将领们赶快攻下唐兀惕首都兴庆。

兴庆守军已经到了山穷水尽的地步。但是，同守军一起被围困于城中的西夏新主李睍还企图拖延时间[2]。他要求蒙古军给他一个月期限准备投降。6 月上半月，他终于被迫投降。投降时，他带着丰盛的礼物张大排场地来到蒙古军营地。成吉思汗家族的史家津津有味地列举了当时李睍献出的礼物：光彩夺目的金佛像、金银器皿、童男童女以及马匹骆驼等等。所有这一切都按蒙古的礼仪规定，以“九九”为数奉献。但是，尽管献上（只是稍迟了些）了这么丰厚的礼物，尽管保证屈服称臣，李睍仍没有如愿得到成吉思汗的接见，或者更准确地说，他只被允许在门荫下谒见成吉思汗。实际上，这种接见形式只不过是一

[1] 据专家分析，当时成吉思汗不亲自攻取西夏首都，却率大军西进，意在切断西夏的后路。——译注

[2] 李睍：西夏先王李德旺之侄。在成吉思汗的威逼下，李德旺忧悸成疾，不久即崩。李睍嗣位。——译注

个幌子。人们以为成吉思汗接见了李睍，但当时成吉思汗的病情已很严重，举行接见仪式时他很可能没有在场。再说，成吉思汗已事先命令心腹将领脱仑扯儿必处死这位唐兀惕末代王。可以想像，脱仑扯儿必已愉快地执行了这一命令。

在诸将正在攻陷敌人的首都兴庆时，世界征服者成吉思汗正在甘肃省东部山区度过他一生的最后几个星期。对于他来说，此时是认真严肃地考虑接班即继承问题了。在他的诸子中，长子术赤（虽然术赤确实是他的儿子，但许多人仍怀疑这一点）似乎只得到了他的带勉强色彩的父爱。在最后几年中，术赤的行动似乎也有些奇怪。在摧毁花剌子模帝国以后，成吉思汗于公元1223年春在塔什干以北围猎，术赤没有赶来同其父汗会合，而是赌气待在他的封地（西伯利亚—突厥斯坦草原），而且从此没再露面。他感到周围的人都心照不宣地认为他是私生子，他因此而感到自尊心受到了伤害。还有一种可能是，父汗更偏爱窝阔台，让窝阔台而没有让他继承汗位，他在为此而气恼。他是否准备叛离？成吉思汗曾一度怀疑到这一层。据说就在这一年即公元1227年，成吉思汗曾打算派兵去对他的这个儿子进行惩罚性征讨。但成吉思汗很快又了解到，术赤没有应父命会师，是由于在生病，因为这位“长子”已于公元1227年2月左右病死在他的封地咸海以北[1]。

在剩下的三个儿子中，察合台当时不在西夏战场，他率领后备军停留在蒙古。一天，成吉思汗忽得一梦，遂据此而预知自己死期将至。于是，他派人将另两个儿子窝阔台和拖雷召到身边（当时此二子正驻兵于附近）。当时将校满帐，成吉思汗命这些将领暂避，接着就秘密叮嘱他的这两个儿子（他俩一直是

[1] 术赤顾忌自己的可疑的出身，与察合台、窝阔台长期不睦。自从攻打乌尔根奇以后，他就逗留在咸海北部的草原上。成吉思汗西征回师，几次召见，他都称病不来。成吉思汗对他的疑虑遂渐渐加深。据说有一蒙古人从术赤之地而来，成吉思汗向他询问术赤近况，这人说术赤身体健康，行前还见他在围猎。成吉思汗因此确信术赤违命，目之曰叛逆，曰疯人，怒其欲讨之，并命窝阔台、察合台前行，他本人也将随后出发。正在这时，得到术赤死讯，成吉思汗大恸，方知传言不实，要抓那个传言的蒙古人治罪。但那个蒙古人已逃得无影无踪。可见成吉思汗多疑，而且不容任何人对他的不敬，即使是亲骨肉也不例外。前者对待其弟合撒儿是一例，这次对待其子术赤又是一例。后来，术赤的后裔在额尔齐斯河以西，咸海、里海以北，直到伏尔加河流域，建立了钦察汗国。——译注

成吉思汗最宠爱的儿子）说：

“吾儿，父殆至寿终矣。赖长生天之助力，吾已为汝等建此大帝国。自国之中央达于四方边极之地，皆有一年行程。设若汝等欲保其不致分解，则必同心御敌，一意为汝等之友朋增加富贵。汝等中应有一人承大位。吾死后，汝等应奉窝阔台为主，不得违我遗命。察合台不在侧，应使其勿生乱心。”[1]

成吉思汗的病情越来越恶化。当此弥留之际，他仍不忘对金国的战事，因为，虽然唐兀惕首都已指日可下[2]，但蒙古的世敌金王却一直据守着河南，而河南开封又似乎是不可攻破的坚固堡垒。病危的成吉思汗想到了他一生事业尚未完成的这一部分。他向幼子拖雷等人秘授了攻取开封的战略。他对拖雷等人说：

“金精兵在潼关（潼关是河南陕西一侧的门户），南据险山，北限黄河，难

---

[1] 关于汗位继承问题，自西征开始以来，一直是成吉思汗反复考虑和放心不下的一个问题。据有的史书记载，成吉思汗很担心他死后王族内部会发生权力之争，所以他一再嘱诸子要团结。

成吉思汗的遗命是窝阔台继承汗位，后来诸子和众大臣也确实执行了这一遗命。但是，正像成吉思汗生前所安排的，窝阔台继承了汗位，幼子拖雷继承了实权。原来，当时漠北游牧社会中长期存在着“幼子守产”的习惯法。儿子长大成人，就离开父母独立生活，他们有权带走父母的一部分财产，但最小的儿子则不离开父母，他要继承父母留下的大部分财产。成吉思汗实际上也是按照这种幼子守产的习惯法在亲族中划分各人的属民和分地的。据说成吉思汗有妻妾 500 人，只有 5 人具有皇后地位，其中长妻孛儿帖生的 4 个儿子地位最尊，称“四曲律”。除拖雷以外，这几个儿子也有自己的属民和分地，他们被称为“西道诸王”，他们的份地从北向南，依次展开在从额尔齐斯河流域到畏兀儿边境的草原地带，其中术赤的分地最远。幼子拖雷没有另外的分地，他继承成吉思汗统领的大片地方。成吉思汗死时，漠北自由民骑士共 12.9 万人，其中分给诸子诸弟 2.8 万人，剩下的 10.1 万人都属于成吉思汗本人，死后则属于幼子拖雷。因此，成吉思汗的最贵重的财物，所统领的诸部，大部分军队，都留给了拖雷。之所以不把汗位也按幼子守产原则传给拖雷，是因为，成吉思汗并不认为汗位是纯粹属于他自己因而可以传给幼子的私人财产。大汗是整个“黄金家族”的财产看管人，他不仅应对属于自己的分地，而且必须对整个大帝国负责，所以汗位继承人的资格应以能力为原则，而不能以幼子守产的原则来确定。

这两种处置办法，在成吉思汗时代已经招致了不少麻烦，暴露出了蒙古帝国分裂瓦解的明显征象。——译注

[2] 成吉思汗召见这两个儿子，是在兴庆尚未被攻陷以前，故云。至于准确地说他是何时召见二子的，史书上说法不一。但可以肯定的是，本传说所引述的成吉思汗死以前说的几段谈话，是在不同时间、不同场合下讲的。作者只是要写出成吉思汗死前的思想状况，所以对其谈话的背景未作过多的叙述和考证。——译注

以遽破。从此进兵，势难取胜。应假道于宋。宋金世仇，必能许我。可由宋道下兵河南南部，由河南南部直取开封。届时金急，必征屯集于潼关之精兵。然以数万之众，千里赴援，为时已晚。即使彼潼关援兵赶到，必定人马疲惫而不能战。如此，则破开封易矣。”

这就是成吉思汗弥留之际在病床上向其子拖雷和众将等人口授的最后的作战计划。6 年后，拖雷率领众将很好地实施了这一计划。由于这一计划是成吉思汗生前制订的，因此，蒙古人在公元 1233 年 5 月攻破开封实际上应该是这位刚强的太祖皇帝个人的胜利，虽然这一胜利是在他去世以后才取得的。

病危的成吉思汗还想到要彻底地向唐兀惕报仇雪恨，彻底消灭唐兀惕人。他的这一愿望也是在他死后才得到满足的。他病危时，西夏首都兴庆正在陷落。成吉思汗心里清楚，如果他在这个时候死，那也是唐兀惕人导致的，因为正是这些不忠的附庸迫使他带病继续征战。因此，他下令一定要将兴庆的军民，不分男女，自父母至其子孙之子孙，全部斩尽杀绝。他指示部下说，他死后，作为献于他的遗体前的祭品，应当告诉他：大仇已报，唐兀惕王国已经消失，不复存在了。成吉思汗还遗命说：

“每饭则应告朕：唐兀惕人已被殄灭无遗矣！大汗已殄灭其种矣！”

就这样，成吉思汗临终以前就已决定以屠杀整整一个民族来作为自己死后的葬礼。不过，后来唐兀惕人并没有一个不留地全部被杀绝，因为，仅陪伴成吉思汗最后一次远征的也遂一人就得到了许多唐兀惕人，这些唐兀惕人都成了她的奴隶。

成吉思汗病危时对其忠实的将领脱仑扯儿必说了一些充满友情的话，因为上一年他从马上摔下来后，脱仑扯儿必曾建议推迟远征。他对脱仑扯儿必说：

“朕与阿儿不合行猎而受伤之后，惜朕性命，为使朕及时休养以期痊可而建言者，乃汝脱仑也……朕未从汝之建言，盖因朕为惩彼唐兀惕人而来，以彼等之毒言而来也……赖长生天之力，仇已报矣……唐兀惕王所献之财物，华帐，金银器皿，朕特赐予汝，汝脱仑其取之。”

据一位编年史作者记载，世界征服者成吉思汗临终时情绪很伤感，他忧伤地说：

“朕之子孙后代将衣金衣，就美食，跨宝马雕鞍，拥绝色美妇。然彼等将不复记忆，此等荣华富贵所赖何人而有之也……”

公元1227年8月18日，成吉思汗病逝于甘肃东部山区渭河北面的清水县（当时他正在那里避暑养病），终年刚刚60岁。

像雄鹰盘旋于天宇……

这位曾是世界征服者的人物的灵车从甘肃运到了蒙古圣山——肯特山。蒙古有一首叙事诗记载了成吉思汗灵车运行的情景。这首叙事诗初稿于公元17世纪上半叶，是蒙古优秀的叙事诗之一。

当初，成吉思汗死后，人们把他的遗体放在一辆车上，准备运往他的家乡。灵车开始启动，全军悲悼哭泣。就在这一片呜咽声中，灵车缓缓前进着。一位名叫客列古台的将领随车一边呜咽，一边呼唤着死者，泣而招之曰：

呜呼，我主！
雄鹰腾飞民之上兮，
汝昨非翱翔于天宇耶？
呜呼，我主！
灵车咿轧而行兮，
今岂载汝而去耶？
呜呼，我主！
贤妻爱子世所罕兮，
汝果离之而独去耶？
呜呼，我主！
忠臣良将愿效命兮，

汝岂弃之而不惜耶？
呜呼，我主！
雄鹰矫健展翅飞兮，
汝昨非盘旋于天宇耶？
呜呼，我主！
马驹欢跃狂奔驰兮，
汝岂忽而倒地耶？
嫩绿新草正值春兮，
竟遭暴风而折披耶？
六十年征战擎大纛兮，
今将住纛乐一统兮，
汝岂离纛而去耶？
汝岂偃眠而不起耶？

灵车在恸哭声中行进着。突然，车轮陷入泥泞，灵车戛然而止了[1]。最强壮的马匹，加上在场的将士，一齐努力推拉，但无济于事，灵车依然纹丝不动。

---

[1] 据传说，当时成吉思汗的灵车不是陷入了泥泞，而是被阿拉坦甘地利敖包（即金碑敖包）挡住了去路。据这一传说，成吉思汗再征西夏时，大军开到黄河南岸浩特格尔，他下马欣赏此地美景，一时被美景陶醉，朦胧中手里的银柄蟒鞭落在地上了。他随口说："此地非凡：土黄如金，水清如翠，牧草流油，马壮羊肥。此地头枕黄河，身卧高原，手握天柄，眼望苍天，恰是葬身之地。"将士们一听，都认为应在此地为他建立敖包（敖包是蒙古族人民做路标或界标的堆子，用石、土、草等堆成。旧时曾把敖包当做神灵的住地来祭祀）。于是一齐动手拣来10万块石头，堆起了一个大敖包。他们把这个敖包叫做阿拉坦甘地利敖包，把这个地方叫做伊金霍洛（"圣主陵园"之意，即今内蒙古伊克昭盟伊金霍洛旗成吉思汗）。成吉思汗死后，灵车来到这里，被此敖包挡住了去路，戛然而止，丧仪官念了祝词以后，灵车才又启动。祭灵总管据此认为，成吉思汗的英灵已经住在伊金霍洛，遂请求拖雷道："圣主虽然遗言葬于故土，但英灵所居仍在此地。对此有何表示？"拖雷听后，立刻传谕近身侍卫，指派答儿罕（蒙古古代平民或奴隶因军功或其他勋劳而被主人解放或给予某种特权的人称为答儿罕）五百户，作为终身传世的陵丁，除一架金鞍、一把宝剑留作遗物外，还把跟随成吉思汗统一南北部落、征战几十年的乌金"苏鲁锭"（形似长矛，系战神的象征）留在伊金霍洛，象征着圣主英魂常在。这就是关于成吉思汗陵的来历的传说。——译注

于是，客列古台又开始呼唤成吉思汗的英灵：

呜呼，我主！
汝为人杰，
天之骄子，
受长生天之遣，
降临人世，
汝欲抛弃忠实之百姓耶？
汝欲弃我等将士而去耶？
汝有——
富饶美丽之家乡，
与汝同样高贵之贤妻。
坚如磐石之政权，
精心制定之法律。
昔日星散之百姓，
今已十户为一体。[1]
凡此一切之一切，
均在漠北之草地！
汝有——
威严之宫殿，
心爱之嫔妃，

[1] 十户：成吉思汗即位后，将全蒙古百姓划分为95个千户，委任开国功臣做千户那颜。千户以下设百户官，百户以下设十户官（又称牌子头）。95个千户中，除少数是由同部落人组成以外，多数是将被征服的各部打散，混合编组而成。每一个千户都有指定的游牧地盘。百姓的顶头上司是十户长。各千户所管的百姓，不许变动，离开自己所属的千户、百户或十户跑到别单位者，被处死，接收他的人也要受到严厉惩罚。国家按千户征徭役和签调军队。千户既是地方行政单位，又是军事单位，它代替了原来蒙古草原上星罗棋布的部落和氏族。千户制的建立，使得蒙古的统一大为巩固了。——译注

华丽之金帐，
正义为基之社稷。
凡此一切之一切。
均在漠北之草地！
斡难河畔迭里温孛勒答合，
印有汝孩提时之足迹。
那里是生汝之土地，
那里有哺育汝之泉水。
那里有众多蒙古兄弟，
那里有汝之臣佐、王族与显贵。
凡此一切之一切，
均在漠北之草地！
汝家族之九足大纛，
咚咚雷鸣之大鼓，
声传千里之号角，
音色悠扬之长笛，
克鲁伦河畔之草原，
汝荣登大汗宝座之场地！
凡此一切之一切，
均在漠北之草地！
孛儿帖，汝之结发爱妻，
盛友如云，不渝之友谊，
统一团结，伟大之民族，
强盛安定，巩固之社稷。
凡此一切之一切，
均在漠北之草地！
呜呼，我主！

汝奈何欲弃汝之蒙古百姓耶？

岂因此地风和日丽耶？

岂因唐兀惕已服汝之法律耶？

岂因西夏王后更为娇丽耶？

呜呼，我主！

我等已不可为汝之盾牌也，

但愿运回汝之高贵遗体也，

将汝不朽之躯交与汝妻也，

慰汝之百姓殷切心意也。

呜呼，我主！

汝其行也，且莫迟疑。

客列古台的招魂词刚一念完，原来纹丝不动的灵车忽然又启动了。送灵车的队伍缓缓向蒙古北部走去。

成吉思汗去世的消息在一段时间内是严格保密的。不让这一消息在尚未臣服或刚刚表示臣服的人们中传播，这一点至关重要，因为当时蒙古人尚未采取适当的预防意外事件的措施。为了不走漏风声，送灵车的队伍沿路遇人则尽杀之。那些偶然碰到送灵车队伍的人都被当成或多或少是可疑的人而遭到了不幸。同时，这也是阿尔泰山地区的古老风俗：为死者寻找其在阴间的奴仆。所以，送灵车的人除了杀掉所碰到的人以外，同时还杀掉了这些人的牛马等牲畜。当时，送灵车的人一边杀一边说：

“到阴间侍候我主去罢！”

等到灵车被送到位于克鲁伦河上游的皇家大营时，成吉思汗去世的消息才得以公布[1]。世界征服者成吉思汗的遗体被陆续轮流放在各斡儿朵。斡儿朵就是

[1] 死后秘不发丧，这是成吉思汗临终前的吩咐。与此同时，他还嘱诸将，待唐兀惕王前来谒时，执杀之，并屠其臣民。后诸将果然遵命而行。由此可见：一、成吉思汗至死仍然头脑清醒，深谋远虑。二、成吉思汗并没有接见（或在门荫下接见）唐兀惕王，作者对有些史料的这种记

成吉思汗生前的宫帐或行宫，也是其主要妻室所居之宫。诸亲王、公主和将领得到拖雷发出的讣告后，即从这个庞大帝国之各地前来奔丧，哭泣着向遗体告别。远道者走了三个月才赶到[1]。

在上面，密林中，某树下……

全体蒙古人都来到这位为他们建立“世界帝国”的人物的灵柩前排队哀悼。接着，下葬仪式开始。墓地在不儿罕合勒敦群山（即今之肯特山）之一山坡上。这个墓地是成吉思汗生前自己选择的。不儿罕合勒敦山是古代蒙古人的圣山。以前，成吉思汗年轻遭难之时，不儿罕合勒敦山曾救过他的性命，以那稠密的森林掩护了他。后来，每当他要作出重大决定时，在他一生的各个转折关头，在他要进行大规模战争之际，他都要登上不儿罕合勒敦山，祈求蒙古人的上帝长生天的护佑，因为据说长生天就在不儿罕合勒敦峰顶。不儿罕合勒敦是三河之源，斡难河、克鲁伦河和土拉河从不儿罕山奔腾而下，灌溉着蒙古部祖传的牧场。据说当年有一天，成吉思汗在不儿罕山打猎，在一棵大树下休息，默思移时，起身时说：将来死后，可葬于此。

成吉思汗死后，其诸子遵其遗命葬他于此地。葬仪结束后，这里成了禁地。人们让树木丛生，成为密林，为的是荫蔽其葬地，使人不辨其墓在何树下。至今这里没有任何标记表明墓之确切地点。

世界征服者成吉思汗从此就长眠在这床由雪松、冷杉和落叶松大树林组成的大被下了。北面，是无边无际的茂密的西伯利亚泰加森林，泰加森林一年之中八个月处在冰天雪地之中。南面，是向远方伸展的广袤而起伏不平的大草原，春暖时节，草原上繁花点缀，蝴蝶乱飞。该草原一直向南伸展，最后变成了黄

载持分析和否定态度，看来是有道理的。——译注

[1] 讣告不是由汗位继承人窝阔台发，更不是察合台发，而是由幼子拖雷发出，这似乎也可以反映出当时蒙古“幼子守产”的习惯法。——译注

沙滚滚的浩瀚的戈壁滩。在蒙古，有时人们会看到，一只黑羽金眼雄鹰——蒙古的天之骄子在天空振翅翱翔，迅速地飞越地面上的一个地区又一个地区。这是成吉思汗一生经历的形象体现。他一生东征西讨，南攻北伐，从森林环绕的贝加尔湖到流水滔滔的申河（印度河），从咸海周围的大草原到古老中国的华北大平原，到处都有他战马驰骋留下的足迹。

其他的世界征服者（成吉思汗的子孙）最后也长眠在不儿罕山，但他们的酣梦常常受到络绎不绝的来访者的打搅。这些来访者在他们的墓地上，没完没了地打听着他们命运的秘密。而他，却安息在山上，任何人不得入其林，也没有任何人知道他的确切的墓葬点。他出生于蒙古土地上，又回到了这片土地的怀抱。这片土地保护着他，藏匿着他，他永远地同这片土地融成了一体。

译后记

提起“一代天骄”成吉思汗的名字，在中国（且不说在世界上）已是家喻户晓，老幼皆知。但是，对于成吉思汗的家世，他童年的苦难，他创业的艰难，他的雄才大略，他的哀乐喜怒，以及他的功过曲直，是非长短等等，知道得较为清楚的人恐怕就不多了。

成吉思汗戎马一生，搏击一世，在统一蒙古各部，出兵南下，挥师西征以后，就溘然长逝了。但是，他的战马的铁蹄留下的回声，却一直在震撼着人们的心；赞誉者有之，咒骂者有之，谈成吉思汗色变者亦有之。从中国到波斯，从波斯到欧洲，学者们争相了解他，研究他，探索着他之成为“一代天骄”的秘密。勒内·格鲁塞就是这些学者之一。

勒内·格鲁塞，法国历史学家，法兰西学院院士，生于1885年，卒于1952年。勒内·格鲁塞一生潜心研究东方历史和文化，写出了二十几部重要著作，其中《十字军东征史》（写于1933—1936年），《草原帝国》（写于1942年）和本书（写于1944年），是世界历史名著。他还专门撰著了《中国历史》（写于1952年）一书，对中国的历史发展进程进行过较为深入的研究。他为历史学的发展，为向世界介绍东方文化和历史，献出了毕生的精力和心血。他对世界历史学的杰出贡献，使他成了著名的学者，被接纳为法兰西学院院士。

公元12—13世纪，漠北历史进程把“一代天骄”成吉思汗推上了成功的顶峰。当时蒙古地面部落星罗棋布，互相兼并残杀，最后形成几个大的部落联盟：东部有塔塔儿部，北部有蔑儿乞惕部，中部有克列亦惕部，西部有乃蛮部，还有作为著名纵横家扎木合为首的札答阑部等等。同这些庞大的部落联盟相比，蒙古部是一个较为弱小的部落。各部落联盟之间互相攻伐，争战不休，战争变得越来越残酷，严重地阻碍着蒙古历史的发展。在这种分裂混乱中，人民渴望统一和安定。时势造英雄。成吉思汗顺应了这一历史要求，成就了统一大业。本书作者一再强调指出了这一点，叙述成吉思汗如何得人心，如何满足人们要求统一的愿望，如何使统治的民族从小到大，以弱胜强的过程。蒙古高原上各部族在成吉思汗的旗帜下统一起来，作为独立的实体自立于世界民族之林，从而极大地促进了蒙古民族共同体的形成和发展。成吉思汗对蒙古族历史的发展作出了卓越的贡献。

成吉思汗超过我国古代北方少数民族的其他许多杰出领袖人物（匈奴的冒顿，突厥的土门、室点密兄弟，回纥的怀仁可汗，等等）的地方，是他能够坚定不移地将草原帝国的疆域从大漠之边向南推进到华北，为他的继承者进而统一全国，奠定了基础。自从唐代“安史之乱”以后，中国北部长期陷于割据状态。至契丹占据幽云 16 州，白沟河便成了辽、宋两国不可逾越的深渊，河北三镇之地几成化外。12 世纪初女真南下，更把中国从淮河中流拦腰切断，分成两个天下。此外，西北有哈剌契丹（西辽）和夏，西南有大理、吐蕃。他们都各自为政，互相攻伐，把中国弄得四分五裂。当时这些割据政权，大都委靡不振，偷生苟活，没有一个能担当起统一全国的责任。成吉思汗以勃兴的武力，迫降畏兀儿，灭亡西辽，臣服西夏，击败金朝，扫除各族间的疆界，消灭分割汉族的墙壁，为后来的元朝建立大一统局面准备了条件。成吉思汗对中国历史发展的卓越贡献正在于此。所以，毛泽东同志曾称成吉思汗是“一代天骄”，把他与中国历史上的秦皇汉武，唐宗宋祖相提并论。成吉思汗是中国历史上的伟人之一，这是毫无问题的。中国是一个多民族的国家，历史上无论哪个民族的杰出人物统一中国，他所建立的政权也是中国的政权，他所作出的历史贡献也是中华儿女对中华民族的贡献。那种所谓“正统”的观念是错误的。成吉思汗为当时中国的统一奠定了基础，这是应该肯定的。但当时蒙古军队的南下，也给封建经济和文化高度发展的中原地区带来了一些落后的制度和影响，在一个相当的历史时期中对内地经济、政治和文化的发展起了若干消极的作用，这也是我们应当看到的。

成吉思汗的西征是一个比较复杂的历史现象。他对花剌子模帝国的征讨是由于对方无理挑衅，对欧洲的远征是追逐夙敌的连锁反应。西征的结果，一方面，它确实给中亚、西亚以及欧洲不少国家和人民带来了巨大的灾难，严重破坏了这些地区的经济和文化。这一基本事实，应当首先看到。但另一方面，西征客观上冲破了亚欧各国的此疆彼界，沟通了东西交通，有利于经济、文化交流。成吉思汗从动身西征起，就采用中原的交通制度，在通往西域的大道上，开辟“驿路”，设置“驿骑”、“铺牛”和“邮人”，把中原旧有驿站系统延伸到西域。这一艰巨事业一直持续到他的子孙后代。西征时带去了大批汉族技术人员，沿途劈山开路，修筑桥梁，改善东西交通条件。为了维护道路上的安全，他还特别在交通大道上设置护路卫士，颁布保护来往商人安全的札撒，出现了东西交通畅通无阻的时代。中国的创造发明如火药、纸币、驿站制度等输出到了西方，西方的药物、织造品、天文历法等也输入到了中国。明初郑和西使，可以看做是元代海外交通事业的继续和发展。而这一事业的开创者，正是西征时的成吉思汗。所以，成吉思汗的西征是一个非常复杂的历史现象。本书作者一反波斯一些历史学家一概否定和咒骂成吉思汗西征的态度，力排众议，既指出了西征对当地造成的破坏，又指出了花剌子模帝国苏丹应当担负的挑起战争的责任，指出了成吉思汗维护和发展东西方贸易往来的正当愿望。这种全面地、客观地评价历史事件和历史人物的态度也是难能可贵的。

在当时的蒙古地区，各部落之间的战争实际上是各部落的贵族争夺霸权的斗争，迫害、摧残成吉思汗一家的是敌对部落的贵族集团，与对方的人民群众没有关系。同样，迫害成吉思汗祖宗的是金王朝的统治集团，与金国的普通百姓没有关系。杀害成吉思汗的使臣和商队的是花剌子模帝国的统治者，与花剌子模的百姓毫无关系。这些民族和国家的人民都处在被统治地位。成吉思汗利用民族矛盾进行复仇，不分青红皂白地屠杀对方民族和国家的人民，这是成吉思汗为实现统治欲望而采取的手段。这里，涉及复杂的民族问题，也涉及复杂的政治问题。

总的说来，本书作者在写那个时期的重大事件和写成吉思汗这个历史人物时，态度是严肃的，客观的。全书叙述了成吉思汗的家世，童年，征战，直到逝世的全部历史。本书向我们揭示出：一个民族，通过自身的努力，是可以由弱小变成壮大、由落后变成先进的。对中国，是如此；对世界上任何一个民族，也都是如此。这一点，对后人是有启发意义的。另外，作者在本书中突出描写了成吉思汗重视知识，重视知识分子，从谏如流的优点。作为一个叱咤风云但又目不识丁的一世之雄，在7个世纪以前就能做到这一步，很不容易。本书史料十分丰富，通过阅读此书，我们可以学到许多地理、历史和军事知识。在艺术上本书也颇具特色。书中既有壮阔的战争场面，又有使人如身临其境的景物描写；既有简略地铺叙，又有绘声绘色的人物对话，构成了一幅波澜壮阔的画面，有起伏，有曲折，充满立体感。在重大事件上大笔挥洒，在间歇处细笔描绘，好似一部交响乐作品，既有金戈铁马，动人心魄的乐章，又有娓娓动听的小调插曲，从各个角度描写了这样一位“深沉有大略，用兵如神”的英雄人物。作者在撰写此书时使用的是散文笔法，作品的散文风格非常突出，具有一种散文美。在世界上，研究蒙古史和成吉思汗的书籍和资料浩如烟海。作者从大量史料中选取足以表现成吉思汗一生的材料，加以整理，组织成一部紧凑的巨著，信笔写来，有如行云流水，毫不给人以堆砌史料的枯燥感，没有大家手笔是很难做到这一步的。

关于本书的翻译，有几点需要说明：

一，本书不是历史论著，而是历史人物传记作品。但既是历史人物传记，就有两层意思需要考虑，一是“历史”，二是“传记”。对于历史学，本译者是门外汉，因此只能采取老老实实、严肃认真的态度，不武断，不杜撰，尽量做到一些专门译法查而有据。为此，译者在翻译此书过程中，阅读和参考了七八部历史论著，查阅了《世界通史》和《中国通史》的有关章节。但尽管如此，仍难免会有错误。愿蒙海内有关学者之法眼垂青，更希广大读者之批评指正。关于本书中的译名，各种有关著作之间极不统一，都是研究专著，究竟以哪部著作的专门名词译法为准，笔者曾一度颇费踌躇。最后斗胆决定，关于写成吉思汗统一蒙古各部和南征部分，人名和地名等专名按《蒙古秘史》的译法；关于写成吉思汗西征部分，译名按国内出版的有关译著翻译。个别译名有改动，例如“铁木真”，《蒙古秘史》中作“帖木真”，这次根据本传记作者的解释译作“铁木真”。

二，本传记由于不是历史论著，所以对有些史料没作详细考证，关于背景的注释也极少。但书中涉及的背景知识较多，不了解这些背景知识，阅读起来多有不便，甚至会发生误会。为了帮助读者阅读，特根据有关史料增加了一些注释。

三，译稿对原著题目稍作改动，个别文句略有删节。

由于本人学识浅薄，加之时间仓促，翻译中定会有错误之处，切望读者和有关专家批评指正。在本书的翻译过程中，承蒙许多同志提供了大量资料，在此一并致谢。

译者